C000280132

La Campagna Della Russia

Eugène Labaume

Nabu Public Domain Reprints:

You are holding a reproduction of an original work published before 1923 that is in the public domain in the United States of America, and possibly other countries. You may freely copy and distribute this work as no entity (individual or corporate) has a copyright on the body of the work. This book may contain prior copyright references, and library stamps (as most of these works were scanned from library copies). These have been scanned and retained as part of the historical artifact.

This book may have occasional imperfections such as missing or blurred pages, poor pictures, errant marks, etc. that were either part of the original artifact, or were introduced by the scanning process. We believe this work is culturally important, and despite the imperfections, have elected to bring it back into print as part of our continuing commitment to the preservation of printed works worldwide. We appreciate your understanding of the imperfections in the preservation process, and hope you enjoy this valuable book.

LA CAMPAGNA

DELLA

RUSSIA

NARRAZIONE CIRCOSTANZIATA

DEL CAV. EUGENIO LABAUME

VOLGARIZZATA DAL FRANZESE

PARTE PRIMA.

Quaeque ipse miserrima vidi
Æn. 1. 2. v. 5.

VENEZIA

M. DCCC. XV.

PRESSO GIO. PAROLARI STAMP. E FOND.

LA CAMPAGNA

DELLA

RUSSIA

NARRAZIONE CIRCOSTANZIATA

DI EUGENIO LABAUME

CAPITANO DEL CORPO REALE DEGL'INGEGNERI GEOGRAFI

EX UFFIZIALE D'ORDINANZA DEL PRINC. EUGENIO

CAV. DELLA LEGION D'ONORE E DELLA CORONA DI FERRO

GIUNTIVI TRE PROSPETTI

DE' VIAGGI DEL QUARTO CORPO

DELLE FORZE DELL'ESERCITO FRANZESE DURANTE LA CAMPAGNA

DE' PERSONAGGI CITATI NELL'OPERA

VOLGARIZZAMENTO DAL FRANZESE

SOPRA LA SECONDA EDIZIONE

ARRICCHITO D'UN DIZIONARIO GEOGRAFICO

PER L'INTELLIGENZA DELL'OPERA.

IL VOLGARIZZATORE

Fra le tante traduzioni che dalla franzese nella nostra favella comparvero vuolsi aggregare e la mia, non bene sapendomi se l'abbia vestita alla foggia italiana o abbrigliata alla tosca. So bene che nel mettermi alla impresa molte furono le opinioni degli amici e non amici; chi la bramava tutta garbo e leggiadria, altri così alla sciammanata. Che farmi io in tanto disparere? L'avviso di quelli calzava col mio; ma le ragioni di questi non mi parevano andar prive di forza. O' procurato pertanto di tenermi sul mezzo, e appagare per quanto si stette in mio potere il desiderio degli uni, guardandomi dall'offendere quello degli altri. Se ci sia riuscito, v'à cui spetta il deciderne. Priego solamente certi cotali, che già mi notarono sul Manifesto di sconci error di grammatica, a voler essere più avveduti nelle loro censure, onde non abbiano per così poco a perdere quella spoglia di leone, che nell' altrui sonno si van di soppiatto accomodando sul dorso.

Ma vegnamo un po' meglio a' particolari. E prima che per noi s'intraprenda il viaggio de' settetrioni, intendiamoci bene su' nomi co' quali mi porrò ad appel-

lare le cittadi e le ville, onde poi
'n quelle entrati, udendole i miei
leggitori chiamar diversamente da'
loro abitanti, non m'abbiano forse
ad apporre d'abbaglio o menzogna. Io non seppi mai aprire le
labbra, senza mettere quando un
ululato e quando un sibilo più
presto che una voce articolata, allorchè m'avvenni in certi luoghi,
essempigrazia *Oletsko Vitepsk Kei-*
danoui Tscherepkova Koukoviat-
schi Jachounoui e moltissimi altri di tal conio, nè la mia lingua
fu mai da tanto di cacciar fuori
de' denti il nome di *Agaponovv-*
chtchina; parole per avventura
armoniose e dolcissime nel loro
nativo linguaggio, ma aspre e as-
sassine nel soavissimo nostro. I
Franzesi i quali tanto son teneri

dell' armonia, che spesso mettono
in non cale le più sacrosante leggi della grammatica per servire a
quella, sogliono trangugiarsi belle
ed intere queste intralciate e ac-
catastate consonanti, di che ne può
far testimonianza senza favellar
d'altri il sig. di Voltaire nella sua
storia della Russia e di Carlo XII.
Parve che 'l Boileau pure non volesse staccarsi dall'uso comune, e
a quel Grande che solo, senza
ministro ad esempio degl'Iddii so-
steneva tutto il peso da sè e tutto vedeva cogli occhi suoi, si sde-
bitò di cantare le sue geste guer-
riere col dire, aver la sua musa
ben venti volte la conquista dell'
Olanda tentato, ma que' paesi
averle opposto un antemurale in-
sormontabile di nomi duri e bar-

bari, che le fecero ritirare spaventata le piante.

Noi però non volendo sot-
trarci, nè dall'altro canto imbrat-
tare le pagine di quelle strane parole, che certo non vi farebbono
troppo aggraziata figura, siamo entrati in determinazione di vestirle
alla moda italiana, massime con-
siderando che' nostri antichi di
maggior animo e buon gusto forniti che nol sono i moderni, am-
misero alla propria cittadinanza
ogni nome appellativo di luogo,
ne scrissero *Paris* non *Augsbourg*
non *London* non *Dantzig* ma *Parigi Augusta Danzica* e *Londra*.
Nè per li nostri antichi intendo
solamente gl'Italiani, ma quelli
eziandio d'ogn'altra nazione, imperciocchè i luoghi delle provin-

ce che lingua diversa parlavano, an tutti voluto con proprio vocabolo nominare; e di fatti la nostra città fu salutata in Francia col titolo di *Venise* e in Germania con quello di *Venedig*. E in ciò gran senno, chè qualunque forestiero il quale si rechi sotto altrui dominio deve abbandonare le leggi e costumi del proprio, per acconciarsi alle leggi e a' costumi di quello dove fanno dimora. Non si creda però che sotto questo colore vogliasi intanto alzar tribunale, e siccome Adamo assegnò ad ogni bruto il suo nome, così mi ponga a far io verso de' luoghi; poichè senza la debolezza del mio ingegno che ben conosco non esser da ciò, nol patirebbe l'età mia anzi che nò giovanile. Piacquemi so-

lamente ridurli da potergli pronun-
ziare, ad altri essendo forse riserbato l'onore di mettere questa
scienza sotto il pieno favor della
Crusca.

Ciò poi che ò detto fin ora,
solo que' luoghi riguarda i quali
per quanto io mi sappia non apparvero ancora al di qua dall'alpi
e dal mare ; gli altri volendosi la-
sciarli nella condizione primiera.
Così non dirò nè *Amborgo* nè *Di-
naborgo* e *Pietroborgo* bensì *Am-
burgo Dinaburgo* e *Pietroburgo* ; essendo stati mai sempre ac-
colti in questa sembianza, e in
questa sembianza mai sempre man-
tenutisi ànno acquistato un non so
quale diritto di rimanersene intatti. Che se per noi diversamente
si adoperasse, ci bandirebbono la

croce addosso, producendo a loro
patrocinio e difesa l'inappellabile
autorità dell'uso

Quem penes arbitrium jus est et norma loquendi.

La bisogna va per vero dire
del pari co' soprannomi delle famiglie, ed era per appigliarmi al
medesimo partito; ma il debbo
confessare, qui non mi bastò l'animo. Non già che in questo luogo
sarebbemi venuto manco l'esempio
de' nostri padri, di che mi può
far ispalla l'innumerevole serie de'
Greci Romani e altrettali stranieri, i quali nel regno della nostra
lingua mutarono faccia e presenza.
E dove piaccia avvicinarsi a' nostri tempi, vi ebbero di coloro che
dovendo accompagnare in queste

amene contrade, per tacer d'altri, i due Franzesi testè mentovati, fecero a questo e a quello alle porte depor della Francia il patrio dittongo, e qua comparvero in aria di Volter e Boelò. E forse gli avrei in ciò pure seguiti, ma riflettendo che questa trasformazione esser potrebbe pericolosa (perchè avvezzi a mirarli nella forma nativa, forse non tutti ravviserebbono prontamente coloro che per me si additassero nella nostra), abbandonai la meditata intrapresa. Non mi rimasi però del tutto, ed or all'uno ed or all'altro ò scambiato alcuna lettera, quelle cioè che proprie non sono dell'idioma nostro come l'y il *vv* ed il *k*, ed avvi a cui ne ò pure levato tal altra. Non temano però costoro

a' quali toccò di perdere qualche
particella di patirne danno, chè
noi non siamo capaci di altrui nuocere; e quanto abbiamo tolto o
mutato non è nostra mira di con-
fiscare, ma solamente di mettere
in riserbo, perchè non essendo
moneta che qui si spenda, se ne
valgano dove che sia.

PREFAZIONE

DELL' AUTORE.

Narro quel che ò veduto. Testimonio d' una delle maggiori calamità che abbiano mai desolato una potente nazione ; spettatore e attore in tutto il corso di questa sciagurata e memorabile spedizione, non io qui vengo a recarvi dinanzi de' fatti con artifizio disposti, nè dipinti a menzogneri colori. Scrissi di giorno in giorno gli avvenimenti che ànno colpito i miei occhi; intento solo a comunicare altrui le impressioni ch'io stesso ò provate. Allo splendore delle fiamme di Mosca ne ò descritto il sacto; e sulle rive della Beresina il racconto ò meditato del suo funesto passaggio.

Si durerà fatica; io mel so bene, a pensare sulle difficoltà che dovei superare per mettere ad effetto l'impresa. Ridotto a paro degli altri a lottare coll'estremo bisogno, assiderato dal freddo, cruciato dalla fame, in balia d'ogni maniera di patimenti, incerto al nascer del sole di vederne gli ultimi raggi vespertini, dubitando la sera di vederne il nuovo giorno, parevami di non bramar per altro la vita che per conservar la memoria di ciò che vedea. Animato da questo indicibil desiderio, ogni notte a un meschin fuoco seduto

In un clima di forse venti o ven-
tidue gradi al di sotto del ghiaccio, circondato da morti e da moribondi andava meco richiamando
i casi del giorno. Lo stesso col-
tello che aveami servito ad affet-
tare un pezzo di cavallo per nu-
trirmi adoperava a temperar delle
penne di corvo, e un po' di polvere da schioppo stemperata nel
cavo della palma con della neve
liquefatta erami per calamaio ed
inchiostro,

Questo racconto fu per me
tessuto senz'astio e parzialità, pure non tacerò che nell'espor quest'impresa deplorabilissima di quante mai macchinò l'ambizione, ben
mille volte repressi la mia indi-
gnazione, che stava già già per
iscagliarsi contra l'autore di tante

sventure. I riguardi per altro dovuti a sua passata grandezza, la ricordanza delle memorande vittorie delle quali io stesso fui testimonio e partecipe nell'onore mi ànno obbligato a non parlare di questo conquistatore, salvo con moderazione e riserbo. Il mio lavoro a quegl'innumerabili guerrieri io consacro, che miseramente periti in lontani deserti ancor mi sembra vedere, bramoso di fare omaggio alla loro costanza a un coraggio che non si è smentito giammai, ad azioni finalmente tanto più eroiche, quanto credevano di sacrificarsi alla gloria e si sacrificavano per la patria. Felici se con questa importante narrazione mi fu dato provare che in mezzo a tante disavventure non ànno degenerato dall'antica lor fama, e che sempre formidabili a' nemici non sono stati vinti che dagli elementi.

Incoraggiato dalla favorevole accoglienza alla prima edizione ò procurato di migliorar questa nuova, levando ciò che di troppo minuto vi era sul quarto corpo, per intrattenerci piuttosto sulle cose che possono meglio la comune interessare. Il perchè la battaglia della Moscua, la zuffa di Tarutina e più 'l passaggio della Beresina acquisteranno notabile incremento, mercè le memorie di parecchi uffiziali che alla campagna della Russia trovati si sono. Qui poi m'affretto a testificare la mia riconoscenza verso coloro che cortesemente questi materiali mi aggiunsero, e a dichiarare che pronto io mi sono a ricevere con la medesima sommessione tutti gli schiarimenti e notizie che mi si vorranno rimetter di nuovo. Il miglior modo di corrispondere alla stima del pubblico non è già di lagnarsi delle censure che l'amor proprio feriscono, ma di trarre util profitto da quelle che tendono a dar all'opera compimento e perfezione.

LA CAMPAGNA

DELLA

RUSSIA

~~~~~~~~~~~~~~~~~~~~~~~~~~~~~~~~~~~~

LIBRO PRIMO

VILNA

Dove ne' nostri annali cercar si volesse quale sia stato il più luminoso punto della nostra gloria, troverebbesi fuor
di dubbio che la Francia non fu giammai sì potente che dopo il trattato di
Tilsit. Allora la Spagna sotto sembianza
d'alleata era in fatto nostra provincia
da cui ritraevamo uomini denari e cavalli. L'Italia saggiamente amministrata da un re valoroso capitano ed a un
tratto sagace reggitore, sommessa e soggetta alle stesse leggi che l'Impero godeva d'una prosperità non dalla nostra
diversa, e vedea con orgoglio che le sue
legioni trasportate sul Baltico avean dato prova di singolare coraggio per procacciare alla Francia una pace non me

no gloriosa che utile (1). L'Allemagna atterrita dal nostro enorme ingrandimento più non potendo opporsi a' nostri progressi non cercava che la propria salvezza, e perciò si adattava a tutti i gran cangiamenti che mettevan sozzopra il sistema germanico. Sola Inghilterra costante nemica d'un'ambizione sì fatale alla sua, non iscorgeva nella prosperità di Napoleone che una cagion di timore per essa e di terrore per lo continente, e gelosa di aver l'onore di por ella un confine a sì smodata ambizione, va dimostrando a tutti i sovrani del Nord la necessità di fermar i progressi di giorno in giorno più rapidi della nostra soverchiante potenza. Vani sforzi! Questi sovrani animati da particolari vantaggi non aveano per ancora sufficiente sperienza, che per opprimer la belva che tutti divorar li volea era uopo unirsi tutti, quando al ritorno di Tilsit smania d'invadere sveglia a Napoleone il pensiero d'accendere in Ispagna una guerra ingiusta, che doveva un giorno appassire i suoi lauri e porgere a' nemici il filo cotanto bramato di abbattere un potere così formidabile.

Un principe debole reggeva in apparenza quest'infelice penisola, ma un ministro sleale traditor di sua patria ingrato col re suo benefattore era in fatto colui che d'una mano già compra amministrava lo stato, e con vil sommessione agli stranieri deprimea la nazione, di cui pareva non avesse usurpati i diritti che per fabbricarle un lungo e vergognoso servaggio. La credulità del padre la moderazione del figlio secondarono le scellerate sue mire. Armò l'un contra l'altro. Issofatto si formarono de' partiti, di là si levò la discordia di cui profittò l'artifizioso Napoleone per far nascere la guerra civile, e destare un incendio necessario all'esecuzion del progetto ma contrarissimo alla saggia politica, e che nella storia d'un popolo incivilito l'esempio dispiega di sì mostruosa ingratitudine, che di simile uno non si troverà giammai nè in mezzo pure alle inculte nazioni.

La Spagna sebben confinante alla Francia era poco nota, e meno il carattere de' suoi abitanti. Questa ignoranza fè travedere il conquistatore e imprendere un'invasione funesta, di cui

per altro scorderannosi di legger le sciagure, quando si rifletta che non meno
della campagna di Mosca fu la prima
cagione de' fatti, che partorirono la felice liberazione del mondo. Nè qui per
me già s'intende di prender le mosse
da' primordj che resero nemiche due
nazioni egualmente generose e che sempre unite da scambievole stima il sarebbero ancora, se la malvagità del tiranno non avesse piantato la sua grandezza sull'astio de' popoli. Questa lotta
memorabile per lo suo accanimento e
vicende dee somministrare allo scritto-
re bel soggetto di storia e vasto campo
di meditazione al soldato. Per al presente mi restringo a dimostrare soltanto, che sembra aver la Provvidenza svegliato a Napoleone il pensiero di queste
due guerre illegittime, per insegnare
agli Spagnuoli ed ai Russi che la compagnia co' malvagi sempre riescir deve
funesta, riserbando quasi per ultimo scopo di precipitare d'errore in errore lo
strumento di cui Dio s'è servito, a fin
di dimostrare al genere umano che la
tirannia è un attentato sopra tutti gli
uomini, e di cui sarà facile il trionfare

dove si militi con armonia sotto le bandiere della giustizia.

Mentre Napoleone inutilmente sforzavasi di scacciare gl'Inglesi dalla penisola dov'eran discesi, un nuovo nembo formavasi in Germania. L'Austria ch'egli avea tante volte combattuta assuefarsi non poteva al turpe giogo a che l'avean tante fiate soggetta le sue sconfitte. L'insurrezione degli Spagnuoli e' numerosi apparecchi dell'Inghilterra le presentarono opportuna occasione di correr da capo all'armi, ricuperare i perduti suoi stati e restituire alla sua politica quella preponderanza ond'era altamente gelosa. La nuova guerra contro all'Austria non fu per la Francia che un nuovo campo di trionfi aperto a' suoi combattenti. Lansutte Emmil e Ratisbona mercè luminosi successi, produssero a capo di quattro mesi la memorabile delle vittorie. I campi di Vagram videro rinascere i prodigj d'Austerlizza, ivi la Francia rassicurò l'antica sua gloria e gettò le basi di sua futura grandezza.

Il trattato di Vienna dandoci la pace trasportò sotto il nostro dominio di

ricche province, ingrandì la Virtember-
ga la Baviera, e parve impromettere alla Polonia il suo intero ristabilimento.
Ma questo trattato scritto da una potenza che tutto invadea, avrebbe come
ognun de' precedenti rinchiuso il germe
d'una guerra vicina, se la più augusta
ed inaspettata tra l'alleanze coronato non
avesse del vincitor la fortuna. Il sovrano dell'Austria stanco d'una resistenza
sì lungo tempo fatale alle sue armi riputò meglio d'ubbidire un tratto alle
circostanze, e cedere a un uomo innanzi a cui tutto cedeva. Sacrificò la sua
gloria e fino al suo sangue per ottenere
la pace, avverando così que' tempi fa-
volosi in che magnanimi principi offerivano in olocausto le loro figliuole, per
rappacificare il flagello che desolava le
loro contrade. Fra tutti i beni di che
la Provvidenza ricolmò il fortunato Napoleone questo maritaggio fu al tutto il
più prodigioso, perciocchè rassodava la
sorte d'un uomo che uscito di un ordin
privato si legava a un potente monarca,
ma poco soddisfo di cotanta prosperità
se ne abbagliò, e tutto ne perdè il frutto per voler istancare il suo genio e cer-

car sempre di superare i limiti che largo il ciel gli prescrisse; così difetto di prudenza ciò che parea sollevar lo dovesse a maggiore possanza, di sua ruina diventò la cagione. Quello spazio di tempo esser dovè certamente il più stupendo di quanti altri scorsero durante sua vita. Chi mai poteva in allora menar dì più gloriosi e tranquilli? Di semplice cittadino s'era innalzar veduto sul primo soglio del mondo, il suo regno era stato una lunga serie di vittorie, e per colmo di felicità, un figliuolo oggetto il più ardente de' voti suoi venne alla luce per essergli successore. I popoli stessi sottoposti al suo dominio già cominciavano ad avvezzarvisi, e parea volessero assicurar la corona al suo lignaggio. Tutti i principi stranieri soggetti al suo potere gli eran vassalli, albergavano le sue truppe e pagavan tributi per soddisfare il suo lusso e la sua profusione. Tutto infin gli obbediva e niente mancavagli per esser felice; niente dov'esser lo si potesse senza l'amor della giustizia, ma non conobbe egli mai questa virtù e mai non trovò nè felicità nè riposo. Abbandonato a uno spirito inquieto e alle chimere d'un'insaziabile ambizione si diede in balìa alle sue tumultuose passioni, per isbramarle volle ciò ch'esser mai non poteva, e sdegnando gli altri dimenticò tutto fino a se stesso.

Ogni cosa pertanto parea favorirlo di buon grado ne' gran cambiamenti che aveva già fatti, e 'l volgo la cui vista ottusa poco addentro sa penetrare dell'anima tenebrosa de' monarchi ambiziosi, diessi a credere che la maravigliosa parentela di costui con un'arciduchessa porrebbe il colmo a sue brame immoderate, e che le dolcezze di padre in ispezial modo gli metterebbono in chiaro che un trono si rassoda non per vane conquiste comperate a lagrime e sangue, ma per sagge istituzioni che facendo adorar il suo governo ne assicurino la durata; nè altri al paro di lui aveva in pronto mezzi più idonei e sicuri di procacciare al mondo la sua felicità. Bastava ch'ei fosse giusto e saggio, chè la nazione in queste virtù le sue speranze avendo locate, aperto gli avea quell'illimitata confidenza di cui abusò tanto crudelmente. Per questa ragione starà

in bilico la posterità nel decidere, se
Napoleone sia stato più reo per lo mal
che à commesso, che per lo bene che
avrebbe potuto fare ed al quale non à
pure pensato. Quest'uomo che sarà per
gli storici l'enimma dell'uman cuore
sarebbe stato l'ammirazione del mondo,
se avesse impiegar voluto nelle virtù
que' rari talenti di cui abusò per servire al delitto, ma lungi dal meditare con
calma e moderazione come esercitar dovesse le sue facoltà con vantaggio, in-
venta progetti superiori alle forze umane e per eseguirli dimentica il numero
delle vittime ch'eragli di sacrificare mestieri. Sempre ingombro di questa feroce
mania ond'era di continuo agitato,
ogni lieve ostacolo l'irritava, e 'l solo
figurarsi una nazione grande e costante
a segno di aver sempre rigettato i suoi
propositi e resistito a sua funesta influenza, era un'idea che laceravagli il cuore
e gli attoscava nel più bel fiore la gloria. Per trionfar d'un nemico che non
poteva estinguere, indarno protende le
braccia alle estremità dell'Europa, e
come crede afferrarlo d'un lato gli sfug-
ge dall'altro. Furibondo per veder fra-

stornati i suoi vani disegni aspira all'universal monarchia, per cui una potenza del continente segregata dall'altre approfitta di sua felice situazione, onde rimuovere un intollerabile giogo. Allora egli licenzia i ministri la cui saggezza dispregia, quelli solamente stimando che ciecamente secondano le sue pazze pretese, e agli occhi di lui il più grand' uomo è quel cortigiano che più gli è sommesso. Signore assoluto del popolo e dell'esercito, schiavo de' proprj voleri aspira a domar tutto, e porta lo sguardo ambizioso sino all'estremità del polo: con un falso giudizio adotta una falsa politica, e si forma al nord come per lo innanzi al mezzogiorno del più utile e potente alleato il più pericoloso nemico. Negli sconsigliati suoi vaneggiamenti allarga i naturali confini della Francia, le forma de' chimerici destini, e dassi a temere della Russia sotto colore che volendo ella assidersi sul trono di Costantino, non si metta in istato di comandare a' due mari che circondan l'Europa. Volle poi farla da profeta, predire alla Francia lontane sciagure e distruggere la generazione presente per

la felicità incerta delle future. Inebbria-
to di sua fortuna stima essersi attirato
l'invidia di tutte le potenze, e dipoi seco medesimo giudicando crede che la
Russia vegga con secreta gelosia l'unione stabilita fra 'l più antico e moderno
degl'imperj. Ingombro di siffatta idea
segue il suo piano devastatore, e volendo diceva egli che in breve fosse la sua
dinastia la più antica dell'Europa, credeva di render sacro il suo usurpamen-
te scacciando dal trono legittimi principi per distribuirne le corone a' proprj
fratelli, i quali troppo deboli per esser
seguaci della sua tirannia, non risplendevano a lui d'intorno che siccome pallidi satelliti a un pianeta maligno.

Il trattato di Tilsit non era che
una tregua agli occhi di coloro che conosceano Napoleone. Paragonando ciascuno il potere ogni dì più crescente de'
due grand'Imperj prediceva una pros-
sima rottura, e nell'ingrandimento di
questo o di quello la futura distruzione
vedea dell'ampio edifizio che tutti e due
mostravano di voler innalzare. Lo spazio però che li separava separar dovea
pure i loro interessi, ma le conquiste

della Francia avendola resa vicina alla Russia diedero a divedere che guari non tarderebbe a sorgere fra queste due potenze competittrici una lotta terribile, al dui urto tutta crollerebbe la terra. Due anni e forse più dappoichè stavano queste due potenze in atto di guerra, Napoleone avendo rafforzato la guarnigione di Danzica composta di poderosi corpi d'esercito, perfezionato la cavalleria gli attrezzi dell'artiglieria e gli altri arnesi militari, si stimò in istato di scagliar de' rimproveri contro alla Russia, e dimentico di aver invaso dopo le ultime convenzioni l'Olanda le città anseatiche e in ispezieltà il ducato d'Oldenburgo sul quale il cognato d'Alessandro avea legittime ragioni, rimproverò qual grave delitto a fronte di cotante usurpazioni, che avesse avuto faccia di rimettere il commercio con l'Inghilterra. Da quel punto la Francia fece immensi apparecchi, numerose squadre volarono dalle rive del Tago sull'Oder, e gli stessi soldati che non à guari erano accampati nelle fertili pianure della Lombardia in capo a tre mesi si videro trasferite sull' aride sabbie della Polonia.

In questo mezzo niente ancor trapelava sopra movimenti di tanto rilievo dal famoso Senato Consulto in fuori (*seduta dal Senato* 10 *Marzo* 1812.), che riordina l'Impero in *Coorti Bandi ed ultimi Bandi*. Per tal maniera la patria si vedeva involta nella guerra più sanguinosa che abbia mai sostenuto. La metà dell'Europa volgeva contro all'altra senza che Napoleone mai degnato si fosse di avvertirne il senato, o che questo corpo avesse avuto cuore di farsi render ragione d'una guerra in cui la Francia era per versare il suo sangue e i suoi tesori. *Tutti gli sguardi si fissarono sulla Prussia* in espettazion di vedere a qual partito fosse per appigliarsi. Le sue piazze il suo territorio, tutto era invaso dalle nostr'armi, contuttociò il peso della nostra alleanza sì contrario le parve alla sua politica, e spezialmente a' suoi interessi nocevole così, che in onta ad averla noi con la forza obbligata e soggetta ancor pendeva a determinarsi, finchè con universale stupore s'intese ch'erasi decisa a nostro favore. (*Trattato d'alleanza de'* 24 *Febbrajo* 1812 *tra S. M. l'imperatore e re e S. M. il re di Prus-*

sia.) Ma chi l'animo di Napoleone conosce nello stipular alleanze osservò non essersi data la Prussia, se non come vide Berlino stretto da ogni parte e 'l duca di Reggio in procinto d'entrarvi da conquistatore. Poco tempo appresso il re si trovò obbligato ad abbandonare la capitale, e lasciarne il comando a' generali franzesi.

Un altro trattato comparve in quel tempo medesimo tra la Francia e l'Austria. Le principali clausole furono di somministrarsi reciprocamente a chi fosse attaccato un corpo ausiliario di 30 mille uomini, e siccome Napoleone chiamavasi allora minacciato dalla Russia lo ricercò e l'ottenne sotto il comando del Principe di Svarzemberg. Ecco Napoleone tiranno de' re, come Robespierre del popolo. Sotto questi due non poteva chi che sia restar neutrale; l'amor della pace avea faccia di tradimento, e ad amendue la moderazione pareva delitto. Lo stupore però di vedere gli Austriaci e Prussiani in alleanza con noi fu un nonnulla in paragone del nuovo, quando s'intese che la Svezia l'avea ricusata. Questa nazione unica del Continente,

cui star dovesse a cuore la nostra spedizione contro la Russia, fu talmente
irritata della nostra invasione nella Pomerania e dell'oltraggio al commerzio
di Stralsunda, che rifiutò l'unica oppor-
tunità di far le vendette di Carló XII,
amando meglio rinunziare alle province
rapite, che contrarre con noi un trattato, il quale per la slealtà del nostro capo non davale sicurezza veruna.

Le strade della Germania eran tutte coperte di numerosi corpi di truppe
che alla volta venieno dell'Oder, il re
di Vesfalia alla testa del suo e di due
divisioni avea già varcato il fiume al
paro de' Bavaresi e de' Sassoni. Il primo corpo era a Stettin, il terzo si dirigeva a quella volta, e 'l quarto giunto
a Glogau fu sostituito a' Vesfalj che
partirono per Varsavia. La nostr'armata alla sua fondazione era sorprendente,
e dove io far l'enumerazione volessi di
tutte nazioni ond'era composta, imiterei
di troppo le descrizioni d'Omero, quando favella de' varj popoli che s'incamminarono alla conquista di Troja. Nel
mese di aprile aveva otto corpi d'infanteria, in ciascun de' quali tre divisioni

vi erano per lo menó ed una di cavalleria (il primo ne avea cinque); a ciò
si aggiungeva la guardia imperiale composta di forse un 5o mille uomini e trè
gran corpi di cavalleria sotto il nome
di riserva. La somma delle nostre forze montava in quel tempo a 3oo mille
fanti e 6o mille cavalli; mila e più pezzi di cannoni distribuiti ne' diversi corpi dell' esercito componevan la forza
dell' artiglieria.

Il principe d'Emmil avea da lungo
tempo il comando di cinque divisioni
che formavano il primo corpo, fu il secondo affidato al duca di Reggio, al duca d'Elchinghe il terzo, il quarto sotto
il nome di *Armata d' Italia* (nel quale
eravi la guardia reale) veniva comandato dal vicerè, il principe Poniatoschi alla testa de' suoi Polacchi formava il
quinto, e' Bavaresi uniti al sesto milita-
vano sotto il conte Gouvion Saint Cir. I
Sassoni erano riguardati come il settimo
corpo ed aveano per capo il gen. Re-
gnier, e' Vesfalj sotto gli ordini del loro
re sfilarono nell' armata col titolo di corpo ottavo. Quanto al nono solo i quadri
se n' erano formati, e pur si sapeva che

destinato era al duca di Belluno, e finalmente il decimo corpo sotto gli ordini del
duca di Taranto era composto di Prussiani comandati dal gen. Gravert, e della
divisione di Grandjean che solo avea di
franzese i generali e le truppe d'artiglieria.

Per l'esercito russo che n'era av-
versario lo si divideva in due parti, no-
minate prima e seconda armata dell'ovest;
l'una era condotta dal gen. Barclai di
Tolli, dal principe Bagration l'altra.
Le divisioni erano quaranzette fra le quali otto di cavalleria. L'imperatore Alessandro giunto a Vilna il 26 aprile con
tutto lo Stato Maggiore era da lungo
tempo apparecchiato a respingere tutti
i nostri assalti. Ma chi ben addentro
avea studiato del nostro sistema di guer-
reggiare non ristava di consigliarlo a
non arrischiar la battaglia, ben certo
che l'ambizion di Napoleone lo sospin-
gerebbe in selvagge contrade, che nel
rigore della stagione sarebbono il sepolcro della su' armata.

Benchè la Prussia si fosse dichiara-
ta a nostro favore, pur prudenza volea
di non fidarsi d'un'alleanza stipulata
per forza, il perchè tutte le guarnigio-

ni franzesi rinchiuse nelle piazze usavano gran cautela, quella in particolar di Glogau in cui sfilava il quarto corpo per essere vicina a Breslau, dove il re di Prussia erasi ritirato col resto delle truppe. Ciò naturalmente attirava i nostri timori; e doveva impegnare il governo a mettersi in difesa d'un soprammano, che assai sarebbe stato funesto alle imprese della Francia.

Il quarto corpo venuto d'Italia col titolo di *Armata d'osservazione* pareva per via del nome esser suo uffizio di vicendevolmente recarsi dinanzi alla grande armata, spesso difenderne i fianchi e finalmente riunirlesi dove notabil bisogno il suo soccorso esigesse. Avendo io l'onor ricevuto di appartenere a questo corpo, creduto mi sono in dovere di rendere minuta ragione di sue geste più che degli altri non intendo di fare. A ciò s'arroge che quanto operò da se solo è di maggior rilievo che le azioni altrui, essendo egli stato a parte de' maggiori avvenimenti che illustrato abbiano il nostro cammino per Mosca. Intorno poi alle calamità della ritirata è ben noto che a tutti furon comuni.

Il viceré prima di assumerne il comando che intanto era stato conferito al duca d'Abrantes fu chiamato a Parigi. Le conferenze ivi da lui tenute con l'imperatore diedero a pensare non ei fosse destinato ad impieghi di maggior importanza, che quelli non sono di comandante d'un corpo. Lungo tempo appresso si era divulgato che Napoleone volendo portarsi egli stesso a finir la guerra della Spagna aveva al suo consiglio annunziato essere sua intenzione, che dove bisogno lo stringesse d'abbandonare la capitale, affiderebbe a questo giovine principe le briglie dell'impero. Ma così alte speranze che dopo il ripudio della madre sembravano mal fondate non tardarono gran fatto a svanire, chè 'l viceré sette od otto giorni dal suo arrivo a Parigi, ricevuti gli ordini prese la via della Polonia e giunse a Glogau a' 12 Maggio.

Nel dì che vi si fermò fece la rassegna delle truppe cui comandava, e molto rimase soddisfo della decimaquinta divisione tutta d'italiani composta. Sorpassava a quel tempo il numero di forse 13 mille, e sì bene agguerriti si mo-

strarono que' soldati che 'l gen. Pino
quantunque primo capitano della guardia reale, recavasi ad onore l'esserne stato eletto a comandante. Questo corpo dovea riunirsi a Ploche, dov'era l'armata bavarese, e per questa città si diresse il vicerè passando per Plosen. Avendo il suo arrivo preceduto di alcuni giorni quell' dell'armata gl'impiegò a rivedere il Bughe e la Nareva, ed a unire in atto di difesa la linea di quest'ultimo fiume con quella de'laghi che dopo Angerburgo si stendono fino a Giannisburgo. S. A. visitò particolarmente la fortezza di Mollino dove pur s'era il re di Vesfalia recato, da' cui colloquj si credea traspirare che la Volinnia esser dovesse il teatro della guerra. Ma dopo alcuni giorni l'imperatore arrivato a Torno attirò sopra di se tutti gli sguardi; il vicerè corse a rendergli omaggio e al suo ritorno allestì quanto era necessario per mettersi in cammino a' 4. di Giugno.

Il nostro corpo partì quel giorno per Soldau e vi giunse a' 6. Doppia dimora fu quivi concessa alle truppe e la s'impiegò nel costruire de'forni neces-

tarj al vitto. Quindi si prese la strada
di Villemberga, ed ivi pure ebbonsi
quarantott' ore di riposo. In tre giorni
di marcia si pervenne a Rastemburgo
città graziosa circondata di laghi, dove
l'esercito trovò un po' di conforto, essendo
do che dopo Glogau non abbiam veduto
to città nè più grande nè meglio popolata
lata di questa. Indi si passò a Lozen,
poscia ad Olesco ultima città della Prussia
sia orientale. Lungi due leghe entrammo
mo nel ducato di Varsavia, e di botto
conoscemmo la notabile differenza che
passa fra questi due stati; nell'uno le
case pulite sono e ben fabbricate, sudicie
cie e grossolanamente costrutte nell'altro
tro. Gli abitanti di quello sono civili e
ospitali, ma gli abitanti di questo altro
che una razzaccia non sono di Giudei
ributtanti e schifosi. Dove però si riguardi
guardi alla nobiltà de' Polacchi, la miseria
seria nuoce alla dignità, ma per lo contrario
trario i gran signori sono magnifici bravi
vi e generosi, fedeli in particolare all'
onore e all'amor patrio che gli renderan
ran sempre veri eroi. I contadini sono
in picciol numero, il perchè la Polonia
è mal coltivata. Il suo territorio sabbio-

noso a cagione dell' aridità del sole e
coperto d' infelice segala, par condan-
nato a perpetua sterilità. Giunti a Calvari non vedemmo che un grosso borgo
zeppo di Giudei, e Giudei pure a Mariempol. Nauseati di lor vista stomachevole e nojosa e principalmente del lor
numero, si andava dicendo che la Polonia era la Giudea, dove a caso vedevasi
qualche Polacco.

Durante questo viaggio Napoleone
partito di Torno visitò la città di Dan-
sica, cui 'l suo spirito d'impero gli facea riguardare come la più considerabile de' suoi stati, di là fu ad Osterode,
attraversò a gran giornate la città di Lie-
stad e di Oresburgo, luogo vicino ad Eilau
Eisberga e Frielland, il più cospicuo teatro della militare sua gloria. Come fu
a Conisberga allestì ogni cosa per la
grand'impresa, fece di numerose divisioni la mostra, visitò la piazza di Pillau, e pochi giorni appresso col centro
dell' esercito marciò lunghesso la Pregel
fino a Gumbinnen. Egli si dava a credere co' suoi apparecchi d'imporla alla
Russia, e costringerla a piegare il collo
alle sue leggi; fin a tanto che voleva

sbrigarsi di tutto ciò che l'ordine rimetter potesse e ristabilire la pace. La Russia non meno per un eccesso di moderazione, rara per vero dire nelle grandi potenze, assentiva che la Francia mantenesse una guarnigione in Danzica, ma pretendeva e a diritto che si sgomberasse la Prussia, onde fra' due imperj un paese vi fosse non occupato da qual si fosse potenza. Queste furono le condizioni saggé e moderate che Napoleone chiamò, " pretesa sfacciata, e del tutto arrogante „ (*V. il secondo bullettino della grand' armata*), ma dall' altro canto la Russia negò solennemente di dar udienza all' ambasciata del gen. Lauriston, dove questi non fossero i primi patti. A tale annunzio Napoleone dà nelle smanie, e grida con quella voce da frenetico che ispirar gli soleva ogni più lieve ostacolo: * I vinti la fanno da vincitori, la fatalità gli strascina, compiasi dunque il destino, * Detto fatto esce di Gumbinnen e recasi a Vilcovisco, dov' emana il seguente proclama.

Soldati.

* La seconda guerra della Polonia è già incominciata; la prima ebbe 'l suo

2 *

termine a Frielland e a Tilsit. A Tilsit
la Russia à giurato alleanza eterna alla
Francia e guerra agl' Inglesi. Ora viola
i giuramenti, nè conto veruno vuol rendere de' suoi spergiuri. Deh! che le
aquile franzesi non abbiano passato il
Reno e abbandonati pertanto i nostri
alleati a sua discrezione. La Russia è
strascinata dalla fatalità; i suoi destini
debbono compirsi. Ci cred'ella dunque
degenerati da riporci fra 'l disonore e
la guerra? e noi, non sarem noi forse
più i soldati d'Austerlizza? Che più si
attende o si dubita? Su via dunque,
passiamo il Niemen, portiamo la guerra nel suo territorio. La seconda guerra della Polonia sarà gloriosa alle armi
franzesi come la prima, ma la pace che
conchiuderemo porterà seco la sua si-
curtà, e spegnerà la funesta influenza,
che da cinquant'anni diffuse la Russia
sulle cose dell'Europa. *

Questo proclama ci giunse a Calvari,
indegno d'una verace grandezza e indizio d'eccessiva jattanza. Ciò che più
d'osservazione è degno, si è la mania che
avea Napoleone di dare a questo discorso la sembianza d'oracolo. Pure ad on-

tà di questa monotona ripetizione di concetti tante volte espressi, eccitò l'ardore de' nostri soldati ognor pronti a porgere orecchio a tutto ciò che lusingar poteva il loro coraggio. Anelanti d'entrare nel territorio russo vedean con baldanza che al principio della seconda campagna della Polonia lasciavano alle spalle quel fiume che era stato la meta verso il fine della prima. Questa parola Niemen loro accendeva l'immaginazione, a ciascheduno parea mill'anni passarlo, e 'l desiderio tanto più gli premea, quanto lasciando anche da parte la nostra sete di conquiste, lo stato miserabile della Polonia accresceva ogni dì più le nostre bisogne e patimenti, e per far cessare le querele ci si facea riguardare il paese nemico come la terra promessa.

L'esercito russo opposto al nostro era di sei gran corpi, il primo di 20 mille uomini era comandato dal principe Vitgenstein, e occupava Rossiena e Cheidano, il secondo in egual numero sotto il gen. Bagaxut difendea Covno, il terzo che ne comprendea 24 mila era a Neutrochi e avea per condottiero il gen. Scomoalof, e 'l paese tra Neutrochi e Lida dava quartiere al quarto comandato dal gen. Tuscolf. Questi quattro corpi in un colla guardia che trovavasi a Vilna componeano l'armata che i Russi chiamavano *prima armata d'Ovest*. La seconda era formata dal quinto corpo le cui forze montavano a 40 mila uomini, e del sesto nominato corpo di Doctorov che ne avea 18 mila. Questa second'armata ond'era generale in capo il principe Bagration, accampava a Grodno Lida e 'n tutta la Volinnia. In essa provincia il gen. Marcof allestiva le divisioni nona e quindicesima che formar doveano il settimo corpo. Questo generale chiamato di poi all'armata di mezzo lasciò 'l comando della Volinnia all' altro gen. Tormasov, il quale creò un nuovo corpo destinato a combattere contra il ducato di Varsavia.

In tali termini eran le cose de' Russi di là dal Niemen, quando il re di Napoli il quale presedeva alla cavalleria, portò il quartier generale due leghe di qua dal fiume (23 Giugno), avendo con seco i due corpi di cavalleria comandati da' generali Nansuti e Mombrun di tre divisioni per ciascuno. Il primo prese posto al varco della gran foresta di Silvisco, il secondo venivagli appresso, e il terzo quarto e sesto procedevano per Mariempol con lo spazio d'una giornata l'uno dall'altro. Il re di Vesfalia s'incamminava alla volta di Grodno col quinto settimo e ottavo corpo salendo la Nareva, e facea fronte all'armata diretta dal principe Bagration. Il dì medesimo giunsero sul Niemen i facitori de' ponti sotto il gen. Eblè. Napoleone in allora travestito da soldato polacco visitò col generale ingegnere Axo la linea del Niemen, e dall'alture che signoreggiano Covno, scoperse il punto migliore per valicar questo fiume, e verso le otto della sera l'esercito vi si pose in cammino. Tre compagnie di volteggiatori della divisione Morand (prima divisione del primo corpo) trapassarono il Niemen, e protessero la costruzione di tre ponti che furono gettati sul fiume. Sul far del giorno verso un'ora cioè del mattino, eravamo in Covno. Il gen. Pajol avendo assai più 'nnanzi condotto la vanguardia fece guardar la città da un battaglione e respinse la cavalleria nemica, la quale ritiravasi di mano in mano che per noi si avanzava. L'armata frattanto non lasciò ne' giorni 24 e 25 di passare per li tre ponti che avevamo costruiti in una sola notte. Nel tempo medesimo Napoleone arrivato a Covno fe' subito fabbricare un nuovo ponte sopra la Vilia che gli è dappresso, mentre che il re di Napoli marciava per Zismori e' marescialli il principe d'Emmil e 'l duca d'Elchinghe si recavano uno a Runchico a Cormelove l'altro. Il giorno appresso finalmente (27 Giugno) la nostra cavalleria leggera non si trovava che dieci leghe distante da Vilna. A' 28 verso le due del mattino il re di Napoli continuò il viaggio, protetto dalla divisione di cavalleria del gen. Brujeres e dal primo corpo. I Russi si ritirarono d'ogni parte dietro alla Vilia, abbruciati il ponte e' depositi de' viveri. Una deputazione de' principali cittadini di Vilna si presentò da Napoleone ed a' suoi piedi le chiavi depose della città. Egli v'entrò sul mezzogiorno, ma invece di fermarsi corse di subito dove 'l gen. Brujeres aveva le prime file condotte per ivi spiare qual direzione fosse 'l nemico per prendere. E già lo s' inseguiva a manca della Vilia, quando in una irruzione della cavalleria il capitano degli ussari Ottavio di Segur rimase ferito; e così fu il primo che in questa campagna sia caduto in potere de' Russi. Il varco che Napoleone avea scelto per passare il Niemen era molto acconcio, conciossiachè da un' alta montagna ch' era sulla nostra riva la quale s' interna in città, signoreggiavasi Covno. Ma quando pure meno propizia quella posizione stata ci fosse, poco montava che non era intento de' Russi secondo il lor piano, di opporsi a' nostri sforzi primieri. A questo proposito si racconta, che l'imperatore Alessandro erasi allestito per contendercene il passaggio, e già stavasi per venire alle prese, quando il gen. Barclai di Tolli si gettò a' piedi del suo padrone, e 'l supplicò a non arrischiarsi contra un' armata formidabile a cui niente poteva resistere, aggiungendo doversi lasciar passare Napoleone come un torrente, e riserbar tutte le forze per allora che 'l nemico incomincerebbe a indebolirsi. Non oso metter pegno su questa novella, pur se si considera che l'im-

perator dellè Russie dopo fermatosi sei
settimane a Vilna fece la rivista del suo
esercito, spiò le principali posizioni del
Niemen atte alla difesa, e tutto a un
tratto lasciò poi questa linea senza combattere e ordinò la ritirata sopra la Duna e 'l Nieper, non si troverà fuor di
credenza.

Giunti a Vilna ciascun potè leggere
il proclama che questo imperatore aveva emanato, come intese che le truppe
franzesi aveano tragittato il Niemen.
Così bene vi si mira dipinta la sua nobiltà ed equità, che mettendolo a petto
quello di Napoleone pubblicato a Vilcovisco, cotanto temerario e insolente, si
verrà in perfetta cognizione dell'animo
de' due conquistatori, sopra i quali avea
l'universo fermati gli sguardi. Eccolo.

Vilna 25 Giugno 1812.

Da lungo tempo abbiamo osser-
vato dal canto dell'imperatore de' Franzesi un contegno da nemico verso la Russia, ma sempre fu nostra speranza di
allontanarlo con maniere conciliatrici e
pacifiche. Vedendo alla fine che di continuo insorgono evidenti offese, malgrado il nostro desiderio di conservare le

tranquillità, siamo stati costretti a tutte
raunare le nostre armate. Contuttociò
per noi si confidava di riconciliarci, fer-
mandoci sulle frontiere del nostro impero senza violare la pace, pronti solamente a difenderci. Tutte queste vie di
conciliazione e di pace non valsero a
mantener la quiete che per noi si desi-
dera. L'imperator de' Franzesi assalendo
all'improvvista il nostro esercito a Covno,
fu il primo a dichiararci la guerra. Conoscendo pertanto che nulla il può piegare al desiderio di conservare la pace,
altro non ci rimane che invocando a nostro soccorso l'Onnipossente testimonio
e difensore della verità, oppor le nostre
forze alle forze nemiche. So che non è
uopo di risvegliare a' comandanti a' capi de' corpi ed ai soldati il lor dovere
e bravura, essendo che nelle vostre ve-
ne il sangue discorre de' valorosi Schia-
voni. Sappiate o guerrieri che voi difen-
dete la religione la patria e la libertà.
Io sono con voi, e contra l'aggressore
vi è Dio. „

           ALESSANDRO.

Mentre il nostro esercito si stava
raccolto ne' contorni di Vilna, il secon-

do corpo russo comandato dal gener.
Bagavut andavasi ritirando verso la Duna, e così non meno il principe Vitgenstein a Vilcomiro, dappoichè il duca di
Reggio dirigendosi verso Gianove e Cla-
fui, l'avea sforzato a sgomberare la Samogizia. A' 38 s'incontrarono nelle vicinanze di Develtove e diedero mano con
grand'ardore al cannone, ma 'l nemico
non conservò il suo posto e cacciato dalle nostre truppe fino alla Duna ripassò
il ponte su questo fiume costrutto, e così rovinosamente che non ebbe agio di
bruciarlo. Sendo qui le cose in tale stato, d'altra parte i corpi quinto settimo
e ottavo diretti dal principe Poniatoschi
e dal re di Vesfalia s'impadronirono di
Grodno. La lentezza di quest'ultimo die'
campo alla seconda armata dell'Ovest
comandata dal principe Bagration di trin-
cerarsi in ben forti posizioni da poter
resistere a tutti gli assalti. L'Etman Platof avendo saggiamente impiegato le molte truppe di Cosacchi da lui condotte
avrebbe certamente mantenuto gran tempo le province a lui affidate, se dopo
aver lasciato Vilna non fosse a questo
principe stato ordinato di unirsi al gene-

rale Barclai di Tolli. Per impedire questa unione si fece di botto partire dal centro della nostr' armata il principe d'Emmil per pigliare la via di Minco, e da di là essere guida alle operazioni del re di Vesfalia, di cui l'imperatore era assaï malcontento; ma non volendo Gerolamo piegarsi a un ordine che troppo offendeva il suo amor proprio, chiese ed ottenne di ritornare ne' suoi stati.

A' 29 di Giugno il 4.to corpo fermatosi fino allora in osservazione di qua dal Niemen vide finalmente questo fiume tanto sospirato. Nell'arrivare a Piloni luogo stabilito per lo passaggio, vi trovammo il viceré il duca d'Abrantes e tutto lo Stato maggiore, che durante il tempo piovoso erano intenti alla costruzione d'un ponte. L'artiglieria della guardia reale era dispersa sopra un cavaliere (2) che spiava la riva opposta, precauzione prudente ma inutile, imperciocchè si sapeva di certo che di là dal Niemen ogni cosa era perfettamente tranquillo. Noi non dovevamo temer più di questo passaggio, dappoichè un ajutante del viceré spedito da Napoleone ci avea recato notizia, che le nostre truppe su-

perati gli ostacoli delle gole da Covno a
Rumchico erano giunte a Zismori senza
punto combattere, che i Russi aveano assai debolmente le posizioni difeso le quali sono tra Ruiconto e Vilna, e particolarmente che non avendo innalzato veruna
fortificazione sopra l'altura che si trova
due leghe innanzi a questa città, l'imperatore vi avea fatto il suo ingresso a'28
del mese stesso preceduto dagli Ulani polacchi dell' 8.vo reggimento condotti dal
principe Domenico Radzivil. Quest'uf-
ficiale ci riportò pure che i sobborghi
aveano alcun poco sofferto dall'avidità
de' soldati, ma che l'ordine ben presto
rimesso, tutto avea ripreso il suo naturale andamento, e che questa città grande e popolata offeriva a un tratto ristoro alla truppa, e partiti acconci a secondare le mire di Napoleone. Il giorno appresso cioè a' 3o, le divisioni 13.ta
e 14.ta sotto i generali Delzons e Brussier, e 'l 1.mo Luglio la guardia reale seguita dalla divisione del gen. Pino fecero tranquillamente il loro passaggio.
Tutta così la soldatesca italiana tragittò
il fiume sotto gli occhi del suo viceré,
e a siffatto onore rispose con cordiali

acclamazioni; ma dal suo canto dovè
questo principe provare dolce conforto
a vedere trascorrere per un suolo nemico i soldati che aveva creato egli, e in
ispezieltà a vederli ben secento leghe
lontani dalla lor patria lo stesso ordine
osservare e 'l contegno medesimo, che se
militassero dirimpetto al suo palazzo.
Come per noi si toccò l'argine opposto,
un' altr' aria ci parve di respirare. Il
cammino però era scabroso orribili le
foreste e più deserti ancora i villaggi;
ma la fantasia dall'ardor infiammata di
conquistare mirava tutto con istupore e
nutrivasi d'illusioni che furono ben rat-
te a dileguarsi. Di fatti la nostra dimora a Piloni molestata da pioggia conti-
nova ebbe così strane sciagure, che senz'
essere superstizioso poteva chiunque ri-
mirarle qual presagio della futura nostra miseria. In questo spaventoso villaggio il vicerè stesso non aveva albergo, e noi eravamo aggrumati sotto meschini tugurj, dove tutte si provavano le
ingiurie del tempo. La scarsezza de' viveri ne facea prevedere quali sarebbero
un giorno gli orrori della fame, e intanto la pioggia che rovinosamente ca-

dea gli uomini opprimeva e i cavalli, che fiato non avevan di tetto; i primi durarono, ma l'asprezza delle vie compì la distruzione degli ultimi. Ne' contorni di Piloni gli si vedea cadere a centinaja, ed altro per le strade non s'incontrava che cavalli morti calessi rovesciati salmerie disperse, e pure correva il mese di Luglio, ed oggimai si stentava di freddo di pioggia e di fame. Tante sciagure ci colmavano tutti di orrore e spavento per l'avvenire, ma il sole ricomparso sull'orizzonte e dissipate le nuvole cominciò una bella stagione, che ci parve dover durare per sempre.

Dopo due ore di marcia per un terreno paludoso giungemmo al borgo di Croni (1.ᵐᵒ Luglio), il cui castello e case sono di legno come in tutti gli altri villaggi della Russia, eccetto alcuni soli de' quali farò avvertito il leggitore quando che sia. In questo borgo si ritrovò dell'acquavite, a cui i soldati diedero subito avidamente di piglio. Del resto essendo quel villaggio mondo d'Ebrei le case eran deserte, dal che si venne in chiaro che volendo il nemico rovinare i paesi per cui passavamo, ne conducea seco gli abitanti e 'l bestiame.

La mattina vegnente (2 Luglio), avemmo ordine di pigliare la via di Zismori, affin di raggiungere la strada maestra per cui era passato l'imperatore. Arrivati in quel grosso borgo non vi trovammo che alcuni Giudei compresi ancor di spavento per l'orribil tumulto di che il nostro passaggio era stato cagione. Il primo ordine era di fermarsi, ma all'arrivo del vicerè lo stato maggiore continuò il viaggio e fu a pernottare a Melangani, lasciando la division Pino a Zismori e quelle de' gen. Delzons e Brussier ne' contorni di Strasuno. A' 3 Andammo a Ruiconto, villaggio infelice che a manca aveva un castello di legno, e a destra sopra un'altura una chiesa. Il principe non vi si trattenne punto e si stabilì in un castello situato presso le bocche d'una strada in fianco che riusciva a Neutrochi. Il nostro corpo sperava d'irsene a Vilna, e di mal animo restò sorpreso come vide (4 Luglio) che la vanguardia recavasi a Neutrochi. Ognuno doleasi forte di questo caso impensato, e andava dicendo che la fatalità erasi appresa al nostro corpo, siccome a quello che di riposo avendo mestiere si vedea chiusa una città, dove confidava di ristorarsi da una marcia lunga e penosa. Tale speranza essendo delusa, si procurava di consolarci con dire che andremo a Vitesco e Smolenco, le quali città ci farebbono dimenticare Vilna. Dopo quattr'ore di riposo, attraversando boschi e sentieri limacciosi, arrivammo finalmente vicino a Neutrochi posta sopra un'eminenza e tutta circondata di laghi. Questa piaggia ridente faceva un bel contrasto con la strada che avevamo passata. Tutti contemplavano questo sito felice e godevano nel vedere il bello effetto, che produceva un ampio convento fabbricato sul pendio della montagna che domina la città. Altri pendevano attoniti dalla densità delle selve o dalla limpidezza dell'acque, di cui si dice che non agghiacciano mai. Chi avea genio per la pittura non rifinava di ammirare questa vaghissima prospettiva. In mezzo del lago si vedevano le ruine d'un antico castello che d'un lato brune brune sporgevano sulla superficie dell'acque, e pingevano all'altro un orizzon-

te vermiglio. Tutto ciò ne dava a sperare che Trochi fosse un soggiorno incantato, ma l'illusione sfumò tosto che
vi ponemmo piede. Già eravamo alle
prime case quando un'ordaccia d'Israe-
liti con seco e donne e fanciulli e vecchi con lunga barba corsero a gettarsi alle nostre ginocchia per supplicarci di
liberarli dalla rapacità de' soldati, che
sparsi per le case mettevano a ruba ed
a sacco tutto ciò che cadeva in lor mano. A questi cattivelli non si potè ri-
spondere che con isterili consolazioni,
poichè ivi non magazzini non viveri, e'
nostri soldati privi da gran tempo del
solito vitto, d'altro non sostenevan la vita
che di saccheggiar gli abitanti. Da ciò
la confusione e quella fatale licenza tanto più funesta, quanto è sempre certissi-
mo indizio dell'eccidio d'un'armata.
Tutte le case di Trochi erano state spo-
gliate di suppellettili dagli abitanti, che
nel fuggire ogni cosa avean seco recato,
e quelle de' Giudei schifose per la loro
sozzura erano già belle e saccheggiate
dalle truppe. Così questo luogo che tanto appariva dilettevole e ameno, pieno
era per noi di spiacevolezza e disagio,

3*

chè non si trovava in alcuna parte un po' di paglia per coricarsi, e cercar si dovea quattro miglia distante i foraggi necessarj a' cavalli.

Come poi probabil cosa era che questa fosse la nostra stanza, conciossiachè il quartier generale erasi fermato a Vilna, il Vicerè si portò a quella città dov' ebbe con l' imperatore di lunghi colloquj, e parecchi uffiziali ebber licenza di andarvi essi pure. Ivi scopersero tutti i rigiri e spedienti che per assicurarsi la sua conquista metteva in opera Napoleone, il quale con ispeciose promesse eccitava l' entusiasmo del popolo che non trovò restio a gran sacrifizj. I nobili pure secondavano di tutto potere quelli che faceva il vincitore per restituire l' indipendenza alla Polonia, e rimettere questo paese in quel lustro onde risplendeva a' tempi di Ladislao. La vista degli stendardi polacchi che sventolavano sulle mura dell' antica capitale della Lituania eccitò l' entusiasmo di tutti i popolani, e richiamò delle gloriose ricordanze a tutti quelli ch' eran teneri dell' onore dell' antica lor patria. E qual altra cosa poteya sollevar lo spi-

rito più che 'l rimirar sulla Vilia que'
guerrieri medesimi che aveano dedicato
il tempo del loro esilio a illustrare il
nome polacco sulle rive del Nilo del
Tago del Danubio e del Tevere? L'aria
si sentìa risonar d'ogni canto di grida
di gioja, il popolo correva lor dietro in
folla, tutti voleano godere di vederli,
tutti scolpirsi nel petto l'immagine di
questi valorosi compatriotti, tutti in fine
erano animati dal nobile desiderio di
militare sotto gli stessi vessilli. Napoleone frattanto diede udienza alla Università, e ne interrogò il rettore sulle scienze
che s'insegnavano in quel celebre gin-
nasio. Volle quindi riordinare l'amministrazione civile, che tutta era in iscom-
piglio per la partenza de' ministri e 'l
trasporto de' libri e registri degli archi-
vj della città. Divise alla foggia di Francia le province invase in prefetture, elesse
ispettori ricevitori commissarj e finan-
zieri in particolare, ond'affrettar l'entrata delle immense imposizioni. Ma ciò
che stavagli più a cuore era di eccitare
i Lituanj a reclute in massa per formare de' nuovi corpi. A tutti i paesani che
volean ribellarsi a' loro padroni offeriva

arme, e cercava come sul principio si facea della nostra rivoluzione, destar guerra civile tra il popolo e la nobiltà. Questi disegni trovarono alcuni seguaci nella città dove comandava l'imperatore, ma ne' borghi e nelle ville niente di favorevol produssero alla meditata rivolta. Napoleone non ristava ogni dì d'impegnar i Lituanj a secondarlo, e per mettere loro riguardo cercava di sbalordire di maraviglia la plebe. Alla medesima udienza tenea ragionamento di religione di guerra di spettacoli e d'arti, indi postosi a cavallo correva tutte le ore del giorno, poscia ritiravasi nel gabinetto dopo fatto costruire un ponte o delle fortificazioni, spesso finalmente affettava d'intervenire a un festino la vigilia d'una battaglia.

La commissione istituita per l'amministrazion generale di tutta la Lituania era da prima composta di soli cinque membri, ma Napoleone ne accrebbe il numero di mano in mano che accrescevano i suoi fautori. Nel giorno della sua fondazione emanò tre proclami. Nel primo ch'era diretto al popolo si dava notizia dello stabilimento del go-

verno provvisionale della Lituania e lo
si esortava di essere riconoscente al suo
ristauratore. Nel secondo si raccomandava al sacerdozio di secondar lo zelo
della nazione, e ottenere da Dio con fervorose preghiere le beneficenze della sua
misericordia. Il terzo finalmente avendo
per oggetto di richiamare i Lituanj impiegati a' servigj della Russia era espresso così:

Polacchi

Voi siete sotto le bandiere della
Russia; questa servitù vi era lecita quando non avevate patria, ma oggi tutto è
cangiato. La Polonia è risorta ed or non
si tratta di combattere che per lo suo
intero ristabilimento, e per costringere
i Russi a riconoscere de' diritti di cui
veniste spogliati dall'ingiustizia e dalla
usurpazione. La confederazion generale
della Polonia e della Lituania tutti richiama i Polacchi dal servizio della Russia. Generali uffiziali soldati polacchi
ascoltate la voce della patria, abbandonate le insegne de' vostri oppressori, e
accorrete tututti da noi, onde sfilare
sotto l'aquile de' Jagelloni de' Casimiri
de' Sobieschi. La patria ve lo richiede

l' onore non meno e la religione ve lo comandano. * (*Corriere Lituanio* 7 *Luglio* 1812.)

La deputazione del governo stabilita a Vilna seguiva le mire di Napoleone per lo solo rispetto di alleviare il popolo reso infelice dagli orrori della guerra, il perchè si adoperava con istancabile zelo a favore di tutto ciò che poteva procacciare il bene dell'amministrazione. Il dipartimento di Vilna già era formato, e 'l territorio invaso era diviso in undici viceprefetture. Questo stabilimento utile in apparenza non produsse alcun vantaggio; le campagne erano devastate diserti i villaggi i contadini rifugiati ne' boschi, solo vedeasi qualche sciagurato d'Ebreo in cenci che per avarizia preferiva d'esporsi all'insolenza militare, anzi che abbandonare le sue puzzolentissime abitazioni. Ma per dar alla fine lieve cognizione del disordine che in mezzo a questo preteso ordine regnava ciò solo dirò, che 'l viceprefetto di Trochi partendo di Vilna per ire ad occupar suo posto venne fermato da' carrettieri che lo derubarono, e quei medesimi che lo scorgevano, mangiate le sue provisioni e' suoi cavalli rapitigli il lasciaron diserto, ed egli proseguì a piedi e giunse in una condizione sì lagrimevole, che tutti presero per ispia chi veniva per essere il nostro principale amministratore. Ma ritornando donde ci siam dipartiti, le belle speranze che da principio si aveano concepute cominciarono a venir meno, subito che si vide il capo della nostra spedizione ambire di cingersi di nuova corona le tempie, e che incapace di rassodar cosa veruna, d'altro non parlava tranne di conquistare immense province, e assoggettare a una *legge medesima* e ad un medesimo scettro nazioni differenti di costume e di clima. La licenza militare mostrava di non vedere, e la ruina intanto accadeane de' ricchi e la disperazione de' poveri. Ridusse in somma tutti i Lituanj a riguardar come oppressori quegli *stessi* che venivano in aria di liberatori, e se a noi miriamo, sopra di noi ricader facea l'odio de' popoli e 'l peso della tirannia, sopra di noi ch'eravamo le vittime prime.

Finchè a Vilna così andavan le cose, Varsavia era testimonio di ben ragguardevole spettacolo, ma buon per essa che fu prodotto da chi facea suo zimbello il sacrifizio delle nazioni e inceppava i suoi vasti progetti, perchè dove occorreva calma e saggezza se ne poneva all'eseguimento prima che fossero maturamente ponderati. Gl'infelici Polacchi pertanto facendo a fidanza colle speciose promesse si raccolsero nella lor capitale (28 Giugno), e vi formarono una dieta. Come l'assemblea fu radunata la deputazione spiegò un discorso eloquente, in cui l'oratore dimostrò l'importanza dell'affidatagli impresa; con una energica pittura ricordò agli ascoltanti che un tempo la Polonia situata in mezzo all'Europa era una nazion celebre, signora di esteso paese e di fecondo; illustre per lo doppio vanto della guerra e dell'arti, che da secoli e con istancabile braccio sostenne le barriere, che i barbari tentavano d'atterrare a fin di soggiogare le culte nazioni; aggiunse che tutti ambivan l'onore di sedersi sopra il suo trono, e che se una volta insorgessero delle divisioni, questi nembi solo ottenebrerebbono il suo orizzonte nè andrebbono altrove a portar la procella.

Enumerò in appresso a parte a parte
tutto ciò che questa terra prediletta avea
sofferto dall'ambizione de' Russi, che
per via di continovi smembramenti fecero oltraggio a una potente nazione;
ricordò in ispezial modo gli ultimi tempi in che la Polonia fu lacerata e annichilata da triplice divisione, e in che
Varsavia in mezzo agli schiamazzi d'un
feroce vincitore intese le grida del popolo di Praga che si estingueva del tutto fra 'l massacro e l'incendio. Mostrò
che in breve con tal funesta superiorità
cui somministra il potere, più non vi
sarebbono i diritti delle nazioni, e che
'l mondo essendo in mano del sol volere delle convenienze da queste sole go-
vernato sarebbe, che la Russia finalmente calpestando di continuo la Polonia a
poco a poco avvicinavasi all'Allemagna,
sulla quale avea mire di dominio. Dopo questo quadro alla sfuggita fece l'oratore un'altra pittura meno animata non
però meno eloquente, di tutte ragioni di
stato che unir doveano la Polonia alla
Francia. * L'Europa, aggiuns'egli, à
mestieri di riposo dopo 25 anni di grandi agitazioni. Il suo sistema resterà im-

perfetto, non sicuro il prezzo de' suoi
sudori e del suo sangue, finchè le spe-
lonche del nord potran vomitarle addosso le loro orde, sulla cui natura non
è più tempo di restarsene ciechi. Questi più non sono quegli uomini, che 'l
bisogno scacciava dalle selvagge lor grotte e sospingeva per tutte le vie che lor
promettevano piaceri mai conosciuti fra
i rigorosi lor climi. Un cieco istinto serviva a cotal genia per arti che sogliono
agli altri popoli d'ornamento servire e
difesa, ma qui a fianco della stessa barbarie le arti si trovano delle culte nazioni. Il Russo à interrogato gli Europei,
e da loro apprese tutto ciò che vale ad
offendere e difendere, a nuocere e distruggere, il Russo dico è divenuto in
alcune parti uguale all' Europeo da poterne divenire padrone. Presso di lui
schiavi superstiziosi e docili serbano tutte le proprie sostanze al volere d'un governo misto di delitti d'ogni maniera.
Alla sua voce dopo un secolo tutte le
braccia s'adoperano a tutti abbatter gli
argini che mettean freno a questo torrente sempre inteso di rovesciarli. Quante volte non gli ànno i Russi resi liberi

sia pel loro meglio, sia per l'imprudente rinfacciamento che an fatto de' principi a' quali portavano de' ferri nascosti sotto color di soccorso? In cinquant'anni ben venti volte la Russia à devastato colle sue armi il mezzogiorno dell'Europa, dicalo l'impero di Costantinopoli che nel più bel fiore fu quasi miseramente distrutto.

Terminò per ultimo con questa esclamazione: * Oggimai potranno i figliuoli de' Piast e de' Jagelloni pregiarsi d'un nome del quale andavano alteri i loro antenati, di quel nome dinanzi a cui tutti impallidivan coloro, che per un tratto di tempo colla frode e 'l delitto ne divenner signori. Deh sbandiscasi ogni dubbio, questa terra cotanto ubertosa d'eroi è già per riprendere tutta l'antica sua gloria. Essa produrrà de' nuovi Sigismondi de' nuovi Sobieschi, il suo lustro risplenderà di lume più puro e sereno, e le nazioni ritornate per nostro mezzo alla giustizia, chiaro vedranno che per mietere sul terreno della Polonia tutte le virtù, basta che sia coltivata dalle mani libere dalle mani scatenate de' suoi proprj figliuoli. * Rivogliendo poscia il discorso al venerando vecchio (il principe Czartorischi) che pe' suoi servigj e virtù presedeva all'assemblea gli fece questa leggiadra apostrofe: * E tu o Nestore de' tuoi Polacchi, quando sparirai da' loro occhi teco riporti i lari salvati dall'incendio della tua patria. Essi fan oggi l'ingresso per ricevere un eterno culto; per abitarvi come in un tempio; intorno al quale tutta intera la nazione resa accorta dalle sue sventure; istituita alla vigilanza dalla memoria degl'inganni che finora a' provati, non si rimarrà dal fare attenta la guardia; e adorno lo renderà di tutte le virtù che in ogni tempo appartennero quasi direi per privilegio a' Polacchi; e cui or giura di difendere di tutta sua forza, a costo pure del proprio sangue e di tutti i proprj figliuoli. *

Dopo quest'aringa l'oratore presentò alla dieta un altro discorso, nel quale allegò i motivi che aveano indotto la delegazione a stendere l'atto di alleanza, dichiarando che i desiderj della nazione erano di farla gradire al re di Sassonia; il quale troppo saggio e troppo virtuoso per biasimarla vi darebbe

Il suo assenso, e uffirebbesi alla divina Provvidenza per vedere le armi della Lituania ricomparire sotto a' proprj vessilli, e per udir replicare ne' fertili campi della Volinnia e nelle vaste pianure della Podolia e dell'Ucrania questo grido di gioja: Viva la Polonia! Viva la patria! La commissione presentò dipoi l'atto di confederazione, i cui principali articoli erano rivolti a riunire nella fondazione del nuovo regno tutte le parti dell'antica Polonia, che erano state smembrate per richiamare dal servigio de' Russi tutti i Polacchi, ed a stabilire che si manderebbe una deputazione presso l'imperator Napoleone, per implorare che si degnasse coprire del suo possente patrocinio la culla della Polonia rinascente.

Questa deputazione fu introdotta da Napoleone la vigilia della sua partenza da Vilna, e gli porse l'atto d'alleanza di cui si è fatto menzione, ma il conquistatore promise così alla sfuggita, sorpreso forse che la nobile nazion polacca non si fosse prostrata a' suoi piedi per ottener l'onore di far parte del grande Impero. Parve ch'ella dimandasse libertà, cosa che inquieto il rese ed attonito, e forse timoroso non questa assemblea, che avea convocato e sembrava fautrice alle sue intenzioni, fosse un giorno più docile a' voleri di lui, perchè il carattere che distingue i tiranni è di non fare il bene salvo con diffidenza, adombrar di sovente delle medesime loro creature, e d'inferocire d'ogni sorta d'indipendenza, anche allora che è lor opera propria. Napoleone adunque niente promise, e pretese per premesse sacrifizj enormi ed un ossequio che i Polacchi non potean tributare, se non dopo la sicurezza della loro futura felicità. Voleva che le province soggette a' Russi si dichiarassero, prima ancor ch'egli vi arrivasse, voleva per ultimo che indispensabilmente si rinunziasse la Galizia, poichè avea guarentito all'Austria l'interezza de' suoi stati.

Se così vasti progetti fossero stati macchinati da una mente saggia più tenera del vantaggio de' popoli che della propria ambizione, sebbene giganteschi pur sarebbero stati messi ad effetto. Era Napoleone arrivato a tal apice di potere, che più non aveva nopo di guerra per giungere al suo scopo, potendo per mezzo d'una politica accorta prudente e particolarmente dolce, far conquiste durevoli e più ampie che quelle non sono che à fatto con l'armi. Per la qual cosa verranno i posteri in chiarissima cognizione, che il troppo amore di posterità cieco lo rese, poichè adoperò infiniti strumenti a sua ruina, mentre poteva riuscirvi senza niente arrischiare o compromettersi. Ma nemico di tutto ciò che pazienza richiedeva e riflesso non conobbe se non la forza, e questa forza medesima, ch'ei riguardò sempre come sua legge suprema volle il cielo che sotto il suo peso l'opprimesse e schiacciasse. Da quel momento i bravi Polacchi disperando per la lor patria riguardarono tutti questi progetti per vani, come videro che Napoleone più ambizioso men però leale di Carlo XII. aspirava eziandio alla loro corona, e lor non prometteva il suo soccorso se non per approfittarsi del loro corruccio contro de' Russi. Così questo fortunato conquistatore mal seduto sopra il trono dell'Europa il più glorioso dà a divedere con le sue smanie che non si conoscea degno dell'altissimo grado a cui la sorte lo aveva

innalzato. Per mantenervisi stimò necessario di metter sozzopra il mondo tutto, e dal nord al mezzodì rinnovar quelle atroci guerre dell'età di mezzo, in
cui le genti accanite l'una contro l'altra approfittavano delle passioni d'un
despota per darsi in preda a tutti gli
eccessi della barbarie.

LIBRO SECONDO

VITESCO

Mentre Napoleone se ne stava a Vilna, il principe d'Emmil fu spedito alla volta di Minco con ordine d'inseguire vivamente il gen. Bagration che tentava riunirsi all'armata di Barclai di Tolli. Il perchè venne impedito da recarsi sulla Duna, e si vide costretto di piegare verso Moilove sul Nieper, sempre molestato dal primo corpo e dalla cavalleria del gen. Grouchi. Tutti gli altri nostri corpi componenti il centro si erano diretti per Dinaburgo. Relativamente al quarto le due divisioni franzesi e la guardia reale presero la strada di Paradomino per andare a Ommiana, ma il vicerè la division Pino e tutta la cavalleria marciarono per Runnico, disposizioni necessarie per l'avviso ricevuto che l'etman Platof alla testa di 4 mila Cosacchi vedendosi diviso dal corpo di Bagration, dovea passare per la via di Lida, onde unirsi coll'esercito russo che aveva abbandonato Vilna. Il vicerè si

4*

pose in cammino, ma la strada di Runnico era sì scabrosa che la cavalleria
della guardia reale fu costretta a cer-
carsene un'altra. Non si può immagi-
nare la difficultà del cammino tutto formato di tronchi d'abete qua e là disposti per quel paludoso pavimento; i cavalli correndo su que' tronconi di legno
gli fendevano e dentro conficcavano e
sfracellavansi le gambe, e dove per evi-
tar questo pericolo si avesse voluto pie-
gar a destra o a manca si cadeva in
pantani da' quali era impossibile l'uscita. Lo stato maggiore dopo aver perduto alcuni cavalli della scorta giunse finalmente a spacciarsene e trovossi a Runnico sulla mezzanotte. Agli 8 Luglio ci
ponemmo in via per Giacuno dove abbiamo afferrata là strada maestra, di là
andammo a Malsolenico, ma il principe non vi si volle punto fermare e di
galoppo andò a pernottare a Bolsolenico, nel qual luogo S. A. sperava di
aver qualche indizio sui Cosacchi che
aveva ordine d'inseguire. Il giorno appresso continuammo il cammino e fummo a un castello nelle vicinanze di Subonico, dove alcune cagioni costrinsero

il vicerè a trattenersi. L'asprezza delle vie aveva impedito alle divisioni 13.ª e 14.ª come pure alle truppe italiane di tenerci dietro, con noi eravi la sola cavalleria leggera. Era stato anche a quelle spedito un ordine di mettersi in viaggio, la quale per un franteso capitò in mano del capo dello Stato maggiore, così che queste truppe continuavano a conservare i lor posti e noi le credevamo marciare. Vedendo alla fine che non venivano mai si spedirono degli esperti uffiziali, che dopo molte ricerche riuscirono a trarre la division Pino dalle paludi di Runnico e condussero la guardia verso Ommiana. Ma il vicerè inutilmente rintracciati i Cosacchi ritornò indietro, e nel passare per Giacuno raggiunse le divisioni 13.ª e 14.ª che nel dì vegnente (12 Luglio) capitarono a Smorgoni, e finalmente si unirono colle altre truppe che formavano il quarto corpo. Questo borgo è assai ampio ed esteso, e le case tutte da due o tre in fuori sono di legno. Una picciola riviera che si passa per un ponte divide il castello dalla città. Il popolo è quasi tutto della razza de' Giudei che vi fan-

no del traffico, del resto paese assai malaugurato, caro in ciò solo all'armata
perchè vi trovò da comperare della bir-
ra e del pane. Nel giorno che avemmo
di riposo a Smorgoni si costruì un ponte sopra la Narosca per essere direttamente a Vileca, ed il lavoro era a pena compito, quando altri furono gli ordini, per li quali la maggior parte si
rivolse a Zachevisco dove si passò la
notte. La strada che da questo luogo
conduce a Vileca era assai sabbionosa,
e riusciva più lunga volendo attraversare
i boschi. Prima di giungere a quest'ultimo borgo, abbiamo sopra una zattera
passato la Vilia che non molto da di là
lontano è poco larga e profonda, ma
gli argini vi sono assai dirupati, quelli
particolarmente che a Vileca sono con-
trarj. Il gen. Colbert che comandava
la vanguardia vi entrò e s'impadroni di
alcuni magazzini abbandonati, e siccome avea l'inimico lasciata quella posizione di fresco, il vicerè raddoppiò la
sua vigilanza temendo non restasse sorpreso, e pose cura speciale a ben isce-
gliere dove accampare l'esercito.

Finchè noi andavamo a Vileca il

re di Napoli sostenuto dal secondo corpo e dal terzo respingeva di luogo in luogo la prima armata dell'Ovest dietro la Duna, e la costringeva a ritirarsi nel campo trincerato di Drissa. Alla destra di noi il principe d'Emmil andava inseguendo il principe Bagration e senza combattere era giunto presso a Borisove sulla Beresina, e sull'estremità della sinistra il maresciallo duca di Taranto conseguiva del pari segnalati vantaggi, e impossessavasi di tutta intera la Samogizia. Questo contegno del nimico che sempre ci fuggiva dinanzi era spiegato per differente parere; a chi parea debolezza, a chi piano. Dove son, si diceva, que' Russi che da cinquant'anni sono il terrore dell'Europa e conquistatori dell'Asia? Il poter della Russia è un poter fittizio, immaginato da prezzolati scrittori o da viaggiatori menzogneri. Ma coloro che la sperienza aveva assuefatto ad aspettar la riuscita, dicevano che saggia cosa non era il disprezzare un nemico col quale non avevasi ancor combattuto; che la sua fuga avea per iscopo di sminuir le nostre forze e torci il mezzo di ripristinarle allontanandoci dalla patria . I Moscoviti, soggiungevano questi sensati, ripongono nel clima il lor più poderoso soccorso, e perchè venir dovranno alle mani, mentre san bene che l'inverno ci stringerà di abbandonare tutte le nostre conquiste? Ma per troncar ogni dubbio il nemico medesimo ce ne dichiarò il motivo, diffondendo per le rive della Duna il seguente proclama .

Soldati franzesi

*Voi siete tratti a una nuova guerra, datovi a credere che ne siano la cagione i Russi che non rendono giustizia al vostro valore. No amici, essi lo tengono in pregio e lo vedrete in battaglia. Pensate piuttosto che un esercito dove abbisogni succederà a un altro, mentre al contrario voi siete lontani ben 400 leghe da rinforzi. Non vi lasciate ingannare alle nostre primiere direzioni, troppo conoscer dovete la Russia per credere ch'ella fugga a voi dinanzi, essa accetterà il combattimento, e la vostra ritirata sarà malagevole. Credetelo che vi parliamo da amici; tornate tutti a casa vostra, nè state a credere a quelle fallaci parole che combattete per la pace. Ah no che voi venite a conflitto per l'insaziabile ambizion d'un sovrano che fiato non vuole di pace, che da lungo tempo l'avrebbe se quella avesse voluto in qualche parte deporre, ma egli se ne ride delle vite de' suoi valorosi. Fate ritorno alle vostre case, o se volete un asilo in Russia, qui dimenticar vi potrete le parole *coscrizione leve bandi ultimi bandi* e tutta quella militare tirannia che non vi lascia un momento respirare dal giogo. *

Questo discorso conteneva di sì gran verità che ciascuno facea le maraviglie come lo si fosse pubblicato. Altri nol tennero per autentico, e lo credettero inventato per adattargli la trivialissima *Risposta d'un granatiere franzese*, la quale sarebbe stata all'esercito di piacevolezza cagione e di disprezzo per gli altri, se la sperienza non ci avesse mostrato che la cieca ubbidienza a' maggiori è la prima virtù del soldato, e che ogni franzese fedele a' suoi stendardi à per punto d'onore di combattere all'ultimo sangue tutti coloro che gli si additano al suo paese nemici.

Ma intanto continuando noi il viag-

gio fummo a Costenevisco malaugurata
villetta, dove tranne la posta e la casa
del curato non v'à che alcune capanne
coperte di paglia. La guardia reale vi
accampò ne' contorni, comechè il vicerè avesse stabilito il suo quartiere generale due leghe più lungi. Il giorno dopo (17 Luglio) corse cinque leghe si
arrivò per bellissima strada al borgo di
Dolghinove popolato quasi del tutto da
Ebrei; dove avemmo dolce consolazione
di alcuni fiaschi d'acquavite. Il moto
continuo e la lunga mancanza di questo
liquore mi obbligano a far menzione di
cosa vana in apparenza, ma dalla quale per la considerazione in che la tene-
vamo, si potrà giudicare l'immensità
delle nostre bisogne e la malagevolezza
di soddisfarle. Quindi seguimmo per Dozzice che ne era forse sette leghe distante. Questo borgo, dove pure incappam-
mo nella maladizione di trovarvi tutti
Giudei, aveva una bellissima piazza e
dappresso una chiesa e un brutto castello di legno. I suoi confini sorgono su
due eminenze, fra le quali scorre un
ruscelletto fangoso. Il dì che ne fu ivi
concesso a riposo, vedemmo uscir di

dietro dal castello dove alloggiato era il viceré un densissimo fumo, e ben presto si sollevarono d'ogni parte le fiamme che in un attimo arsero parecchie case vicine. Repente vi accorsero i soldati, e in breve furono estinti con l'incendio i timori. Dacchè avevamo lasciato dopo Smorgoni la via di Minco e del Nieper erasi per noi piegato a sinistra, onde avvicinarsi alla Duna e seguire le direzioni del centro della grand'armata che si rivolgeva per questa parte. Il gen. Sebastiani che comandava la vanguardia respinse i Cosacchi sino a Druja sostenuto dal corpo del Duca di Reggio; ma il nemico essendosi rinchiuso nel campo trincerato di Drissa seppe che i nostri cacciatori erano in cattiva difesa; fe perciò gettare un ponte per cui passarono 5 mila uomini d'infanteria ed altrettanti di cavalleria comandati dal gen. Culhiev. Essendosi venuto alle mani il gen. Saint Geniez colto all'impazzata venne fatto prigione, pure il resto della sua brigata giunse a ricuperarlo a prezzo di perdite considerabili. Nell'approssimarsi a Beresino dove si dovea pernottare, la strada sempre in pendio ci conducea a poco a poco sul fiume di questo nome, che scorre per la pianura di tutta l'Europa la più paludosa. E noi ne fummo convinti all'arrivare in questo borgo, le cui case a un solo ordine disposte si stendono lungo un pantanoso terreno. Nell' uscirne trovammo la strada egualmente zollosa e d'una spezie di materia che i naturalisti chiamano *torba*, onde per agevolare il cammino si sparsero molti rami d'abete, lasciando però degli scolatoi per l'acque. Dalla Beresina all'Ula il suolo è molto umido, la strada tra l'uno e l'altro di questi fiumi è lunga 20 a 25 leghe di paludi formata e d'immense foreste. Gluboco fu la prima nostra dimora e la seconda fu Camen; quel borgo è considerabile per un gran castello di legno, questo per una spezie di montagna situata nel mezzo del suo ricinto e che domina tutta la pianura. A Boschicovo giungemmo sulle sponde dell'Ula (23 Luglio), fiume che si unisce con la Beresina per lo canale di Lepel di gran comodo al commercio, e bello ed utile maggiormente perchè comunica colle acque del Nieper e della Duna. Per questa descrizione ognun vede che viene così a congiungere il Baltico al Mediterraneo, ed anima l'interno della Lituania portando nel suo seno le derrate di lontanissime province. Le sue acque scorrono in un letto le cui rive altissime sono, dove a destra v'è ponte e un castello magnifico a sinistra, il più bello a nostro parere in cui ci siamo avvenuti dalla nostra entrata in Polonia.

Non posso però dissimulare il comune stupore di sì rapidi progressi senza punto combattere; ogni giorno si andava innanzi senza ostacolo, e quasi con la medesima sicurezza come attraversar la Baviera o la Sassonia. La quiete che ne concedeva il nimico non poteva entrarci in capo, e ciascuno a suo capriccio vi facea sopra ragionamenti e conghietture d'ogni maniera assurde e spesso falsissime. Mentre però si passava per Camen molti uffiziali ch'erano stati spediti a Ucasco dov'era l'imperatore, riferirono aver l'inimico abbandonato il campo trincerato di Drissa e tragittato la Duna verso Polosco e Vitesco, temendo non venissero tramezzati da' nostri corpi che lunghesso le due rive si dirigevano alla volta di Vitesco. Gli ordini

5

che ci recarono fecero a noi pure stimare
che non si tarderebbe gran fatto a provare qualche resistenza, congetture che si
mutarono in certezza, allorchè le spie ne
riportarono dalle foci dell' Ula e dalla
strada di Bezencovisco che i Cosacchi
ci si aggiravano intorno a' fianchi: Per
quest'ultimo borgo fece tosto il vicerè
partir l'avanguardia e là cavalleria leggera, dove pareva che i Russi avessero
delle forze notabili sotto il gen. Osterman
(23 Luglio): Poco tempo dopo S. A. salì a cavallo co' suoi ajutanti di campo,
e seguì la vanguardia: Giunto a Bezencovisco il nemico sonò a ritirata, e quivi
passò là Duna con la cavalleria e alcuni pezzi d'artiglieria: Mentre eravamo
in quel borgo i cacciatori erranti de'
Russi nascosti nelle case del villaggio non
ristarono di sparare contro di noi; e 'l
colonnello Lacroix passando per la via
principale che mette al fiume ricevette
un colpo di fucile che gli fracassò la coscia: Questo accidente produsse in tutta
l'armata un grave cordoglio, compiangeva ciascuno questo prode uffiziale, e
a gran ragione conobbe che tutto in tal
modo perdevasi il frutto de' proprj ser-

vigj; colpa d'un geloso destino che spesso rapisce i più valorosi; nell' occasione medesima di far maggiormente la virtù loro risplendere. Dopo questo fatto il vicerè andò la notte al castello di Boschicovo; ebbe la sera di lunghe conferenze col gen. Dessoles capo del suo stato maggiore; il che ne dava sospetto che si ordinasse di metterci in cammino la notte; ma fu invece stabilito per la dimane (24 Luglio). Dopo cinque ore di marcia e passata una picciola riviera chiamata Svesca, le nostre truppe giunsero a Rezencovisco. Questa picciola città era già piena di truppe, in particolare delle due divisioni di cavalleria de' gener. Brujeres e Saint Germain capitate per la via d'Ula. Un numero sì considerevole di truppe che marciavano per Vitesco poco atterriva il nemico, che da noi diviso per la Duna facea militar fieramente la sua cavalleria e tirare su' nostri volteggiatori, che gli si erano accostati per ire a prender la barca già trattasi all'altra sponda. Il vicerè intanto deciso di passare su questo ponte la Duna, dispose in fila due cannoni per proteggere i marrajuoli che doveano costruire il ponte e' marinai della guardia reale, che gettatisi in acqua corsero a cercare il battello. Questi cannoni e alcuni del corpo e' cacciatori erranti disposti per gli argini atterrirono per sì fatta maniera i Russi, che sgombrarono le case dov'eran celati, e ci lasciarono tranquillamente ricondurre la barca e costruire il ponte a che erano intenti gl'ingegneri. In questo mezzo una divisione di cavalleria bavarese sotto il gen. Presing, avendo trovato un guado dugento passi sotto del ponte che si facea fabbricare, passò per quello. Era il fiume appena varcato che gli squadroni sfilati a battaglia vennero sostenuti da molte compagnie d'infanteria che si erano trasportate sullo schifo; i bavaresi si misero allora in moto e cacciarono davanti da loro il nemico, che al loro approcciarsi fuggiva e bruciava ogni cosa che lasciava alle spalle. In questa occasione abbiamo assai ammirato la foggia di marciare de' Bavaresi; l'esattezza del loro militare esercizio e la saggezza con la qual si contengono possono essere proposte per modelli a tutti coloro che far debbono militari osservazioni.

Mentre si contemplava questa truppa, si diffuse la voce che era per arrivare l'imperatore. Il corriere che ci avea
portato la nuova fu immediatamente seguito da un altro che ne la confermò,
poi vennero de' cavalieri degli uffiziali
d'ordinanza de' generali della guardia,
la città finalmente che ripiena poco fa
era di truppe trovossi vuota in un tratto. Fra questo tumulto ecco Napoleone.
Giunto in piazza calò verso il fiume dove si stava costruendo il ponte, e con
secche parole ma pungenti ne biasimò
il disegno che per vero dire era assai
difettoso. Risoluto però di andare dall'altra sponda passò per quello, e salito a
cavallo raggiunse i Bavaresi che si erano fermati alla metà della pianura, poi
proseguendo con esso loro li condusse
due leghe dopo Bezencovisco. Napoleone certamente aveva in questa condotta
per mira di richiamar su quel punto
l'attenzion del nimico, onde minori trovare gli ostacoli quando assalirebbe Vitesco per la riva opposta, o pure per
disturbare la ritirata dell'esercito russo,
che ripassava la Duna dopo abbandonato il suo campo trincerato di Drissa.

Non è possibile figurarsi il tumulto di
Bezencovisco di mano in mano che vi
giungea lo stato maggior generale, e
questa confusione accrebbesi la notte.
La quantità delle truppe che d'ogni lato fuggivano, e la rapidità con la quale
le si facea progrelire più dubbio non
mettevano in mezzo che il giorno avvenire non si desse battaglia. La cavalleria comandata dal re di Napoli formava la vanguardia, e il quarto corpo le
stava alle spalle per sostenerla.

A' 25 di Luglio fu ordinata la partenza per Ostrovno, e già vi si era incamminato il nostro stato maggiore,
quando s'intese un forte cannonare, e
poco appresso passò a briglia sciolta un
ajutante del gen. Delzons, il quale recava l'annunzio al viceré che erasi incontrato il nemico sulle vicinanze d'Ostrovno, e dato principio a un ostinato combattimento dal punto di sua partenza.
Appena l'ajutante ebbe trovato il viceré,
S. A. ordinò che si sospendesse il viaggio de' bagagli del suo quartier generale, e seguito soltanto da' primarj uffiziali corse alla volta di Ostrovno per raggiungere il re di Napoli, che avea seco

le divisioni di cavalleria de' gen. Brujeres e Saint Germain difese dalla 13.ᵃ
divisione d'infanteria. Ma giunto a Soriz-
za il conflitto era già deciso : venti pezzi di cannone erano caduti nelle nostre
mani, e gran numero di morti abbandonati sul campo di battaglia dimostrarono la resistenza de' vinti e 'l valore delle divisioni 7.ᵐᵃ e 8.ᵛᵃ degli Ussari che
in questa occasione si colmaron di gloria. Alle tre del mattino (26 Luglio)
il vicerè si recò a Ostrovno dopo il re
di Napoli. Il quarto corpo gli accampava dappresso, e la cavalleria sfilata più
innanzi spiava le operazioni del nimico.
Verso le 6 ore S. M. e 'l principe co'
loro stati maggiori andarono verso i posti avanzati, e scorsero il suolo sopra il
quale erasi il dì precedente commessa
battaglia. Lo si aveva a pena attraversa-
to che da per tutto giunse notizia che
il corpo d'Osterman forte per due divisioni aveva sfilato, il perchè volle incontanente il principe che le divisioni 13.ᵃ
e 14.ᵗᵃ sostenessero la cavalleria diretta
dal re di Napoli. Gli Ussari mandati a
spiare avendo trovato degli ostacoli nell'
entrare d'un bosco, vennero a riferirci

5*

che pareva intenzione del nimico di chiu-
dercene il passo: di fatti sentivansi d'ogni
parte i colpi dei cacciatori erranti, e 'l
cannone de' Russi piantato sulla strada
infilzava per così dire le nostre colonne
che recavansi innanzi. Il gen. Dantuard
fece subito condurre più in là i nostri
cannoni, e si cominciò una scaramuccia
nella quale Ferrari capitano dell'ottavo
degli Ussari e un giorno ajutante del
principe di Neussatel perdette per un
colpo di palla la gamba. Allora il re
di Napoli correndo per ogni dove la sua
presenza poteva esser utile comandò di
attaccare alla nostra sinistra, per cacciare la cavalleria che occupava le bocche
d'una selva. Sebbene questa operazione
fosse ragionevolmente pensata, pur non
ebbe lo sperato riuscimento, poichè gli
Ussari che si fecero dipartire per la esecuzion del disegno eran troppo deboli,
e furono costretti benchè senza danno
a ritirarsi dinanzi a numerosi squadroni che accorrevano ad investirli. Mentre
così per noi si operava alla sinistra, il
nemico tentava di sforzarci la destra,
ma il vicerè che se n'avvide, fe procedere su quell'ala la 13.ª divisione che

balzò a cavallo e trattenne i suoi progressi. L'artiglieria de' nostri reggimenti collocata in posto vantaggioso su alcuni rialti che somministrava il terreno ci rendeva sicuri dagli sforzi nemici. L'ala destra ci parea ben difesa, quando verso il centro e la sinistra fummo assaliti da un improvviso attacco e da spaventevoli grida; il nemico rinforzato avea respinto i nostri cacciatori erranti dispersi pel bosco e costretta l'artiglieria a ritirarsi precipitosamente, mentre la cavalleria russa profittava d'una picciola pianura alla nostra sinistra per fare un impeto vigoroso sopra i Croati e l'84.to reggimento, ma per fortuna il re di Napoli arrivò a tempo di fermare i suoi avanzamenti. Due battaglioni del 106.to reggimento tenuti in riserva sostennero i Croati, e intanto il generale Dantuard che in sommo grado univa talenti e bravura secondato dal comandante Demai e dal Capitano Bornadelle rianimarono lo spirito degli artiglieri, e con sagge disposizioni lor fecero ripigliare lo stato d'offesa che aveano per alcun poco perduto. Essendosi le cose accomodate alla sinistra ed al cen-

tro, il re di Napoli e 'l principe Eugenio corsero ad esaminare la destra e la
videro in azione. Il nemico, imboscato
in una selva opponea vivissima resisten-
za al 92.do reggimento, che sebben collocato sopra una favorevole altura resta-
va inoperoso, e per iscuoterlo il viceré
spedì l'ajutante comandante Forestier
che riuscì a farla avanzare.; ma troppo
lenta sembrando tuttavia la sua marcia al valore impaziente, del duca d'A-
brantes, videsi questo intrepido generale avvezzo a comandare alla testa d'un
corpo abbandonare il viceré per recarsi
a rianimare il reggimento, sul quale avevamo fissato gli sguardi. La sua presenza o più tosto il suo esempio scosse tutti i cuori, e in un soffio ecco il prode
92.do reggimento col gen. Roussel alla
testa, marciar rapidamente rovesciar tutto ciò che gli contrastava il passaggio e
penetrare perfino nel bosco, dove il nemico era trincerato d'una maniera veramente inespugnabile. Allora volgendo
noi gli occhi sul confine dell'ala destra
si scoperse che una colonna russa spedita per coglierci alle spalle sonava a ritirata dappoi che fu forzato il bosco. Il

re di Napoli con quel lancio che proprio è solo de' gran cuori ordinò alla cavalleria di scagliarsi su questa colonna per separarla e farle depor l'armi, ma l'asprezza del cammino rese un poco sospesa la truppa. Ed egli che pronto di vista avrebbe voluto veder l'esecuzione così come è veloce il pensiero, sguainando la spada gridò d'una voce piena d'anima: *i più coraggiosi mi seguano.* Questo tratto da eroe ci riempì di ammirazione, ciascun s'affrettava a secondarlo, e già sarebbonsi fatti de' prigionieri, se de' profondi burroni (1) e folti cespugli non avessero arrestati i nostri squadroni e dato agio alla colonna nemica di fuggire e riunirsi al corpo ond'erasi dipartita. La zuffa terminò a nostro favore, pure non ancora si ardiva di passare quel bosco a capo del quale trovar si dovean le colline di Vitesco, dove sapevasi ch'erano accampate tutte le forze de' Russi. Mentre si deliberava su questo importante passaggio s'intese un gran rumore alle spalle, ciascheduno ignorandone la cagione era compreso da inquietudine e curiosità, ma come si vide Napoleone in mezzo a un illustre corteggio furono le nostre paure svanite, e presi dall'entusiasmo che la sua presenza soleva eccitare si reputò esser egli venuto a coronar la gloria di sì bella giornata. Il re di Napoli e 'l principe Eugenio gli corsero incontro, e partecipe il resero de' casi pur ora avvenuti e della condotta da loro tenuta. Ma Napoleone per vie meglio giudicarne si portò di volo ai posti più avanzati della nostra linea, e da un'eminenza spiò la posizione del nemico e la natura del suolo; slanciandosi coll'acutezza del suo spirito sino al campo de' Russi ne indovinava i progetti, e nuove disposizioni con sangue freddo immaginate con ordine e rapidità eseguite condussero l'armata in mezzo del bosco. Noi lo seguimmo, e di trotto sempre correndo sboccammo finalmente verso i colli di Vitesco sul cadere del sole. La 13.ª divisione ch'era compagna in questa operazione nell'attraversare la selva trovò assai forte resistenza del nemico il quale si ritirava lentamente, e i molti loro cacciatori erranti caro ci facevano costar il terreno che andavamo acquistando. In uno di quest'incontri così impreveduti come malavventurosi un dragon russo avvicinandosi al gen. Roussel gli tirò un colpo di pistola che lo stese per terra, ma siccome assai di rado sogliono i Russi impiegare i dragoni da cacciatori erranti, ciò diede cagione alla voce che 'l gen. Roussel era stato ucciso da alcuno de' nostri. Il tempo però che discopre il vero ci mise in chiaro che noi non abbiamo di che rimproverarci la morte di sì valoroso generale, degno veramente del nostro pianto, così per le sue doti militari che per le altre sue private virtudi. La divisione Broussiers (14.ta) seguiva la via maggiore e arrivò assai tardi alla posizione che si scelse tra la strada e la Duna, la 15.ta e la guardia italiana che formavano il resto dell'infanteria del quarto corpo erano poste in riserva dietro la 14.ta

Avendo l'esercito occupato le sue posizioni, Napoleone stabilì il suo quartier generale nella villa di Cucoviasco, il re di Napoli e 'l principe Eugenio attendarono in un cattivo castelluccio presso Dobrisca, circondati da' corpi a cui comandavano. Il dì appresso sul far

del sole (27 Luglio) le truppe si dirizzà-
rono per Vitesco; e i Russi ritirandosi
verso questa città ci tirarono qualche
colpo di cannone che poco ci offese, poi
si disposero sur un'ampia altura presso la
città, donde si dominano tutte le strade
che ad essa mettono capo. Ma noi dall'
altra parte potevamo di leggeri scoprir
dalle colline le file del nemico; e in
particolar modo la molta sua cavalleria
posta in ordine di battaglia sul confine
della pianura. La divisione Broussier
che in quel giorno era la vanguardia passò
per un cattivo ponte un picciolo rivo
che da quella pianura ci separava, e andò a farsi sopra un'altura di fronte facendo fuoco a quella che testè abbiam
detto occupata da' Russi. Nel medesimo
istante il 16.mo de' cacciatori a cavallo
essendo disceso nel piano fu vigorosamente investito dagli squadroni de' Cosacchi della guardia, e sarebbe stato pienamente sconfitto, se non fosse stato tolto d'impaccio dai volteggiatori del 9.°
reggimento guidato da' capitani Guzard
e Savari. I coraggiosi si attrassero in
questo fatto gli sguardi di tutto l'esercito, che accampato sopra un castello so-

migliante a un anfiteatro assisteva alle
loro imprese, e rimunerava il loro valore con applausi a ragion meritati. Il
16.to de' cacciatori ritirandosi presso la
14.ª divisione venne protetto dal reggimento 53.^{so} comandato dal colonnello
Grosbon, divisione che ridotta in quadro
alzava al nemico una fronte inespugnabile, e nella quale si frangevano come
a scoglio tutti gli sforzi di sbaragliarla.
Questa circostanza cagionò nelle nostre
file un po' di confusione, ma c'era Napoleone e non poteva durare. Egli da
un'eminenza stava osservando tutte le
operazioni, e imperterrito ordinava tutto ciò che stimava necessario alla vittoria, e da di là appunto comandò che
si ritirasse un reggimento di cavalleria
per lasciar libero alla 13.ª divisione il
passaggio del ponte. Questa spezie di
ritirata sparse il terrore fra i nostri seguaci, che erano un ammasso d'impiegati di fornitori o di trecconi, genti fa-
cili a spaventarsi e che sempre paurosi
di essere depredati recano all'esercito
più che utilità nocumento. La 13.ª divisione avanzò e si mise in fila contro
la destra, e 'l vicerè che la guidava al-

la testa, dietro la conducea della 14.ta
sulle alture che dominavano quella ove
era il nemico accampato. Ed ivi senza
difficultà vi giungemmo perchè senza
opposizione: sulla sommità vi abbiam
preso posto dirimpetto del campo russo,
del quale non eravamo divisi che per
lo fiume di Lucchesa le cui rive scosce-
se formavano sì profondi burrati ch'era
impossibile di commettere un generale
conflitto. Pur si fingeva di disporvisi col
distaccare alcune truppe alla leggera,
che giunsero a superare i burroni, e a
stabilirsi in un boschetto, ma prive di
sostegno non andaron più innanzi e rientrarono ne' loro corpi, come le batterie
cessarono di cannonare, e le divisioni
deposero l'armi. Questa tregua mentre
le armate eran di fronte eccitò lo stupore universale, e ciascheduno chiedeva
al vicino: dov'è o che fa l'imperatore?
Così si diceva e intanto comparve il primo corpo e la guardia imperiale che si
veniva ad unire con noi: chi allora stimava che Napoleone attendesse l'union
di sue forze per assalir fieramente il nemico, altri all'opposito che 'l duca d'Elchinghe e la cavalleria del gen. Mom-

brun per l'altra riva della Duna pren-
derebbono alle spalle Vitesco e tramez-
zerebbono per tal modo la ritirata ai
Russi, operazione ch'esser dovette impossibile al tutto, poichè non fu pure
tentata. Ma sopravvenuta la notte, tutte le truppe si posero in guardia nel
medesimo luogo dov'eransi appostate, e
tutti in crocchio si andavano scambievolmente narrando gli orrevoli fatti per
cui s'era il proprio corpo distinto, e
in tutti questi racconti ognun vedeva e
se ne rallegrava, che la zuffa benchè gloriosa non riuscì micidiale. Pure fra 'l
lieve numero de' morti si contò il colonnello del genio Liedot, personaggio
veramente degno del corpo al quale apparteneva. Nella spedizione in Egitto
erasi distinto per lo suo coraggio e per
la costruzione delle piazze d'Italia, e
conobbe che l'arte militare per nulla
può nuocere allo sviluppamento de' più
nobili pensieri.

Lo zelo che aveano impiegato i Russi
nel difendere le loro posizioni, e l'unione d'una gran parte delle nostre truppe
in un sol punto ne faceano conghietturare, che 'l dì venturo sarebbe dedicato

a una generale tenzone, ma qual fu mai lo stupor nostro quando sul far del giorno (28 Luglio) vedemmo che 'l nimico erasi già ritirato! Tutta l'armata pertanto si mise di subito a inseguirlo, sola la guardia imperiale si fermò a Vitesco, dove parea che l'imperatore volesse farvi soggiorno. Questa città capitale del governo di tal nome, collocata fra colline e le sponde della Duna capiva 20 mila abitanti, e per l'amena sua situazione rallegrava la vista di sommo diletto. In due mesi e nello spazio di 300 leghe non avevamo trovato nella Lituania e nella Polonia che villaggi deserti e devastate campagne, poichè pareva che la distruzione precedesse i nostri passi, e in fatto vedeasi da ogni parte fuggire al nostro arrivo le intere popolazioni, e lasciare in preda le case alle orde de' Cosacchi, i quali prima di abbandonarle davano il guasto a tutto ciò che recar ci poteva alcun giovamento. E in cotal modo ridotti a mancanza d'ogni maniera penosa, si mirava per noi con occhio d'invidia que' culti palagi ed eleganti, dove pareva regnare l'abbondanza e il riposo. Ma questo riposo sul quale avevamo le nostre speranze fondato non ci venne per ancora concesso, e dovemmo continuare a inseguir i Russi e lasciare a sinistra questa città, oggetto de' nostri desiderj e delle più dolci speranze. Qua e là intanto si andava dietro i passi della vanguardia errando da ogni parte, non però traccia alcuna trovar si potea della sua ritirata, non una vettura abbandonata non un solo cavallo morto non un sol carrettiere che indicar ci potesse qual fosse la via presa dal nemico, il che ci fece ammirare il bell'ordine col quale aveva il conte Barclai di Tolli sgombrato il suo posto. In questa incertezza forse unica in tal genere, il colonnello Clischi scorrendo la campagna in traccia d'alcun terrazzano, s'avvenne in un soldato russo che si era addormentato presso a un cespuglio, incontro che assai fortunato ci parve. Il viceré ne profittò per interrogar questo prigioniero, che ci diede qualche indizio della direzione presa dalla colonna della quale egli era parte. Il principe intanto per chiarirsene andò innanzi, ma niente veduto che di attenzion fosse degno, tornammo di briglia sciolta indietro sulla strada maggiore che da Vitesco conduce alla Duna, e vi trovammo un'immensa schiera di cavalleria. Il re di Napoli non tardò a raggiungere il vicerè, e preso concerto ordinarono a' loro corpi di porsi in cammino. Era quel giorno un caldo smoderato, e nembi di polvere sollevata da' cavalli rendevano penosa la marcia, convenne adunque fermarsi; a ciò si scelse una chiesa di legno, dove il re di Napoli e 'l principe Eugenio si trattennero lunga fiata.

La cavalleria era schierata per inseguire i Russi fuggitivi, e poco dopo s'intese che già gli aveva incontrati; tutte allora le truppe continuarono e raggiunsero il nemico, ma i Cosacchi i quali n'erano la retroguardia vedendo avanzare la nostra artiglieria si ritirarono, solo ostinati a tirare alcun colpo di cannone finchè potessero trovare un posto vantaggioso. Così diportaronsi fino al di là di Agaponochina, dove il nostro corpo e la cavalleria fermarono il passo. Dopo questo villaggio alzavasi alla sinistra sopra un'eminenza un cattivo castello di legno, dove albergò l'imperatore, che da Vitesco corse a raggiungerci come intese ch'eravamo alle strette co' Russi. In questo luogo disponemmo le sentinelle, e di questo apparecchio nessun altro ebbe un'aria più militare. Napoleone, il re di Napoli e 'l principe Eugènio si stavano sotto un padiglione, i generali alloggiati in meschine capannucce edificate da'loro soldati accampavano cogli uffiziali lungo un ruscello, là cui acqua fangosa veniva come un tesoro raccolta; essendo tre giorni dacchè eravamo sul campo di battaglia, che acqua e radici solo avevamo per nutrimento. Le nostre divisioni attendavano intorno al castello sopra alcune eminenze, e 'l nemico le poteva discernere mediante i molti fuochi, i quali col loro splendore rischiaravano il bujo della notte. Il giorno dopo di buon mattino (29 Luglio) si proseguì a tener dietro a' Russi, ma l'imperatore fece ritorno a Vitesco, dove intendeva di soggiornar come a Vilna per eseguire il suo progetto sopra la Lituania. Giunto dove la strada di Gianovisco si congiunge con quella di Surai, il re di Napoli si divise da noi con tutta la cavalleria, seco menando la 14.ª divisione, e 'l vicerè seguendo il suo viaggio si diresse per la Duna colle divisioni 13.ª e 15.ª la guardia reale e la brigata di cavalleria leggera italiana comandata dal gen. Villata. E' già erasi in procinto di entrare a Surai, quando alcuni cacciatori ci riportarono che un convoglio nemico debolmente scortato tentava di passare il fiume con animo di prender la via di Velichiluco. Senza frappor indugio il vicerè diede ordine al suo ajutante di campo Deseve di seguire i cacciatori e impadronirsi del convoglio, ordine che fu pienamente eseguito, poich'egli due ore dopo ritornò con la notizia che il convoglio era preso.

Il borgo di Surai benchè di legno pur era un de' migliori che avessimo trovato, la sua popolazione formata della razza giudaica era numerosa, e ci porse qualche ristoro di cui tanto bisogno ci stringea; i magazzini erano forniti a dovizia, cosa per noi consolante, poichè pareva che lungo in quella borgata sarebbe il nostro soggiorno. Quella non era posizion militare, contuttociò di molto rilievo, poichè situata dove la

Casplìa mette foce nella Duna vi con-
vengono le strade maestre di Pietroburgo e di Mosca, e forma per conseguente due capi di ponte che chiudono la
via di Vitesco; laonde durante la nostra
dimora giunsero parecchi ingegneri geografi che ritrassero il piano del fiume e
dei luoghi circonvicini. La 13.ᵃ divisione
che ci aveva seguito accampò una lega
di qua di Surai, una parte della 15.ᵗᵃ
con la guardia a piedi si fermò in città, e quella a cavallo comandata dal
gen. Triaire passò la Duna, e spedì buona schiera di esploratori sulla strada di
Velichiluco. In tale scorsa l'ajutante di
palazzo Boutarel riconobbe che 'l cammino sin a Usviatte in mezzo de' boschi
era di continuo angusto, ma giunto a
questa cittadella se ne sgannò trovando
il terreno del tutto diverso, e' dragoni
ci riferirono che in quel paese vi avea
in abbondanza provisioni. Nell' arrivare
a Surai avendo il viceré saputo che un
altro convoglio russo con poderosa scorta avea preso la strada di Velizza, sul
fatto gli spedì incontro il Barone Banco
colonnello del 2.ᵈᵒ reggimento de' cacciatori italiani con dugento de' scelti.

Questo corpo dopo nove leghe giunge finalmente a Velizza nel momento in cui ne usciva il convoglio e tentava di passare il ponte della Duna. Tosto i cacciatori piombarono sulla scorta, cinque volte ne furono respinti dall'infanteria e da distaccamenti di cavalleria più numerosi ch'essi non erano, ma finalmente il valore degl'italiani trionfò dell'ostinazion de' nemici, e giunse a impadronirsi de' bagagli e costringere a depor l'arme ben cinquecento Russi. Questa vittoria ci valse alcuni feriti, sei uffiziali tra gli altri, uno de' quali morì delle ricevute ferite.

Mentre Napoleone era a Vitesco, cercava di ordinare la Lituania, e mentre il centro dell'armata prendeva riposo tra 'l Nieper e la Duna, ci venne all'orecchio che 'l principe d'Emmil era stato assalito a Moilove. Bagration approfittando della quiete che gli avea procacciato la battaglia di Borisove, passò la Beresina a Bobruisco e s'incamminò per Novobloove. A' 23 Luglio 300 Cosacchi ci attaccarono sull'alba, e fecero un centinajo di prigioni al terzo de' cacciatori; fra i quali trovavasi il colonnello, dal che tutto il campo si mise in guardia sull'armi si sono a raccolta e i nostri soldati vennero alle mani. Il gen. russo Sicverse con due scelte divisioni diresse gli attacchi dalle 8 del mattino fino alle 5 della sera, e vivamente in ispezieltà sul confine del bosco e al ponte dove si voleva a forza penetrare. Alle 5 il principe d'Emmil condusse innanzi tre scelti battaglioni, vi si mise alla testa, sconfisse i Russi e ritolse le posizioni che da loro ci erano state già tolte. La perdita dev'essere stata uguale, ma il principe Bagration pago delle prese cognizioni e spezialmente d'essersi spacciato del nostro inseguimento, si ritirò verso Bicove e passò il Nieper per poi recarsi a Smolenco, dove i due eserciti russi dovevano unirsi. Ad esso tentava d'accompagnarsi con due divisioni il gen. Camenschi, ma non avendo potuto riuscirvi rientrò nella Volinnia, dove si unì al corpo allor comandato dal gen. Tornasov. Queste truppe formanti un'armata marciarono contra il 7.mo corpo verso Cobrin, e cercarono per ogni dove il gen. sassone Glengel, il qual seco non avea che due reg-

gimenti d'infanteria e due squadroni.
Costretto a cedere a forze così superiori alle sue, contuttociò non s'arrese che
dopo un'ostinata tenzone, fidando sempre di venirne liberato dal gen. Reinier,
ma questi malgrado ogni diligenza non
potè raggiungerlo che due ore dopo la
resa.

Finchè le cose andavano di mal
passo alla destra, sul confine della sinistra camminavano meglio. Il duca di
Taranto comandante del 10.mo corpo mandò degli esploratori sulla strada di Riga,
e mercè il buon contegno de' gen. Gravert e Cleist riportò su' Russi de' segnalati vantaggi. Pochi giorni dopo il gen.
Ricard s'impadronì della piazza di Dinaburgo dal nemico lasciata in abban-
dono, dopo essersi allestito con grandi apparecchi alla difesa. Ben si può dire che
l secondo corpo illustrò le nostr'armi,
quando il duca di Reggio mandando degli esploratori verso Sebei incontrò l'armata di Vitgenstein, che rinforzata dal
principe Repnin veniva ad affrontarlo.
Il combattimento si diede presso il castello di Giacubovo, la division Legrand
sino alle 10 della sera sostenne un fiero

urto, e mediante il valore del 26.to leggero e del 56.to di linea fece soffrire a' Russi una perdita considerevole. Nulladimeno osarono il dì vegnente di tentare il passaggio della Duna. Il duca di Reggio allora impose al generale Castex di non opporvisi, il nemico diede nel laccio, e al 1.mo d'Agosto si recò verso Drissa e si pose in atto di battaglia a fronte del secondo corpo. La metà dell' esercito di Vitgenstein ch'era di 15 m. uomini avea già varcato il fiume, quando lor si appostò una batteria coperta di 40 cannoni che per mezz'ora tirò a distanza di mitraglia, e nello stesso tempo la division Legrand si mise a parte dell'azione, che appena si decise a nostro favore giunse a lungo passo la divisione Verdier con la bajonetta in canna. I Russi furono gettati nel fiume, perdettero 3 m. uomini e 14 pezzi di cannone, e noi inseguendone gli avanzi sulla strada di Sebei abbiam contato 2 m. morti, fra i quali vi era il gen. Culniev uffiziale assai distinto nelle truppe leggere.

A' questi tempi erasi sparsa la voce che l'imperatore Alessandro era stato assassinato a Velichiluco da' suoi corti-

giani, malcontenti che questo monarca
ne chiedesse pace. Si dà per certo che
Napoleone in aria di gioja e contentezza abbia spacciato questa nuova per sicura in una udienza che concesse a Vitesco. Ma in processo di tempo si scoperse che questa fama menzognera era
stata accreditata per distruggere l'effetto
del proclama energico, che l'imperatore
Alessandro diresse alla nazion russa, nel
quale ordinava a tutti i popoli del suo
potente impero di sollevarsi contro il
perfido nemico, che dopo aver violato il
territorio della patria procedea verso l'antica capitale per abbatterla, e annichila-
re la gloria degl'illustri suoi fondatori.
Ma vano riuscì questo vergognoso maneggio, nè ad una sola popolazione pur
giunse, che sempre tutta intera fuggendo all'appressarsi delle schiere franzesi
non potè mai provare gli effetti di questo pietoso artifizio, nè lasciarsi corrompere a lusinghevoli promesse, delle quali era scopo eccitare una terribile discordia, il popolo sollevando contro la nobiltà, e sopprimere nel cuore l'attaccamen-
to e la fede al loro sovrano dovuta.

LIBRO TERZO

SMOLENCO

Dopo il fatto di Velizza il vicerè conobbe necessario di rinforzare il distaccamento de' cacciatori ivi lasciati, e vi spedì la brigata intera del gen. Villata con un battaglione di Dalmati. Velizza situata sulle bocche di due grandi strade, una delle quali conduce a Pietroburgo e l'altra a Smolenco, si vedeva esposta a frequenti scorrerie di Cosacchi. La popolazione di questo borgo, più in là del quale non erasi per ancora internato il nostro esercito, era tutta giudaica e ne somministrava all'incirca di che soddisfare alle principali bisogne della vita, mentre i contorni non erano che infelici casali. Noi c'eravamo abbandonati a quella scioperatezza a cui riconsiglia il buon essere, quando 'l colonn. Banco esperto nella lingua russa venne informato da spie che il nemico avea proposto di attaccar la brigata. Allora il gen. Villata secretamente si dispose a riceverlo, e pubblicamente ostentava di vivere in piena sicurezza, del che fidandosi i Cosacchi si presentarono sull'aurora a Velizza, credendo trovarci tutti sepolti nel sonno, ma i Dalmati che erano in arme uscirono dell'agguato e dalle file fecero tal fuoco che atterrò di molti cavalieri. I nemici spaventati dalla sorpresa si diedero alla fuga e abbandonarono una piazza da sì bravi soldati difesa, i quali in questa occasione si dimostrarono degni delle ricompense di cui erano stati nel primo fatto ricolmi.

Il 4.º corpo dopo aver dimorato dieci giorni a Sarai si mise in viaggio a 9 Agosto per Gianovisco dov'esser doveva la 14.ª divisione. Il giorno innanzi Labedojere capo di squadrone andò come ajutante di campo del principe Eugenio dal re di Napoli, e al suo ritorno confermò la notizia della pugna sanguinosa accaduta presso Incovo al gen. Sebastiani e delle cattive conseguenze che aveva provate per noi; perciocchè secondo le relazioni di tutti gli uffziali, i nostri reggimenti di cavalleria avevano patito assai e perduto oltre ad alcuni pezzi di cannone una superba che erano intorno a questo castello. Il compagnia di volteggiatori del 24.º d'infanteria leggera, e aggiungevasi ancora che, senza il coraggio e l'intrepidezza de' lanceri prussiani le nostre perdite sarebbono state d'assai maggior considerazione. In tal circostanza parecchi biasimavano il gen. Sebastiani, ma i più ne accagionavano il gen. Mombrun, che ad onta di essere informato delle forze poderose del nemico, non aveva ascoltato che 'l proprio coraggio, e delle relazioni non curante stimò di avventurar la battaglia.

A' 10 d'Agosto soggiornando il viceré a Gianovisco, fe ristaurare da' marrajuoli del 4.º corpo diretti dal gen. Poitevin il ponte del fiumicello che passava per mezzo a quella città, sendo in tale stato che nessuno ardiva d'usarne, e i cavalli e le vetture erano costrette di passare a guazzo il fiume, il cui letto era assai limaccioso e dirupate le sponde. Indi volgemmo verso Liosna per una pianura leggermente scabrosa, poi per folti alberi e un fiumicello che scorre presso un contado alla metà del cammino, per andare a Velecovisco dove l'armata (11 Agosto) accampò sulle alture dì seguente trovammo fino a Liosna la strada assai fangosa in mezzo a praterie paludose, essendo che due giorni innanzi piobbe dirottamente, cagione perciò di grande ostacolo al nostro convoglio e in particolare all'artiglieria. Questi soli furono i violenti uragani che per noi si soffersero, nè altri se non a Mosca ci fecero provare i disagi della pioggia. Dopo Liosna gran villaggio pieno di fango attraversammo (12 Agosto) sopra un cattivo ponte un picciolo fiume, che nel suo corso in mille braccia diramasi e divide a un quarto di lega verso ponente la città dal castello dove abitava il principe Eugenio, che però per mezzo d'un ponte erano congiunti. Fra questo e quella il duca d'Elchinghe avea stabilito il campo per lo suo corpo, e le nostre truppe se ne approfittarono. Quantunque per andare a Liovavisco vi fosse una strada più breve, pure costretti dalla qualità del suolo se ne cercò un'altra che tuttavia non fu sgombra di malagevolezza, avendosi dovuto passare tra molte angustie per praterie paludose e sentieri battuti in mezzo a foreste. Prima di arrivare a questo bor-

go passammo per uno sciagurato ponte
e per una via sì fangosa che a pena i
cavalli ne potevano uscire, colpa de'
molti ruscelli che formano di grandi
stagni e mantengono tutto all'intorno una
perpetua umidezza. Nell'entrare in Liovavisco vedemmo tutta la cavalleria del
re di Napoli venir da' contorni di Runnia e d'Incovo, ma in vece di seguire
la via di Rasasna si rivolse alla sinistra,
come se dovesse passare il Nieper in
un punto ben più alto che quello non
era, per cui dovevamo noi farne il tragitto. L'esercito ivi riunitosi ne spiegò
a chiare note esser intenzione di passarlo e d'assalire Smolenco per la riva sinistra, onde impadronirsi della città che
dalla parte di questa sponda era fortificata, e di fatti ci fu commesso di recarsi a Rasasna, dov'eransi a tal fine costrutti de' ponti. Per giugnervi scorrem-
mo per un paese quasi deserto, non villaggi non case dove fermarsi, se non
qualcheduna e di raro; ben si trovò sulla
strada una frana dove ci convenne una
parte deporre de' nostri bagagli. Pur finalmente e con istento fummo al Nieper, il quale chiamandosi eziandio Bo-

ristene, nome impartitogli da' Greci, ne
destò nello spirito idee poetiche e su-
blimi. Ma queste abbassarono ben presto le penne, quando la nostra vista non
fu tocca d'altro spettacolo se non d'un
fiume ordinario che scorre in un letto
angustissimo, le cui acque sono rinchiuse per modo che non le si vede se non
sugli argini, i quali pure sono assai sco-
scesi e di malagevolissimo approdo. A
Rasasna pertanto, venendo i varj corpi
della grand'armata quali da Orca quali
da Babinovisco, si unirono, ma questa
innumerabile unione ad altro non valse
che la nostra miseria ad accrescere, e
la confusione addoppiare e 'l disordine
che nelle strade maggiori regnava. Per
esse i soldati smarriti indarno cercano
i loro reggimenti, altri recando de' dispacci pressanti son trattenuti dall'incro-
cicchiamento delle vie, e d'altra parte
su' ponti e nelle angustie de' passi s'innalza uno spaventoso tumulto. Giunto il
4.to corpo (15 Agosto) nel borgo di Liadone (luogo di considerazion dignissimo
e assai consolante per esser l'ultimo nel
quale s'incappi in Giudei), traghettò in
quelle vicinanze un picciolo fiume, so-

pra del quale un'ampia eminenza si trova che tutta la città signoreggia, e continuò sino a Siniaco infelice contado con qualche casa 200 passi fuori di strada. Volle il viceré stabilire in quel luogo il suo campo, e gli altri corpi frattanto s'incamminavano verso Smolenco donde s'intese cannonare, indizio che si aveva assalito vivamente questa città. Mentre (16 Agosto) eravamo nel detto posto non cessarono di passare molte truppe, sulla sera poi noi pure prendemmo le mosse e in tre ore giungemmo a Crasnoe picciola città dove si ritrovarono alcune case di pietra, e dove il viceré stabilì delle poste. Pure non vi si fermò, e ci condusse al di là d'un fiumicello presso Catova che aveva al di sopra un altro cavaliere, ed ivi dispose le sentinelle per un viale d'alberi circondato dalle sue divisioni. Sul far del giorno (17 Agosto) messi di nuovo in cammino si collocarono parimenti le sentinelle una lega in là della posta di Curinnia, in un bosco di betulle presso d'un lago. Il nostro campo era una prospettiva pittoresca; il viceré innalzò la tenda in mezzo al bosco, gli uffiziali si po-

sero a dormire nelle loro carrozze, e
chi ne pativa difetto atterrarono degli
alberi e si costrussero delle capanne,
mentre che i loro compagni accendeva-
no il fuoco per cuocervi della carne di
bue. Fra i soldati chi facea scorrerie
chi la biancheria lavava sulla proda d'un
limpido ruscello, e 'l rimanente si ri-
posava dal lungo viaggio, guerra portando a qualche oca ed anitra sfuggite alla
voracità de' Cosacchi. Sendo noi quivi
fermati ci si recò la notizia che Smolenco dopo un sanguinoso combattimento erasi dato alle fiamme da' Russi e
abbandonato a' vincitori, malaugurato
presagio che ne chiarì a qual estremo partito puossi appigliare una nazione ferma e determinata a non voler fiato assoggettarsi a dominio straniero. Il dì vegnente ci appressammo a
questa malarrivata città, ma il vicerè
ne fece arrestare in un bosco presso al
castello di Novivore e si recò da Napoleone.

Io mi stava col quarto corpo in questa foltissima selva, quando un mio collega ritornando da Smolenco mi narrò
come io son per dire, i casi della bat-

taglia alla quale egli era intervenuto.
* La posizione che per noi si mantenne
diede a sospettare al nemico non si at-
taccasse Smolenco alla destra del Boristene, ma tutto a un tratto Napoleone
con un ripiego pronto e inatteso fece
passare le truppe alla sinistra. Lo stesso giorno il re di Napoli sempre alla
testa della vanguardia fu raggiunto dal
duca d'Elchinghe che la mattina del 14
passò 'l Boristene presso Comino; il maresciallo sbocca a Crasnoe e come sapete investe colla 10.ma divisione la 25.ta
de' Russi che avea 5 mila fanti e 2 mila cavalli. In questo luminoso fatto noi
acquistammo cannoni e prigionieri, e 'l
colonnello di Marbeuf rimase ferito alla testa del suo reggimento, e dopo ciò
Napoleone recossi la mattina de' 16 sotto Smolenco. Questa città è circondata
d'un'antica muraglia merlata di 4 mila
tese di circuito grossa 10 piedi e 25 alta, di tratto in tratto corroborata da smi-
surate torri che formano de' bastioni la
maggior parte armati di cannoni di grosso calibro. I Russi che ci aspettavano
sempre dalla destra del Boristene avevano una gran parte delle truppe anco-

ra in quel canto, ma come ci videro venire dalla sinistra si conobbero tolti in mezzo, e corsero con indicibile fretta a soccorrer Smolenco là dove erano assaliti, e si diportarono con tanto più ardore, quanto Alessandro, loro avea raccomandato nel lasciare l'esercito di commetter battaglia per salvare Smolencò (*V. il* 13.*zo bullettino*). Poichè fu trascorsa la giornata del 16 a riconoscer la piazza e i contorni, l'imperatore assegnò la sinistra al duca d'Elchinghe verso il Boristene, ebbe il principe d'Emmil il centro, e la destra fu destinata al principe Poniatoschi, più lungi e in un fianco alla cavalleria del re di Napoli, la guardia finalmante e noi (4.*to* corpo) restammo in riserva. Aspettavasi pure il corpo 8.*vo*, ma il duca d'Abrantes che lo comandava prese un falso sentiero e si smarrì. (*V. il* 13.*zo bullettino*). Il dì seguente si consumò in osservare. Il nemico occupava Smolenco con 3om. uomini, il rimanente stava in riserva sulla riva destra e avea comunicazione per li ponti costrutti al di sotto della città. Ma conoscendo Napoleone che tardando più oltre il gen. Doctorov il qua-

le comandava la guarnigione, avrebbe
campo di fortificarsi comandò al principe Poniatoschi di procedere tenendo alla manca Smolenco e 'l Boristene alla
destra, gli raccomandò di stabilire delle
batterie per distruggere i ponti e la co-
municazion tramezzare delle due sponda. Il principe d'Emmil che sempre
si stette nel centro attaccò due sobborghi
ghi trincerati e difesi ciascheduno da 7
o forse 8m. d'infanteria, e 'l gen. Friand
terminò l'assalto fra 'l primo corpo e 'l
corpo de' Polacchi. Dopo il mezzogiorno la cavalleria leggera del gen. Brujeres diede la caccia a quella de' Russi,
e s'impadronì del cavaliere il più vicino al ponte. In esso si stabilì una batteria di 60 cannoni, la quale così aggiu-
statamente tirò sulle schiere dell'altra
riva che furono costrette a ritirarsi, ma
due le furono poste di fronte con 20
pezzi di cannone per alcuna. Il principe d'Emmil destinato a prendere la
città affidò l'assalto del sobborgo della
destra al gen. Morard e diede l'impresa dell'altro alla sinistra al gen. Gudin,
i quali con le due divisioni dopo un ardente combattimento a fucili tolsero le

7*

posizioni al nemico, e lo incalzarono con esimia intrepidezza fin sulla strada selvosa che trovarono disseminata de' suoi cadaveri. Dall'altra parte intanto il duca d'Elchinghe prese egualmente le trincere occupate da' Russi, e li costrinse a rientrar nella città e rifugiarsi nelle torri, o sopra i bastioni che accanitamente difesero. Il conte Barclai di Tolli il quale prevedea che si voleva tentare l'assalto della città, rinforzò la guarnigione con altre due divisioni e due reggimenti d'infanteria della guardia. Il combattimento durò sino alla fine del giorno. Si videro allora de' globi di fumo e colonne di fiamme che in un attimo si appresero alle principali contrade di Smolenco; spettacolo veramente singolare in quella bellissima notte di state, qual si presenta agli sguardi degli abitatori di Napoli nelle irruzioni del Vesuvio. Un' ora dopo mezza notte gli avanzi della città furono abbandonati, e alle due del mattino (18 Agosto) i primi nostri granatieri si disponevano all'assalto e già si avvicinavano, ma qual sorpresa per loro! non trovarono resistenza poichè la piazza era del tutto sgombrata, il per-

chè prendemmo il possesso di quella e
di alcuni pezzi d'artiglieria, che 'l nemico non avea potuto condurre con seco. Voi non arriverete giammai, quest'
uffiziale mi disse, a immaginarvi l'orribile guasto di quella città, e 'l mio
ingresso mi durerà nella memoria eternamente. Figuratevi di vedere tutte le
strade tutte le piazze coperte di Russi
o morti o agonizzanti, e le fiamme che
da lontano lumeggiano questo spaventè-
vole quadro. Ah! quanto sono scellerati
que' principi, che per isfamare la loro
ambizione espongono i popoli a somi-
glianti flagelli!

Noi fummo a Smolenco il 19 Agosto per lo sobborgo lungo il fiume camminando, e d'ogni lato si mutava il passo sopra ruine e cadaveri. I palazzi ardevano ancora e solo conservavano le
muraglie offese anche quelle dalle fiamme, e sotto i calcinacci eran sepolti
gli scheletri anneriti degli abitanti consumati dal fuoco. Le rare case che an-
rono illese furono invase dalla soldatesca, e sulla porta se ne vedeva il padrone con una parte di sua famiglia, che
la morte piangea de' suoi figli e le per-

dute sostanze. Sole le chiese qualche conforto porgevano agl'infelici che più non aveano tetto, e la cattedrale celebre per tutta l'Europa e in gran venerazione appo i Russi divenne il rifugio degli sventurati che erano fuggiti dall'incendio. In questo tempio e presso gli altari vi avea di famiglie intere coricate su de' cenci, qua si vedeva un vecchio spirante fissare lo sguardo all'immagine d'alcun santo di cui era stato in tutta sua vita devoto, là de' meschini fanciulli in culla, a' quali una madre sfinita dalle traversie porgeva le poppe tutte bagnate di pianto. In mezzo a questa desolazione il passaggio delle truppe per mezzo la città suscitava un sorprendente contrasto; da un lato l'avvilimento de' vinti, l'orgoglio de' vittoriosi dall' altro, gli uni avean perduto ogni cosa, gli altri carichi di spoglie e mai non avuto a conoscere sconfitte marciavano ferocemente al suono di militari strumenti, timore e maraviglia destando ad un tempo nel resto infelice d'una soggetta nazione.

Il primo pensiero fu di ristabilire sul Boristene il gran ponte, che era già stato bruciato e che rispondeva all'altra parte della città, dove una sola casa più non rimanea. Sul confine del sobborgo per lo quale eravamo entrati, il 4.to corpo e la cavalleria del gen. Grouchi passarono a guazzo il fiume con tutta l'artiglieria, e intanto si andavano terminando degli altri ponti i quali agevolarono per tal modo il passaggio, che in quel dì medesimo l'artiglieria e la cavalleria del re di Napoli furono sulla strada di Mosca a incalzare il nemico. Il 4.to corpo com'ebbe valicato il fiume si collocò sopra un'altura che domina la città sulla strada postale che da Poriesco conduce a Pietroburgo, posizione importantissima di tutte, e però cagione di stupore che il nemico non abbia la meglio difesa; perciocchè ci avrebbe ritardato la marcia chiudendoci la strada di Mosca, e impedendo che ci fermassimo nella città che da questa posizione era pienamente signoreggiata.

Mentre così andavan le cose, il gen. Gouvion Saint Cir riportava sulla Duna delle vittorie di non picciol momento. Dopo il fatto di Drissa il principe Vitgenstein ebbe dodici battaglioni di rinforzo, ed entrò in risoluzione di darsi sull'offesa contro al duca di Reggio, ma questi prevedendo le sue mire riunì il corpo de' Bavaresi (6.to) del quale egli era capo. Di fatti si venne alle mani a' 16 e 17 agosto, ma nel punto che questo duca iva a dar i suoi ordini fu steso da un colpo d'archibugio che lo colse alla spalla, e la ferita pericolosa lo strinse ad abbandonare il campo e cedere il comando al gen. Gouvion Saint Cir. Questi allora dispose ogni cosa per lo dì vegnente sul far del sole, e per vie meglio accoccarla a' Russi fece ritirare sulla riva sinistra della Duna e sotto i lor occhi tutti i bagagli con buona parte dell'artiglieria e della cavalleria, che ripassando il fiume andarono in appresso a rivarcarlo a Polosco senz'esser vedute. Ingannato il nemico da così accorta condotta ci stimò sonare a ritirata e venne innanzi per inseguirci, ma per lo contrario ci trovò tutti schierati in atto di battaglia. L'artiglieria disposta in ordine fu messa in azione, le colonne d'infanteria sostenute da' nostri cannoni attaccarono la sinistra e 'l centro del corpo di Vitgenstein, le due divisioni di Vrede e di Roi essendo andate d'accordo e con molta bravura nel loro viaggio uscirono insieme di Spas, quella di Legrand alla sinistra di questo villaggio era unita alla divisione Verdier che mirava per mezzo d'una sua brigata alla destra del nemico, e la division Merlo finalmente era collocata a fronte della città di Polosco. Il nemico sorpreso di sì belle disposizioni pur mostrò franchezza per lo favore della numerosa artiglieria, ma sul far della notte il principe Vitgenstein vedendo il centro e la sinistra già in rotta fe battere a ritirata per gradi, dopo aver difeso ogni posto con accanimento, unico mezzo di salvare l'esercito che per poderosi rinforzi indarno tentò di ripigliare lo stato d'offesa. Se il bosco non avesse dato a' prigionieri lo scampo, già ne avevamo un numero considerevole, e quelli che potemmo raccogliere erano in mala condizione e feriti sul campo, che anzi dalla quantità in che furon trovati si può conghietturare quale e quanta sia stata la perdita che an fatto i Russi. Molti pezzi di cannone coronarono il trofeo di sì gloriosa giornata. Ma per vero dire questa vittoria fu a caro prezzo comprata, che la perdita ci valse di molti valorosi uffiziali bavaresi e le ferite mortali spezialmente de' generali di Roi e Sierbein, il primo de' quali fu soprammodo compianto, avendo in lui perduto i soldati un vero padre, e gli uffiziali un capo, i cui talenti e matura sperienza erano in somma venerazione presso tutta l'armata bavarese. I generali gli uffiziali e' soldati andarono a gara per lo felice riuscimento della battaglia. Fra i primi il conte Saint Cir lodò i generali di Vrede Legrand Verdier tutti feriti, ed inoltre Merlo e Aubri. Questi che generale era dell'artiglieria si distinse nella direzione della sua truppa; terminò il conte alla fine la sua relazione con invocare a favore de' suoi uffiziali la benevolenza dell'imperatore. Così a tutti rese giustizia, sè uno dimentico, e in tal guisa accese intorno alla sua modestia un raggio più risplendente; ma questa virtù che non alligna se non ne' gran capitani fu rimunerata alcuni giorni dopo dal bastone di maresciallo conferitogli sul campo della battaglia.

Che se l'ala sinistra del nostro esercito segnalava il suo valore, il suo centro pure s'illustrò per combattimenti non meno gloriosi. Il duca d'Elchinghe trapassato il Boristene (19 Agosto) sopra di Smolenco si unì col re di Napoli per inseguire il nemico, ed una lega oltre incontrò parte della retroguardia composta d'una divisione del corpo di Bagavout (2.do) di circa 6 m. uomini. Fu tosto cacciata dal posto che occupava, e si venne ad una mischia che coperse di morti il campo di battaglia. Questo corpo il quale proteggeva la ritirata de' Russi sforzato a ritirarsi si pose sopra il cavaliere di Valontina; ma la prima linea fu sbaragliata dal 18.no reggimento e sulle 4 ore del mezzodì si diede mano vivamente al fucile con tutta la retroguardia, che allora aveva ben 15 m. uomini. Il duca d'Abrantes che si era perduto sulla destra di Smolenco errò da capo, e non potè recarsi con la convenevole speditezza sulla strada di Mosca per togliere il mezzo di ritirarsi a questa retroguardia (V. il 13.xo e 14.° bulletino). Così le prime file del nemico tornarono indietro e impiegarono di

mano in mano sino a quattro divisioni,
ostinatisi i Russi a difendere quella posizione; non solo per le forze che avevano seco, ma particolarmente perchè
quel sito era considerato inespugnabile;
e di fatti nelle guerre antiche i Polacchi vi erano sempre rimasi sconfitti.
Oltre di che i Moscoviti per via d'una
tradizion religiosa riponevano in quel
cavaliere la speranza della vittoria, e lo
aveano arricchito del nobil titolo di *campo sacro*. Ma se molto era sollecito il
nemico di conservarlo, noi non lo eravamo di manco a conquistarlo, per disturbare la sua ritirata e depredare i
suoi bagagli e i feriti via recargli, che
da Smolenco si conducevan su carri, la
salvezza de' quali era alla retroguardia
affidata. Alle 6 della sera la divis. Gudin
spedita per sostenere il 3.^{zo} corpo contra le numerose truppe che in suo soccorso chiamava il nemico, piombò sul
centro della posizione nemica, e sostenuta dalla divisione Ledru giunse a strap-
pargliele dalle mani. Il 7.mo leggero il
12.mo 21.mo e 127.mo che formavano la divisione Gudin investirono con tal impe-
to, che il nemico si diede alla fuga,

persuaso di doversi azzuffare con la guardia imperiale, ma tanto di valore costò la vita del bravo generale che la reggeva. Questi era tra gli uffiziali dell'armata un de' distinti, e degno del pianto comune, sì per le doti dell'animo che per lo suo valore e rara intrepidezza. Pur la sua morte non rimase inulta, chè la sua divisione fe de' nimici strage. Fuggirono questi per Mosca e lasciarono il *campo sacro* tutto di morti coperto, e fra' cadaveri si riconobbero i gener. Scalon e Balla. Si diceva non meno che 'l gen. di cavalleria Cof mortalmente ferito era una perdita del pari che la nostra di cordoglio dignissima. L'imperatore alle tre del vegnente mattino distribuì sul campo di battaglia delle ricompense a' reggimenti che s'eran distinti, e il 127.mo siccome quello che nuovo reggimento era essendosi egregiamente diportato, ebbe da Napoleone l'onore di portare un'aquila, diritto che non avea per ancor conseguito, perchè non ancora erasi esposto a battaglia. Queste rimunerazioni dispensate nel luogo medesimo che la vittoria aveva illustrato, in mezzo a morti e moribondi, porge-

vano spettacolo di non so qual grandezza, che assomigliar poteva le nostre imprese a tutto ciò che l' antichità à prodotto d' eroico.

A Smolenco il 4.to corpo mutò di
capo dello stato maggiore. Il gen. Dessoles rammaricato della dimenticanza a
cui si avean dati i suoi servigj altro non
bramava che goder della stima che i
suoi talenti gli aveano procacciata. L'e-
sercito sovvenendosi ch' egli avea diviso
la gloria e le sventure con Moreau ap-
provava il suo corruccio, e ben vedea
quanto difficile gli sarebbe stato lo ac-
quistare un grado, che metterlo potesse
a pareggio di coloro i quali lo avean superato nella carriera e che sempre a lui
sarebbono stati preferiti. L'imperatore
esaudendo all'istanze di questo bravo generale gli accordò orrevole congedo, ed
elesse per suo successore il Barone Gu-
glielmino ch' era in buona vista presso
il viceré nell' esercizio di questa carica,
da lui sostenuta per un tratto dopo la
battaglia di Vagram. Ne' quattro giorni
che si fermò a Smolenco fece la rivista
de' varj corpi che s' eran distinti dal
principio della campagna, al quale ono-

re nessun altro avea maggior diritto del 4.to; e lo ci venne accordato. I capi di ciascuna divisione, trattone il gen. Pino partito per Vitesco col 5.mo reggimento, ebber ordine (22 Agosto) di disporre i soldati sull'arme.

Sino a questo tempo ognun credeva che Napoleone si contentasse di stabilire il regno della Polonia, e mettesse fine a sue conquiste con le due città di Vitesco e Smolenco, che per la lor situazione chiudono lo stretto varco tra 'l Boristene e la Duna, e che queste città ei dovessero servire a svernare, e se l'ambizion sua non avesse le mire disteso a prender Riga fortificar Vitesco e Smolenco e in particolare a ordinar la Polonia che tutta intera se l'avea tranugiata, avrebbe fuor d'ogni dubbio costretto i Russi a piegare sotto le sue leggi, o correre il periglio quasi certo di vedere distrutto ad un tratto Pietroburgo con Mosca. Ma invece di appigliarsi a questo piano prudente, ingannato dallo splendore delle sue vittorie, secento leghe lontano dalla Francia, non avendo che de' cavalli slombati, non viveri non magazzini non ospitali s'avventurò sulla strada di Mosca, e per ultimo saggio d'imprudenza lasciò alle spalle un'armata russa in fondo alla Moldavia, pronta a scagliarsi contra di noi, tosto che il trattato di pace già conchiuso con la Porta ottomana fosse stato ratificato. Avendo queste truppe dato il termine alle ostilità contra i Turchi erano comandate dall'ammiraglio Schicagof, il quale continuamente ne facea partire in rinforzo a quella della Volinnia di fronte al corpo del principe di Svartzemberg.

Partiti di Smolenco (23 agosto) fummo a Voldimerova, villaggio posto sulla strada con a destra un'eminenza circondata di paludi e sopravi un castello di legno. In esso luogo cinque leghe distante da Smolenco si fermaron le truppe, ma secondo ogni apparenza l'intenzione del principe era di proseguire verso Ducochina per poi recarsi a Dorogobo dov'era il centro della grande armata; quando il gen. Grouchi che ne precedeva con la cavalleria ci mandò la nuova di avere spinto per più di 20 leghe il nemico. Il vicerè allora non credendo più mestieri d'andare a Du-

cochina si applicò a far rintracciare per
istrade fuor di mano un sentiere che direttamente conducesse a Dorogobo, e lo
trovò dopo un lungo cammino che i
Russi segnarono colla loro ritirata. Questa marcia ne fe passare per un egregio
paese, dove oh maraviglia! si vedeano
degli armenti pascolare pe' campi di
quegli abitanti, e delle case che non
erano state manomesse, il perchè tro-
vatasi la soldatesca nell'abbondanza dimenticò gli stenti passati, nè più pensò ad una marcia che molte e molte
ore durava. La sera finalmente giungemmo a Pologo, villaggio poco lontano
dalla strada maestra che per noi si cercava, e la mattina (25 agosto) attraversammo il Vop, picciolo fiume che avrebbe richiamato il nostro riguardo, se avessimo prevedere potuto come un giorno
ci sarebbe funesto. Si considerò nulla
di meno ciò che sarebbe nell'inverno, se
tanto avemmo di malagevolezza a passarlo nel cuor della state. Altissimo era
il suo letto, assai dirupata la scesa, e
tale provò difficultà l'artiglieria nel passarlo, che si dovette aggiungere per due
cotanti i cavalli a trascinarla. Dopo un

nuovo cammino rivedemmo il Boristene, i cui contorni tutto paludosi e boscherecci quasi giungevano alla collina, sopra la quale continuava la strada che era da noi battuta. Lontano una lega si videro emergere le alte torri del vago castello di Giasele che dalla lunge mostravano sembianza di città, ma dappresso videsi un lago dove risocilavasi la cavalleria del gen. Grouchi che arrivato prima di noi vi accampava. Il vicerè mandò degli uffiziali a Dorogobo dove si trovò Napoleone, ma quantunque il gen. Grouchi avesse la vanguardia innanzi mandato lungo la strada maestra, non ancor si sapea se fosse libera sino a questa città. Gli uffiziali pertanto traghettarono il Boristene presso Giasele e afferrata la strada postale di Smolenco giunsero senza pericolo a Dorogobo, dove lo stato maggiore della grande armata avea stabilito il suo quartier generale. Questo borgo che sorgeva sopra un'eminenza era una posizion militare che potea chiudere il passo delle due grandi strade all'armate, che avessero voluto da Smolenco dirigersi a Mosca, contuttociò venne assai debolmente difeso, tali e tante furon le perdite de' Russi a Smolenco ed Valontina. Il nostro corpo era in procinto d'entrarvi, quando un uffiziale d'ordinanza di Napoleone consegnò de' dispacci al vicerè, il quale dopo letti cercò nelle nostre vicinanze un luogo dove attendare le sue divisioni. Il difetto d'acqua ci avea condotto sino a Micalosco, laonde fu scelto questo villaggio (26 Agosto), tenendo alle spalle la cavalleria, nel mezzo l'infanteria della guardia reale, e le due divisioni franzesi che parte formavano del nostro corpo, ci stavano a' fianchi. Una lega dopo Micalosco si passò per due villaggi riposti in vallate paludose, e si riuscì nella pianura dove scorre il Boristene, poscia si continuò per Blagovo dove lo si dovea valicare, lasciando alla destra delle culte colline sparse di parecchi villaggi. Il fumo che usciva delle case ne le dava a credere non abbandonate, e poco stante si videro da lungi que' pacifici abitatori sfilar sulla vetta de' colli, forse ansiosamente guatando se andassimo a disturbare la pace de' loro penati. Le sorgenti del Boristene non erano da Bla-

8*

govo lontane. Questo fiume è molto angusto e di leggeri il passammo a guazzo, ma l'artiglieria durò fatica ad approdare, avendo i fiumi tutti della Russia assai alte le sponde per capire la moltitudine dell'acque che sopravvengono allo scioglimento delle nevi. Il vicerè non se ne dipartì se non dopo aver veduto che tutte le truppe eran passate. Il 4.to corpo il quale continuava a formare l'estremità dell'ala sinistra andò per sentieri poco battuti, e perchè non avesse a smarrirsi il vicerè commise al gen. Triaire che comandava la vanguardia di far che i dragoni lasciati alle vedette spiassero la via, la qual preveggenza fu salutare ai distaccamenti e 'n particolare agl'isolati che più non dubitando della strada da seguire si trovarono tutti ad Agaponochina. Quest'infelici lasciati per lo innanzi in addietro si vedeano in mezzo a folte foreste o interminabili pianure, intersecate da sentieri di uguale larghezza, e punto la lingua non conoscendo de' Russi non trovavano cui parlare, e per quelle ampie solitudini errando o tosto o tardi perivano, quali di stento e quali per mano de' paesani che erano contro di loro esacerbati.

Il villaggio di Agaponochina dove a' 27 d'Agosto ci siamo fermati è degno di considerazione per un vasto castello e una bella chiesa di pietra, le cui facciate sono adorne di quattro peristili, il santuario costruito sul rito greco è di notabil ricchezza e fregiato di molte pitture che ci richiamarono quelle che i greci tradussero da Costantinopoli, allorchè vennero nel XIV. secolo a fondar in Italia delle scuole di pittura. In questa villa il comandante Sevlinge arrivato di fresco al nostro stato maggiore fu spedito al re di Napoli con dispacci importanti, ma il re non gli ebbe e più non essendo il comandante comparso, entrammo nella dolente certezza ch'egli era caduto nelle mani de' Cosacchi. A' 28 d'Agosto continuammo a fianco della strada maestra, camminando sempre a un di presso con lo stesso vigore dell'armata di mezzo. La nostra via non poteva essere mai stata frequentata d'alcun altro esercito, poich'era stretta e scoscesa e spesso angusta così che pareva un sentieruzzo da divider le terre. Giunti a un villaggio sconosciuto vi trovammo un trivio, ma noi ci appigliammo alla sinistra che in due ore ci condusse a un castello abbandonato, una lega di qua da Beresco. Di buon mattino (29 Agosto) ne uscimmo accompagnati da foltissima nebbia. Le frequenti fermate che ci comandava il viceré e le spie che mandava alla destra forse per rilevare se adoperassesi il cannone sulla strada maggiore, ne diedero a conghietturare non egli fosse impaziente di sapere, se Napoleone trovava ostacoli nella sua marcia. Noi ci appressammo a Viasma città picciola ma delle maggiori che abbia la Russia, collocata in un sito assai favorevole al nemico perchè in mezzo a canali che formano il fiume di Viasma, con intorno burroni e sopra un'eminenza che la pianura signoreggia e le bocche dove passa la strada maestra di Smolenco; ma pocó approfittarono i Russi di questi vantaggi e scarsamente questa posizione difesero, che dopo una scaramuccia appiccarono il fuoco a' principali edifizj e si ritirarono. Noi vi giungemmo sul punto ch'era in preda alle fiamme, e seb-

bene avvezzi agl'incendj niente di meno
non potemmo tenerci di rivolgere uno
sguardo pietoso a questa città sventura-
ta, che poco fa conteneva ben 10m.
abitanti. Era di recente fondata e null'
ostante aveva più di sedici chiese, le sue
case tulte nuove e con eleganza edificate erano avvolte da globi di fumo, la
cui distruzione tanto più ci fu di rammarico, quanto dopo Vitesco non c'eravamo avvenuti in alcun'altra che più
leggiadra fosse ed amena. Il vicerè rimase sulla pianura dove ne fece fermare poco più di due ore, e noi da
un poggio scorgevamo distintamente i
progressi dell'incendio, e sentivamo il
cannone che vivamente infuriava contra
il nemico oltre la città. Nell'intorno accampava una folta cavalleria, e che da
ogni parte accorreva. Allora il principe
Eugenio per ordine dell'imperatore passò la Viasma che in quel sito è un ruscello da poco, e piegando alla sinistra
raggiunse le truppe che avea spedite avanti, e la cui marcia era stata indugiata
dal passaggio del fiume. Un altro ne
trovammo in processo, i cui approcci così
eran fangosi, che impossibile ci riusciva

di passarlo sopra alcun ponte; convenne
pertanto di salire più in su finchè si ebbe un cattivo ponte per cui valicarlo, e
finalmente giungemmo sulla sommità
d'un colle d'onde scoprivasi un bellissimo castello formato da quattro padiglioni e una chiesa. Nell'entrare si seppe che il villaggio chiamavasi Novoe ma
il castello era stato messo a sacco dalla
cavalleria leggera. Qui ci fermammo a'
3o Agosto colla guardia reale alla sinistra e la 14.ta divisione, chè la 13.sa era
andata innanzi; la loro artiglieria poi
era disposta in fila di fronte a' varj sentieri per cui si sospettava potesse sboccare il nemico. La cavalleria bavarese
del gen. Pressing raggiunse il 4.to, mentre questi si disponeva alla marcia (31
Agosto), e con essa misesi in viaggio il
viceré e lo stato maggiore. Due vaghi
castelli s'incontraron per via ma del tutto smantellati, ci fermammo al secondo
dove si andò a diporto per un'amenissima piaggia, le cui passeggiate recavano
molto diletto. I padiglioni erano da poco adornati, ma in quel tempo nient'altro vedeasi che le spaventevoli vestige
d'una feroce distruzione, da per tutto

suppellettili infrante, pezzi di preziosa porcellana per lo giardino dispersi, e delle incisioni di molto valore strappate dalle cornici e in balia del vento. Il viceré era andato ben più oltre che 'l castello di Pacovo, ma vedendo che l'infanteria era ancor lontana, ritornò indietro ed in quello fermossi, dove trovò provvisioni e in ispezieltà loppe ed eccellenti foraggi.

Dopo il fatto di Vitesco il 4.to corpo non aveasi incontrato mai più col nemico, nè vide que' distaccamenti di Cosacchi i quali nella prima campagna della Polonia ci erano addosso ogni momento e i bagagli fermavanci, tuttavia convenne dopo il passaggio di Viasma marciar più guardinghi. Sempre ci parea di dover trovare opposizione, e di fatti il 1.mo di Settembre sulla metà dell' usato nostro cammino la cavalleria fu trattenuta da' Cosacchi, i quali con due o tre colpi di cannone diedero il segnale della loro presenza. Di botto schierò il viceré la cavalleria della guardia italiana, la quale assistita da un bel numero di cacciatori erranti respinse le squadre nemiche, che ritiravansi di ma-

no in mano che per noi si avanzava &
senza frapporre alcuna resistenza . E così fecero sino alle vicinanze di Ghiatte
di cui l'imperatore erasi già impadro-
nito . Al di sopra di questa città scorreva un picciolo fiume ch'essi passarono, e poco dopo quasi in atto di osservazione sfilarono in battaglia pel cavaliere il quale dominava la pianura che
ci servia di passaggio . Il vicerè fece
tentare i guadi che ne potessero agevolare il transito, e poi spedì le truppe
bavaresi per dove erasi conosciuto che
acconcio fosse, il qual luogo era preci-
samente fra due villette occupate da' Cosacchi ; ma questi come le videro, abbandonarono il villaggio e 'l cavaliere, su cui
la cavalleria bavarese con la sua artiglieria non frappose tempo a stabilirsi .
Giunti su quest'eminenza vedeasi d'ogni
parte il nemico a fuggire e noi dietro ,
ma la notte che si avvicinava ne ridusse al picciol villaggio di Paulovo mezza
lega di là da Ghiatte . L'imperatore si
fermò in questa città per tre giorni, e
noi altrettanti a Paulovo e Voremievo
(2 e 3 Settembre), dove si pubblicò un
editto per cui l'imperatore accordò ri-

poso all'armata, e la esortò a pulire i fucili viveri a procacciare e disporsi a una battaglia a cui pareva inclinato il nemico, e' distaccamenti in fine eccitò a ritornare dalle scorrerie la sera del dì vegnente, se non voleano andar privi dell'onor di combattere.

LIBRO QUARTO

LA MOSCUA

Preso Smolenco ben vedea Napoleone che la Russia dopo aver conchiuso la pace co' Turchi avrebbe immantinente a' suoi voleri le truppe tutte della Moldavia, nondimeno malgrado a questa sua sicurezza e all'avviso de' primarj generali, seguitava le sue conquiste nè si dava pensiero dell'avvenire. Quello poi che lo dovea certificare che non si tarderebbe gran fatto ad attaccarlo, si fù la notizia ricevuta a Ghiatte, che il gen. Cutusof glorioso vincitore della potenza ottomana era giunto dal Danubio per assumere il comando dell'esercito russo fino allora affidato al conte Barclai di Tolli. Questo generale da tutti i Russi riguardato come la speranza della patria era a' 29 d'Agosto arrivato a Czarevosamico, dove gli uffiziali e i soldati accolsero questo vecchio guerriero tanto illustre negli annali della Russia, e gli abitanti di Ghiatte ci soggiunsero qual gioja e speranza per tutto l'esercito infondeva la sua presenza. In fatti gli annunziò di bel principio che più non si ritrocederebbe; e mirando a salvar Mosca da cui eravamo lontani quattro giornate, scelse una forte posizione tra Ghiatte e Mogiasco, dove si potè commettere una di quelle memorande battaglie, che spesso decidono della sorte degl'imperj. Dall'una parte e dall'altra credevasi aver in pugno il trionfo. I Russi animati erano dalla difesa della patria de' focolari de' figli, ma i nostri avvezzi ai trofei, gonfj d'idee di grandezza e d'eroismo ispirateci dagli esiti sempre felici, non dimandavano che combattere, e per quella superiorità che il coraggio somministra sopra del numero, andavano seco medesimi il giorno innanzi volgendo, quali esser potrebbero i frutti della vittoria.

Finattantochè Napoleone si fermava a Ghiatte il nostro quartier generale si trasportò da Paulovo a Voremievo, dov' era un bel castello del principe Cutusof, e in questo villaggio entrava eziandio lo stato maggiore, quando il viceré in compagnia di parecchi uffiziali se n'andarono a percorrere i contorni. E avea già

camminato per forse un quarto d'ora,
allorchè riconobbe che la pianura era
tutta folta di Cosacchi, i quali corsero
subito ad investire le genti ch'erano d'intorno
al principe, ma non bene ancor
videro la truppa de' dragoni che lo scortavano,
che si diedero a precipitosissima
fuga nè più comparvero in quelle vicinanze.
In questo mezzo i soldati del
106.to reggimento andando a far iscorrerie
s'avvennero in una vettura da posta
con entrovi un uffiziale e un cerusico
amendue russi, e tosto gli condussero
allo stato maggiore, dove il primo
dichiarò di venire da Riga sua patria
per raggiungere il quartier generale di
Cutusof. Quantunque insignito egli si
fosse e a buona famiglia della Livonia
appartenesse, nòl volle il vicerè
vedere, sospettando e ragionevolmente
te non ei fusse venuto a bella posta
nelle nostre mani per poi spiare le nostre
operazioni, tanto più che alcuni
villani sorpresi in una strada deserta, e
quel che via meglio è degno di riflessione,
nelle vicinanze di Mogiasco dove si
sapeva essersi trincerato il nemico, pareano
mutar la conghiettura in certezza.

Dopo due giorni ch'eravamo a Voremievo ne uscimmo (4 Settembre), e
per un bosco giungemmo a una pianura, dove riunitosi tutto il corpo il viceré
ne fece fermare; conciossiachè si diceva
che i Cosacchi erano stati quivi incontrati di che ne assicuravano anche le
relazioni della vanguardia. Il principe
alla testa della cavalleria si fece seguire
dall'infanteria e dietro ad essa dalla guardia per riserva, e così portossi ad affron-
tare il nemico. A Luzo picciolo villaggio ci trattenne un ruscelletto del quale
i Cosacchi dall'altra riva messi in ordinanza mostravano di volerci contendere
il passaggio, ma il viceré fatta salir su'
burroni la cavalleria li minacciò di co-
glierli alle spalle, e fuggirono precipitosamente. Giunti sopra un monticello vedemmo ad ardere parecchi villaggi, e
un cannonare si udì, il quale ne pareva avvertire che poco eravamo distanti
dalla strada per cui passava Napoleone.
Nè andammo errati, chè presso a una casa di posta chiamata Grinneva vi aveva
un immenso burrato il quale occupava
la strada maggiore, e dalla parte opposta alla nostra una larga collina, dove i

Russi aveano collocate le batterie dopo una pugna sanguinosa accaduta in quel giorno. Accortosi l'inimico che 'l 4.to corpo sboccava verso la sua destra, ne pose di fronte una numerosa cavalleria, che però si ritirava di mano in mano che il cannone la inseguiva. Parve però che volesse un tratto fermarsi sulla punta d'un bosco, onde il vicerè le spedì subito il colonn. Rambourg del 3.^{zo} de' cacciatori italiani con ordine d'investirla. I Cosacchi aspettarono in fila senza fiato spaventarsi l'incontro, ma quando gli videro già già per assalirli uscirono del bosco gridando; *urra! urra!* grido divenuto famoso perchè se ne valgono ogni volta che corrono addosso al ne-mico. I cacciatori italiani sostennero l'urto senza scuotersi, e qui una mischia vivissima la quale per altro durò poco a cagione della sopravvenuta de' cavalleggeri bavaresi, per cui posti in ri-guardo i Cosacchi abbandonarono il campo e ci lasciarono alcuni prigionieri. I Russi intanto conservavano la lor posi-zione, e dall'alto della collina metteva-no l'artiglieria in gagliardissima azione sul nostro corpo che andava innanzi, e

molte palle caddero in mezzo alla truppa degli uffiziali che accompagnavano il
principe. Con tutto ciò giunse al gran
burrato ed ivi si unì alla vanguardia
della grand' armata sotto gli ordini del
re di Napoli, riconosciuto dalla lunge
al bianco pennoncello, e perchè alla testa de' suoi si faceva mirare per lo più
intrepido soldato. Come il vicerè rimase certo che quegli era il re di Napoli
corse da lui per accordare le proprie
con le colui operazioni, e fu sorprendente il vedere che non cangiaron di sito
per li loro abboccamenti; ma tutti e
due a sangue freddo vedevano cadere
sotto i colpi del nemico molti di quelli
che li circondavano. Sul far della notte
si tornò a Luzo; dove de' meschini tugurj coperti di paglia ne diedero ricovero, ma la fame che accresceva la stanchezza non trovò di che soddisfarsi. Intanto si giunse al campo trincerato di
Mogiasco nel quale il principe Cutusof
sperava di vincerne, e di fatti ci sarebbe riuscito se avesse potuto senza dar
battaglia fermarsi solo alcuni giorni innanzi a questo sito formidabile.

I Russi pertanto aveano la notte

sgombrato il posto di Grinneva che il
giorno era stato difeso. Il re di Napoli
ardendo d'inseguirli (5 Settembre) diessi a rapida marcia, e 'l quarto corpo il
quale continuava a fiancheggiare la sinistra dell'esercito andò per la strada
maggiore sempre distante da lui una
lega all'incirca. Nell'uscire d'un bosco
infestato da' Cosacchi passò per parecchie ville da questi Tartari distrutte, ma
il loro guasto medesimo ne indicava di
leggeri la via ch'essi prendevano. Dalle
falde d'un colle si scorsero alcuni de'
loro squadroni; che sopra un'eminenza
erano sfilati in battaglia intorno a un
bellissimo castello che dominava le vicinanze. Subito adunque mandò il vicerè
de' Bavaresi che malgrado l'asprezza del
suolo giunsero in bell'ordine su quell'
altura. Seguirono i Cosacchi il vecchio
stile di ritirarsi, ma nel discendere dall'
altra parte del colle la nostra artiglieria che ci fu dato di collocare sul ter-
razzo del castello scagliò loro molti colpi di cannone. Noi sempre dietro per
mezzo i boschi, sì ci trovammo in
un luogo aperto, dal quale distintamente si vedeano schierate le lunghe colon-

ne de' Russi che incalzate dalle nostre si collocarono sopra un immenso cavaliere mezza lega distante, con animo secondo quello che si diceva di venire a una battaglia che decidesse della sorte comune. Alla destra ma più in sotto vedevasi l'abbazia di Colosco le cui grosse torri le davano faccia di città, e i tegoli colorati ond'era coperta ripercossi da' raggi solari risplendeano per mezzo la densa polve suscitata dalla nostra cavalleria, e risaltare facevano la tinta fosca e selvaggia sparsa per tutte le vicine campagne; perchè i Russi propostisi di arrestarci in quel sito aveano orribilmente tutta la pianura guastato, dove per noi si doveva accampare. Le biade ancora acerbe erano state recise le foreste abbattute arsi i villaggi, niente eravi finalmente da mangiare niente di che nutrire i cavalli niente da ricoverarci. Noi fermammo il piede sopra una collina, finchè il centro dell'esercito incalzava di tutto potere il nemico e l'obbligava a ritirarsi sopra un monticello dov'erasi trincerato, ed ivi restammo inoperosi fino alle due del mezzogiorno, nel qual tempo il viceré con solamente lo stato maggiore si portò ad esaminare le vicinanze della posizione de' Russi. Appena posti in cammino i dragoni ch' erano andati errando ci annunziarono l'arrivo di Napoleone. Questo nome girò subito di bocca in bocca e indusse tutti a fermarsi per attenderlo, nè tardò guari a comparire seguito da' primarj suoi uffiziali. Issofatto egli corse sopra un'altura da cui leggermente si poteva scoprire il campo nemico, ma siccome quegli che avea da gran tempo deliberato di darsi a questa posizione osservò con molta cura i luoghi circonvicini, e pronunziata qualche parola priva di senso trattennesi col viceré; poi salito a cavallo partì di galoppo e andò a stabilire le cose cogli altri capi de' corpi per dar mano all'attacco.

Il principe Eugenio frattanto diede ordine alle divisioni 13.ª e 14.ª di avanzare, e lasciò in dietro per riserva la guardia italiana. Appena le due divisioni giunsero sull'altura opposta a quella de' Russi, i cacciatori erranti della divisione Gerard (3.ª divisione 1.mo corpo) e quelli de' Russi si azzuffarono col fucile. Da principio i nostri si accostaro-

no assai al burrone che separava le due
armate, ma la moltitudine li costrinse
a ritirarsi. I Russi aveano sull' estremità della nostr'ala destra un fortino con
a' fianchi due boschi, da dove il fuoco
micidiale portava costernazione e disordine nelle nostre file. Lo avean essi piantato per corroborar la loro sinistra che
era il lato più debole delle trincere,
ma Napoleone che se n'avvide non pose più dubbio in mezzo che lo si dovesse prendere, e di questa impresa fu im-
partito l'onore a' soldati della divisione
Compans (4.ta divisione 1.me corpo), i
quali da valorosi marciarono con una
fermezza che ne diè certa la felice riuscita. In questo mezzo il principe Poniatoschi prese le mosse per la destra con
la cavalleria onde cogliere la posizione
alle spalle, e quando fu a conveniente
altezza la divisione Compans attaccò il
fortino e in un'ora di combattimento se
ne rese padrone; così 'l nemico com-
piutamente sconfitto abbandonò i vicini
boschi, e corse in disordine verso il gran
cavaliere ad aggiungere il centro dell'
esercito. La divisione Compans si rese
degna come si è veduto dell'offertole

onore, ma 'l comperò a prezzo della vita di 1000 e più de' suoi che la maggior parte spirarono nelle trincere da loro gloriosamente strappate al nemico. Ch'anzi il dì vegnente portossi Napoleone a rivedere il 61.mo reggimento che più degli altri era malconcio, e richiese al colonnello ciò che avesse fatto d'un de' suoi battaglioni? *Sire* ei soggiunse *gli è nel fortino*. Questa posizione non valea nulla per l'esito della battaglia, poichè prima d'intraprenderla Napoleone volea coglier di dietro l'ala sinistra de' Russi, ma questi per prevenire l'attacco aveano posto il corpo tutto di Tuscof (terzo) e la soldatesca di Mosca in guato dietro a folte macchie che coprivano l'estremità della loro sinistra, finchè 'l 2.do 4.to e 6.to corpo nemico stavano addietro a comporre due linee d'infanteria protette dalle fortificazioni che scambievolmente guardandosi univano il bosco al fortino maggiore. Malgrado a tanti ostacoli i nostri volteggiatori con nuovo accanimento ricominciarono la pugna, nè per cadere del sole si ristò dall'una parte e dall'altra di combattere con egual furore. In quello stante molti villaggi incendiati spargevano di lontano dalla destra uno spaventevol chiarore, le grida de' combattenti il ferro e 'l fuoco che vomitavano cento bocche di bronzo portavano lo sterminio e la morte. I soldati del nostro corpo tutti schierati in battaglia riceveano con l'arme in mano de' colpi mortali, e tutti senza mai confondersi chiudevan le file, appena una palla di cannone alcuno stendeva de' suoi compagni. La notte intanto divenendo più buia rallentò il conflitto, non rallentò peraltro il nostro ardore, ma ciascheduno incerto delle ricevute ferite volle più presto riservar le sue forze e le munizioni per la giornata ventura. Appena i nostri cessarono dal tirare, i Russi accampati quasi in un anfiteatro accesero in non so qual simetria moltissimi fuochi per lo cui splendore quella collina era un incantesimo, ed era spettacoloso il vedere la disposizione delle sentinelle, fra le quali i soldati privi d'un tetto riposavano in mezzo alle tenebre, ma non si udiva d'ogni parte che dolorosi gemiti degl'infelici feriti. Il viceré piantò la sua tenda là dove era in riserva la guardia ita-

hana, e ciascuno coricato tra folte macchie riposando dalle fatiche del giorno
profondamente dormivasi, quantunque
impetuoso soffiasse il vento e molto fred-
dissima scrosciasse la pioggia.

Sulla mezza notte venni svegliato
dal capo dello stato maggiore del nostro corpo, perchè l'imperatore voleva
il piano del terreno nel quale eravamo
stati quel giorno, ed io l'ò rimesso al
vicerè il quale issofatto lo spedì a Napoleone. All'aurora del giorno appresso
(6 settembre) il principe mi ordinò di
perfezionarlo scorrendo tutta la linea e
procurando di avvicinarmi al nemico per
quanto era possibile, onde scoprire la
qualità del luogo dov'era accampato e
particolarmente per osservare s'egli avesse delle batterie occulte o de' burroni
che a noi fossero inconosciuti. Io mi vi
recai dunque e conobbi che 'l campo de'
Russi era dietro il fiume di Cologa sur
un' eminenza assai rinserrata, e che la
sua sinistra era molto debole a cagione
del fortino che il giorno innanzi eragli
stato tolto di mano. Più avanti e dirimpetto a noi la villa vi avea di Borodino,
fortissima posizione (2) situata dove un

ruscelletto si scarica nel Cologa, e due
fortini considerevoli sul cavaliere 200
tese lontani l'uno dall'altro. Quello di
mezzo aveva il giorno prima fulminato
contro di noi, quello a sinistra compren-
deva le ruine d'un villaggio per collo-
carvi l'artiglieria distrutta, e univasi a
Borodino per tre parti sul Cologa; per
tal modo il ruscello ch'era avanti e 'l
villaggio servivano al nimico per prima
linea. Sulla fine del nostro corno sini-
stro la cavalleria italiana avea trapassato
il ruscello di Borodino, ma questa villa
collocata sopra un'eminenza veniva difesa da moltitudine di truppe russe, terreno tutto sottoposto al fuoco de' fortini
e di altre minori batterie coperte lungo
le rive del fiume. Se parliam della destra ben si sa che il fatto del giorno antecedente ci aveva dato agio d'avvicinarsi alla sinistra del nemico e di sospin-
gere le più delle nostre truppe sopra la
sommità del cavaliere dov'era il fortino
maggiore. Il resto della giornata fu consumato nel riconoscere con precisione la
posizion de' Russi, e nel rinnovare la
fortificazione sotto la cura del gen. Dantouard, perciocchè da prima erano trop-

po indietro; si costruirono pure delle gabbionate alla sinistra per disporre in fila i cannoni. Tutto era già in pronto per mettersi a un fatto solenne, quando sulla sera l'imperatore mandò a' capi de' corpi un proclama con ordine di non lo leggere se non il dì seguente supponendo di venir alle prese; imperciocchè quantunque bella e forte la posizione si fosse, pure il nimico tante fiate avea scansato la battaglia che si dovea temere non ei facesse come a Vitesco e Valontina, ma la continuazion delle marce e le distanze in che avevamo le nostre riserve eguagliavano le forze di tramendune le parti (forse di 120. o 130m. uomini), e dall'altro canto estrema necessità obbligava i Moscoviti a combattere, poichè si trattava di salvare la capitale da cui eravamo tre giornate vicini.

Pareva che la stanchezza de' nostri soldati e lo spossamento de' cavalli promettessero a' Russi agevol vittoria, contuttociò noi pure ce la credevamo in pugno, essendo noi a tale che ci abbisognava o vincere o perire; il qual pensiero di cui ciascheduno era persuaso, tal coraggio a tutti somministrava che malgrado la forza de' Russi malgrado gl' inespugnabili loro trinceramenti, ognun teneva la nostra entrata in Mosca per indubitabile e vicina. Quantunque le nostre fatiche opprimendoci sotto il lor peso ne rendessero bisognosi di sonno, v' avean di coloro tra noi che avidi di gloria non potevano chiuder gli occhi, se 'l loro esaltamento non li rendeva tranquilli. Costoro vegliavano, e fra le tenebre di una folta notte, quasi estinto il fuoco degli addormentati guerrieri che ancor facea lucicare le loro arme incrocicchiate in fascj, costoro dico avvezzi a meditare, rivolgevano il pensiero sul maraviglioso della nostra spedizione sull' esito d' una battaglia che decider poteva della sorte di due potentissimi imperj, e andavano il silenzio della notte al tumulto paragonando del dì venturo, credendo sempre di vedere la morte infuriare su tanti sventurati; ma densissimo buio loro impediva di discerner quali sarebbon le vittime. Questi medesimi pensavano poco dopo ai genitori alla patria, e 'l dubbio di più vederli gl' immergeva in una profonda tristezza. Tutto a un tratto prima del giorno s'intese il rumor del tamburo, gli uffiziali gridano all'armi, i soldati le pigliano, eccoli schierati in atto di battaglia intenti al segno del combattimento. I colonnelli allora ponendosi in mezzo a' loro reggimenti fecero sonare a raccolta, e ciascun capitano con intorno la sua compagnia lesse ad alta voce il seguente proclama. * Eccovi o soldati la battaglia da voi tanto bramata; la vittoria dipende da voi ed è necessaria. Essa ci condurrà fra l'abbondanza e ne darà ricovero da svernare e pronto ritorno alla patria. Diportatevi come ad Austerlizza a Frielland a Vitesco e Smolenco, e la più remota posterità ricordi con orgoglio questa giornata e si dica di voi: questi si trovava a quella famosa battaglia sotto le mura di Mosca. *

Tutti rimasero penetrati dalle verità comprese in quest' energiche parole, e ne diedero indizio con reiterate acclamazioni. Gli uni eccitati erano dal desiderio della gloria, dalla speranza di ricompense erano lusingati gli altri, e tutti eran persuasi che l'imperiosa necessità imponeva la legge di vincere o di morire. Al sentimento della propria conservazione tutti aggiungevano quello del dovere e del valore, e a questa sola rimembranza ogni anima si ravviva e sublima, e dassi a sperare che quel giorno memorabile potrà metterlo fra que' privilegiati, venuti alla luce per eccitar l'invidia de' loro contemporanei e l'ammirazione de' posteri. Tal era lo spirito dell'armata, quando per mezzo a una folta nebbia vedemmo spuntare un sole raggiante, che per l'ultima volta doveva illuminare tanto numero di gente. Si dice che al vederlo Napoleone abbia gridato verso i circostanti: *Ecco il sole d'Austerlizza!* Questo lieto presagio fu molto accetto all'esercito, e si sentì commosso a quella gloriosa rimembranza.

Le grandi operazioni che sull'estremità della destra facevano il 1.mo e 5to corpo sotto il principe d'Emmil ne davano chiaro a conoscere esser prossimo il combattimento; le armate eran di fronte, i cannonieri dinanzi a' loro strumenti, tutti stavano attendendo il segnale. Alle 6 finalmente del 7 settembre un colpo di cannone tirato dal nostro forti-

no maggiore annunziò che erasi incominciato, e a questo segno risposero
ben 120 pezzi di cannoni disposti sulla
estremità del destro corno. Il gen. Per-
netti con una batteria di 30 pezzi si po-
ne alla testa della divisione Compans e
lungo il bosco prende in ischiena le
trincere del nemico. Alle sei e mezzo
il gen. Compans rimane ferito, ed alle
sette il cavallo del principe d'Emmil gli
cade ucciso; il duca d'Elchinghe subito
si mette ad attaccar il centro de' Russi
sotto la difesa di 60 cannoni disposti il
dì precedente dal gen. Fouchè; la 13.ᵃ
divisione (4.ᵗᵒ corpo) si dirige per la villa di Borodino che ardeva per mano
dell'inimico; i nostri varcano tosto il
ruscello e giungono a questo villaggio.
Le truppe avean ordine di contentarsi
d'occupare questo posto, ma quell'ardore che tanto è connaturale a' Franzesi gli
spinse al di là del fiume Cologa a impadronirsi d'un di que' ponti che univano il villaggio al cavaliere. Il gen.
Plausaune volendo moderare il coraggio
de' soldati del 106.ᵗᵒ reggimento corse
al ponte per richiamarli, ma una palla
lo stramazzò in mezzo al suo corpo;

generale amato in vita fu cordialmente
compianto dopo la morte. E qui non
potrei a bastanza celebrare la magnanimità dimostrata in questa occasione dal
92.do reggimento, il quale vedendo che
'l 106.to era in pericolo passò il ponte
di Borodino e riuscì a trarre questo reggimento che stava già per cadere in poter del nemico. Finchè la 13.^{za} divisione s'insignoriva di questo luogo, la 14.ta
passando il Cologà di qua del cavaliere
giunse a collocarsi in un vicino burrone presso il fortino maggiore, dal quale
il nemico faceva un vivissimo fuoco.
In quel giorno il viceré oltre il comando del suo corpo avea per soprassello
le divisioni Morand e Gerard (1.ma e
3.^{za} del 1.mo corpo e la cavalleria non
meno del gen. Grouchi. Sulle 8 fu con
molto calore attaccata la divisione Morand ch'era in azione e formava la
estremità dell'ala destra del 4.to corpo,
in quel momento appunto che si dispo-
neva a scagliarsi sopra il fortino, seguita
ta e sostenuta dalla divisione Gerard.
Finattanto che il gen. Morand resisteva
all'urto delle schiere nemiche distaccò
dalla sinistra il 30.mo reggimento per

impossessarsi del fortino, nel che riuscito, l'artiglieria coronò le alture e si mise in quel vantaggio ch'era stato dalla parte de' Russi per due ore e più. I parapetti che durante l'attacco ci erano rivolti contro, ne divennero favorevoli, e la battaglia era già perduta per lo nemico che la credeva non ancor cominciata. Parte di sua artiglieria è presa, parte è abbandonata. In questi estremi il principe Cutusof vede che per la Russia tutto è perduto: ardendo di salvarla e di sostenere una riputazione acquistata col servigio di cinquant'anni aringa a' generali avviva i soldati e rinnuova la pugna, attaccando con tutto il suo nerbo quelle forti posizioni che aveva perdute. Dall'altra parte 300 pezzi di cannoni franzesi disposti su quelle alture fulminano le schiere nimiche, i cui soldati già vinti corrono a morire a piè di que' bastioni che avevano già ritolti, e che riguardavano come il baluardo di Mosca città sacrosanta. Ma 'l 3o.mo reggimento attaccato da ogni canto non potè mantenersi nel fortino tolto a' nemici, e non soccorso a tempo dalla 3.ª divisione che appena s'era posta in bat-

taglia fu costretto di cedere alla mag-
giorità delle forze che l'opprimevano
e ritornare senza il suo capo (il gen.
Bonnami) a raggiungere la sua divisione che imperterrita sopra il cavaliere so-
steneva con quella del gen. Gerard tutti gli sforzi de' Russi. Incoraggiato il
nemico dal buon evento conduce innanzi la riserva, parte della quale era la
guardia imperiale, per tentar un ultimo tratto della fortuna. Con tutte sue
forze attacca il nostro centro corrobora-
to dall'ala destra, e già tememmo che
venisse rotto e di perdere il fortino a-
cquistato il giorno prima, quando il gen.
Friand accorso con 80 pezzi di cannone
trattenne e sbaragliò le colonne nemiche, le quali per due ore si sostennero
colla mitraglia. Non osando però di
avanzare ma nè volendo pure ritirarsi,
stavano in tale incertezza, di cui furono i nostri ben pronti a trarre profitto
per istrappar la vittoria, che quelli stimavano di avere già in pugno. Il vicerè coglie questo momento decisivo, vola alla destra per ordinar l'attacco di
concerto col fortino maggiore, mediante
le divisioni 1.ᵃ 3.ᵃ e 14.ᵃ, e come l'ob-

be tutte e tre sfilate in ordine di battaglia le fece avanzare a lento passo e avvicinare a' trinceramenti nemici, ma questi colla mitraglia portarono nelle nostre file il guasto e lo scompiglio. I nostri soldati furono sulle prime commossi a sì funesta opposizione, pur seppe il principe riaccendere il loro coraggio, ricordando a ciaschedun reggimento la gloria onde furon ricolmi nelle varie circostanze, dicendo agli uni: *conservate quel valore che vi à procacciato il nome d'invincibile;* agli altri: *ricordatevi che da questa giornata dipende la vostra riputazione;* poi rivolgendosi al 9.° di linea disse: *risovvenetevi o valorosi soldati che a Vagram eravate con me quando sbaragliaste il centro del nemico.* Con tali parole ma più col suo esempio infiammò a tal segno il loro valore, che tutti mandando della grida di gioja tornaron di nuovo contro al fortino, ed egli scorrendo per le file ordinava con intrepido cuore l'attacco, e 'l dirigeva egli stesso eccitando la divisione Broussier, fin a tanto che 'l gen. Nansouti alla testa della prima divisione della cavalleria greve del gen. Saint

Germain investiva di tutto vigore la destra del fortino e devastava la pianura sino a un villaggio bruciato. La brigata de' carabinieri sotto i generali Paultre e Chouard marciava del paro atterrando quanto le si opponeva, e si ricolmò di gloria non meno che i cacciatori del gen. Pajol. In questo medesimo istante una brigata di corazzieri (dov'era il 5.⁰ reggimento che facea parte della divisione Vattier) appartenente al corpo del gen. Montbrun si slanciò contro allo stesso fortino, e presentò a' nostri attoniti sguardi un sorprendente spettacolo. Tutta quest'altura che ci dominava pareva una montagna di ferro che si movesse, lo splendore dell'armi degli elmi e delle corazze percosse da' raggi del sole si mischiava alle fiamme de' cannoni che d'ogni parte vomitavan la morte, e davano al fortino l'aspetto di un vulcano in mezzo a un esercito. Ma l'infanteria nemica collocata da presso dietro a un burrone fulminò con tanto impeto contro i nostri corazzieri che li costrinse a ritirarsi incontanente, e i nostri fanti occuparono il lor posto sostenuti dal gen. Grouchi,

10*

trapassarono le trincere e diedero principio a sì accanita tenzone contro a' Russi, che andavano a gara gli uni cogli altri per impedire al nemico di riprenderle. Il vicerè e lo suo stato maggiore ad onta dello spaventevole fuoco del nimico restarono alla testa della divisione Broussier seguita da' reggimenti 13.^{zo} e 3o.^{mo}, i quali poi corréndo verso il fortino vi penetrarono, e massacrarono i cannonieri sotto i lor cannoni medesimi.

I Russi intanto testimonj di questo assalto fecero avanzare i corazzieri della guardia per ricuperare la posizione, e questo era il fiore di tutta la loro cavalleria. Lo scontro fra questi corazzieri ed i nostri fu terribile, e l'accanimento scambievole apparve maggiormente, quando il nemico nell'abbandonare il campo della battaglia lo lasciò coperto di morti che appartenevano ad ambo le parti. In questa spaventevole mischia, gloriosa mai sempre allo stato maggiore del 4.to corpo, rimase ferito il giovine Saint Marcelin de Fontanes. Fu questi tra' primi ad entrar nel fortino, ed ebbevi sotto la nuca un gran colpo di sciabla, che gli procacciò un titolo d'onore

Impartitogli sul campo di battaglia; rimunerazione maggiormente lusinghiera, perchè avea saputo ottenerla in una età nella quale non si suole che traveder la speranza di meritarla un giorno. L'interno del fortino era uno spaventevole quadro; i cadaveri erano ammassati gli uni sugli altri e fra loro alcuni feriti le cui strida appena venivano intese, armi d'ogni maniera erano sparse pel suolo, i parapetti quasi distrutti aveano tutti i merli rasi, nè più le cannoniere se non per cagion de' cannoni si distinguevano; la maggior parte di questi però erano rovesciati e divisi dagl'infranti lor carri. In sì stremo disordine scopersi il carcame d'un cannoniere nemico il quale avea negli occhielli tre diverse insegne di onore. Quel valoroso pareva tuttavia respirare, d'una mano brandiva una spada spezzata e coll'altra si tenea stretto a un pezzo di cannone che tanto bene avea adoperato. Tutti i soldati russi ch'erano nel fortino amarono meglio morire che arrendersi, e questa sorte medesima avrebbe corso anche il comandante, se 'l suo valore non gli avesse salvato la vita. Questo ragguardevole guer-

riero avea giurato di voler morire nel
suo posto e mantenea la parola, ma rimaso solo de' suoi ci si precipitò addosso per incontrare la morte, e l'avrebbe
anche ricevuta, se l'onore di fare un tal
prigioniero non avesse ammansato la
ferocia de' nostri soldati. Condotto innanzi al vicerè vi fu accolto benigna-
mente, e volendo questo principe ono-
rar la virtù sfortunata lo consegnò al
colonn. Asselin perchè lo rimettesse all'
imperatore. L'attenzione del vicerè era
tutta rivolta al centro, quando un'irruzione della cavalleria del nemico lo richiamò alla sinistra. Il gen. Delzons che
fin dalla mattina era stato minacciato
da questa cavalleria formò la sua prima
brigata in quadro verso la sinistra di Borodino, più volte fu per essere assalito
ma vedendo il nimico di non poterlo
sbaragliare si diresse sull'estremità della nostra sinistra, e investì con grand'
impeto la cavalleria leggera del conte
Ornano che per un tratto mise in iscom-
piglio. Il principe che allora si trovava
in quel punto si cacciò in mezzo a un
quadrato composto dall'84.to reggimento, e si apparecchiava a farlo avanzare,

quando i Cosacchi essi pure malconci datisi alla fuga liberarono la nostra sinistra, il perchè ogni cosa ritornò nel suo perfetto ordine. Egli 'ntanto scorreva per tutte le file, i generali e colonnelli esortando al loro dovere e rimembrando che da quella giornata la gloria dipendeva del nome franzese, poi si avvicinava alle batterie le faceva avanzare secondo che vedeva retrocedere i Russi, e sprezzando ogni pericolo egli stesso additava a' cannonieri per dove diriger dovessero i colpi. Scorrendo così per tutti i posti dove il rischio era maggiore sin da quando incominciò la battaglia, vide il suo ajutante di campo Maurizio Mejan rimanerne ferito in una coscia; e cadere ucciso il cavallo sotto lo scudiere Bellisone. S'era intanto collocato esso principe sotto il parapetto del maggior fortino co' suoi uffiziali, e andava dalle cannoniere notando tutte le direzioni del nemico, niente calendogli delle palle che d'ogni parte gli passavan vicine. Tra i suoi seguaci trovavasi il colon. di Bourmont, il cui merito sovrano può solo eguagliare la sua rara modestia; ora essendo questi bal-

sato a terra e appoggiato al suo cavallo, avvenne che il gen. Guilleminot si
lasciò cadere una carta, ed egli pronto
si abbassa a raccoglierla: questo moto
gli salvò la vita chè in quel medesimo
attimo una palla di cannone trapassò il
petto al cavallo. In questa memorabile
giornata l'imperatore erasi fermato sempre dietro del centro, avea fatto fare
alla sua destra delle grandi operazioni
al primo corpo ed ai Polacchi, i quali
cogliendo i Russi in quel punto agevolarono al duca d'Elchinghe gli assalti
sanguinosi e replicati del 3.º corpo per
rompere il centro dell'inimico. Il principe Bagration sostenne alla sua sinistra
con molta fermezza il nostro impeto, e
rinforzato dalle divisioni de' granatieri
di Strogonof e di Voronsov maltrattò
da principio i Polacchi, ma il duca d'Elchinghe avendoli in appresso fortificati
co' Vesfalj, rese loro più facile il rimettersi nello stato di offesa che aveano per
un tratto perduta. Il maresciallo unendo la sua 10.ma divisione con quella dei
generali Morand e Gerard era in azione al tempo medesimo che 'l vicerè, e
giunse a penetrare addentro delle schie

re nemiche, facendosi marciare dinanzi
delle poderose batterie che portarono lo
spavento nelle squadre de' Russi; cotanto valore e intrepidezza ne procacciò finalmente la vittoria, e partorì al duca
d'Elchinghe un nome glorioso che lo
renderà immortale. Quantunque noi ci
fossimo impossessati di due fortini, un
altro tuttavia restava in mano al nemico, situato sopra un'altra eminenza divi-
sa da un burrone, e da di là appunto
le batterie scagliavano ferocemente su'
nostri reggimenti, alcuni de' quali erano su de' sentieri coperti ed altri dietro
il fortino. Per parecchie ore restarono
i nostri così scioperati, persuasi che Cutusof intimasse la ritirata; l'artiglieria
solamente vomitava sopra ogni parte e
fiamme e morte. In tale occasione pe-
rì d'un colpo di fucile il gen. Huard
comandante la seconda brigata della
13.ᵃ divisione, collega del gen. Plausaune che pure quel giorno era perito: per
sì fatto modo uniti in vita non vollero
separarsi nemmeno per morte, e furono seppelliti tuttadue nel campo di battaglia testimonio del loro valore.

Il 4.ᵗᵒ corpo che da dieci ore so-

stenea con fermezza gli assalti del mi-
mico non era il solo che avesse a lagnarsi di perdite, perciocchè sebben la
battaglia ancor finita non fosse, quasi
non vi avea corpo cui non toccasse do-
lersi della morte d'uno o più de' suoi
capi. Se tutti ad uno ad uno enumerar
volessi coloro che con la vita compera-
rono la vittoria di questa sanguinosa
giornata, mi dipartirei di troppo dal mio
proposito, ma parecchi ve n'erano che
a se di tutta l'armata rivolgon le cure
per la riputazion loro e per quell'interesse che ispirar sanno i valorosi; laonde se a tutti era cara la lor vita, sarà
caro non meno il ricordare con tenero
affetto le particolarità della loro morte.
Fra i quali per me si debbe far principale menzione del gen. Augusto Caulaincourt che rimase ucciso sull'entrar
nel fortino alla testa del 5.to de' corazzieri; mietuto sul fior dell'età era intervenuto a più battaglie che non avev'
anni. Al valor guerriero l'urbanità giungeva del cortegiano; colto civile nobile
spiritoso e magnanimo risplendeva di
tutte le doti e di tutte le virtù che a
franzese cavaliere convengonsi. Fra i ge-

nerali Plausanne e Huard di cui s'è fatto discorso, ne toccò piangere anche i generali di brigata Compere Marion Lanabere e il conte di Lepel non meno, che aiutante era di campo del re di Vesfalia. Ma non ci prenda dimenticanza di tributare in ispezieltà all'ombra dell'intrepido Montbrun un illustre encomio di che il suo valore meritevole il rese. L'audacia e la bravura di questo capitano già era gran tempo che temer ne facea non egli perir senza dubbio dovesse sul campo di battaglia; degno successore del gen. Lassal morì come lui e come lui fu il decoro della nostra cavalleria leggera. Il numero de' generali feriti montava a trenta tra' quali i capi di corpo Grouchi Nansouti Latour-Maubourg e' gen. di divisione Rapp Compans Morand Dessaix Laussaie ec. I Russi dal canto loro perdettero un quarantamille uomini all'incirea, ed ebbero cinquanta generali tra morti e feriti, fra' quali si contano per primarj il principe Bagration che spirò pochi giorni dopo e Carlo di Meclembourg e' gen. Tuscof (che comandava il 4.to corpo) Rajeschi Groscacof Canovirizin Cretof Voron-

sov, Crapovischi Bosemietief 1.mo e 2.do
La giornata era sul finire tuttavolta non
era per anco decisa di tanti malarrivati la sorte, chè il cannone seguiva di
tirare a furia e colpiva continuamente di nuove vittime. Il vicerè mai sempre infaticabile e de' pericoli sprezzatore scorreva il campo di battaglia per
mezzo a una pioggia di mitraglia e di
palle, che fiato non allentavano, ma
sulla sera venne anzi rinvigorito il combattimento così, che fu giuoco forza far
piegare le ginocchia alla legione della
Vistola comandata dal gen. Claparede
appostatasi dietro il fortino maggiore.
Per più d' un' ora fu questa la penosa
nostra positura, quando giunse il principe di Neussatel e si trattenne col vicerè
sino all' imbrunire del giorno, e di poi
il principe Eugenio inviò de' varii ordini alle divisioni e fe terminare la battaglia. Il nemico allora fu più tranquillo, solo tirò alcuni colpi di quando in
quando, e 'l silenzio del fortino che ancor gli restava, ne diede certezza che
andava ritirandosi alla volta di Mogiasco.
Tutto intanto l' esercito si dispose
in sentinella sul terreno che aveva a-

cquistato, e vi passò una notte crudelis-
sima, perciocchè dopo tanto di fatiche
e di stenti, non un pezzo di pane da
mangiare non un bosco da difenderci
dal rigore dell'aria notturna, la quale
sebbene il dì fosse stata serena e tem-
perata rincrudì fieramente la notte.
Dappoi che gli uomini e' cavalli rimasero in sì lacrimevole condizione, la mattina (8 settembre) si fece per tempis-
simo ritorno al campo di battaglia, dove si conobbe essere intervenuto ciò che
'l giorno innanzi si prevedea, che 'l nemico cioè vedendo i begli ardiri per cui
gli abbiamo strappato i fortini, disperò
di sua posizione e durante la notte
sgomberò anche quello che gli rimaneva. Scorrendo allor noi sopra il terreno
che campo di battaglia erane stato, conoscemmo quali e quanti sieno stati i
danni de' Russi, perciocchè nello spazio
di una lega quadrata non vi avea tratto
che di morti o feriti coperto non fosse,
e vedevasi pure dove le schegge di spezzati cannoni aveano atterrati uomini e
cavalli; i quali accidenti spesso replicati
fecero sì orribile guasto che a covoni
sorgevano cadaveri, e se qualche luogo

n'era sgombro era però coperto di pezzi d'arme di lance di elmi e di corazze e particolarmente di moschetti in tal quantità, qual si soglion vedere i grani della gragnuola dopo un violento uragano. Ma quello, che più metteva spavento ed orrore a vedersi era l'interno de' fortini; quasi tutti i feriti s'erano strascinati dove potevano sperare di sottrarsi a nuovi colpi, là quegl'infelici l'uno sur l'altro ammonticchiati, privi d'ogni soccorso notando nel proprio sangue, mandavano chi orribili strida e chi pietosi gemiti, tutti ad altissima voce invocando la morte e a noi medesimi fervidamente chiedendola, onde por fine al loro spietato supplizio. Gli spedalieri non eran bastanti, e tutto il nostro sovvenimento era una sterile pietà la quale deplorava de' mali, che mai scompagnati non vanno da una guerra sì atroce.

Fin a tanto che la cavalleria inseguiva il nemico comandò il viceré a' suoi ingegneri di smantellare il fortino. Il quarto corpo che sempre fermato si era sul campo di battaglia stimò dovervi passare anche la notte, tanto più che S. A. aveva ordinato alle sue guardie di stabilirsi nella chiesa di Borodino unico edifizio che sfuggito fosse alle fiamme, ma la era piena di feriti che i cerusici stavano intenti a curare. Per lo che andarono in vece ad abitare nel villaggio di Novoe presso la strada di Mogiasco sulle spiagge della Cologa, ed erano in procinto d'entrare nel castello, quando alcune compagnie di Cosacchi le obbligarono a ritirarsi precipitosamente. In questo mezzo avendo il viceré saputo che la 15.ª divisione venendo da Viteseo erasi unita al suo corpo, diede ordine di continuare il cammino, e ne fece passare per la villa al di là della quale era il fortino da' nemici abbandonato, lasciando a destra la via di Mogiasco adoperata da' corpi del centro, e lunghesso ne fece viaggiare della Cologa. E così camminando si conobbe che sarebbe stato impossibile l'aver voluto prendere da questa parte in ischiena la posizione de' Russi, perciocchè non solo vi aveva un campo di riserva ma parecchi eziandio de' fortini coperti lungo il fiume, e mezza lega di quà da Crasnoe quattro di grandi ancor ne trovammo, che in figura quadrata difendevan Mogiasco e 'l confine dell' ala destra del campo trincerato di Borodino. Nell'abbandonare il campo di battaglia si lasciò per guardia un distaccamento di tutti i soldati dispersi che ci fu dato raccogliere, e ne fu assegnato il comando al colonnello di Bourmont. Questa ingrata commessione fu perfettamente adempiuta dal detto uffiziale, che dopo aver distrutto le opere del nemico, menando la vita in mezzo a morti e moribondi e con l'obbligo di andar a procacciare de' viveri cinque leghe da lungi, venne fra pochi giorni a raggiungerci.

Il castello di Crasnoe e 'l villaggio di questo nome dove il nostro corpo si trattenne agli 8 settembre, sono situati presso della Moscua. Questo fiume fu per noi passato la dimane appresso, facendo le viste di voler assalire Mogiasco, ma il viceré e la sua scorta si approssimarono soltanto a' sobborghi, donde si vide questa città infelice (i cui abitanti già eran fuggiti) ardere a paro dell'altre, e ne' contorni solo trovaronsi alcuni prigionieri che da' nostri dragoni furono riposti in certe case di qua dal

fiume . Parecchie batterie stabilite sopra
una eminenza dietro Mogiasco ne diedero
indizio che noi n'eravamo i padroni, nè
mal ci apponemmo, chè Napoleone dopo un glorioso conflitto se n'era fatto
signore e 'l nemico l'aveva abbandonata dopo vigorosamente difesa, ma la
bruciò e le piazze lasciò e le strade
tutte di morti coperte e di feriti. Il nostro stato maggiore guardava i contorni
di Mogiasco, e 'l corpo dirigendosi a
manca andò per una strada tra foltissima selva, e nell'uscirne scoperse un
buon villaggio e più da lontano un altro pure e maggiore chiamato Vedesco,
soggiorno che era un incantesimo e dove un bel castello sorgeva, addobbato al
di dentro per sì fatto modo che alla
bellezza dell'esterno perfettamente accor-
davasi; ma in men ch'io nol dico fu
quasi del tutto manomesso, senza trar-
ne altro profitto che alcune migliaia di
fiaschi di vino, di cui s'insignorirono i
soldati. Continuando alla destra di questa villa si varcò un ruscello presso al
quale un altro villaggio trovavasi, poi
per cespugli si giunse a Vroncovo dove
si dicova che aveasi da fermare il quar-

tier generale; nell'entrarvi si scopersero dalla lunge sopra un'altura delle case leggiadre e quattro campanili in bell' armonia collocati. La nostra dimora fu nel primo dove pareva regnar l'abbondanza, ma ben presto si ricevette ordine di rivolgerci alla città di cui si vedevano i campanili e che appellavasi Rusa. Nell'uscir di Vroncovo ecco molti terrazzani in carrozze, cariche delle spoglie più preziose. Questo sì nuovo spettacolo ne fe stupire, ma essendomi informato dal colonnello Asselin del perchè così unita si ritrovava questa moltitudine, ecco ciò che mi rispose. « Di mano in mano che le nostre armate s'internavano nella Russia, l'imperatore Alessandro per seguire le intenzioni della nobiltà volle alla foggia delle Spagne mutar questa guerra in guerra di nazione, e giusto un tale sistema i nobili e sacerdoti de' villaggi impegnarono e con denaro e con parole i contadini che da lor dipendevano, a sollevarsi contro di noi. Di tutte le comuni che assentirono a questo disegno di difesa la più ardente di eseguirlo fu quella di Rusa, dove tutta intera la popolazione, animata dal lor signore che erasi dichiarato dell'insurrezion capo, secondo le leggi militari avea sfilato in ordinanza, e si disponeva ad unirsi con l'esercito russo, subito che ne avesse ricevuto il comandamento. Ma questa città trovandosi cinque o sei leghe lontana dalla strada maggiore si dava a sperare che starebbono lontane da essa le nostre truppe eziandio, e in sì dolce pensiero felice e tranquilla viveasi. Ora qual fu la sua sorpresa o per me' dire il suo terrore, quand'io mandato dal principe me le appresentai davanti con una dozzina di cacciatori bavaresi? Gli avresti tutti allora mirato aggiogar i loro cavalli alle stesse carrozze che qui vedi, e spronandoli e sferzandoli fuggirsi a precipizio e ruina. Coloro intanto che furono scelti alla sollevazione s'erano riuniti alla voce del loro padrone, e armati quali di piuoli quali di lancia ed altri d'una falce, si raccolsero in piazza e tosto ci vennero incontro, ma plebaglia e timida com'era non potè resistere a pochi soldati avvezzi alle battaglie e presero tutti la fuga. Solo il padrone mostrò maggiore intrepidezza, con fermo petto ci aspettò dov'era e armato d'un pugnale tutti minacciava coloro che gl'intimavan d'arrendersi. *Come potrei sopravviver io al disonore della mia patria?* andava gridando e sbuffando di rabbia; *noi non abbiamo più altari, e 'l nostro impero è abbattuto, toglietemi la vita che m'è in odio.* Si tentò di calmarlo e procurar di levargli 'l pugnale, ma divenuto vie più furibondo ferì alcuni de' nostri che non ascoltando se non la vendetta lo stramazzarono colle baionette. Appena finì questo fatto che la vanguardia del 4.to entrò 'n Rusa, e da me informata dell'accaduto diessi immantinente ad inseguire i popolani, che pieni di spavento uscirono di casa e cercarono altrove la loro salvezza in un con le loro sostanze e bestiami; pure non tardò gran fatto a raggiungerli, e quelli che qui tu vedi, una parte son de' fuggiaschi di Rusa. Ma è tempo che vi entri, e vedrai ogni cosa meglio ch'io non l'ò raccontata. *

Nell'avvicinarvisi s'incontravano delle picciole carrozze trascinate per alcuni cavalieri e piene di fanciulli e di vecchî cadenti; spettacolo in ver commovente e che il cuore opprimeva di profondissima tristezza, particolarmente se si considerava che queste carrozze e questi cavalli che formavano le intere fortune di quelle desolate famiglie sarebbono in breve partite tra' nostri soldati. Finalmente vi entrammo e si vedeano di continuo fino alla piazza una moltitudine di soldati che saccheggiavan le case senza voler ascoltare le grida di coloro a cui appartenevano, nè badando alle lagrime d'una tenera madre che per ammollire il cuor de' vincitori mostrava i figliuoli in ginocchio, i quali colle mani giunte col pianto sul viso, innocenti creature che sono, dimandano solamente per grazia la vita. Questo furor di saccheggiare era lecito e onesto ad alcuni che morti di fame non cercavano che alimenti, ma molti altri sotto questo colore depredavano ogni cosa fino alle pellicce di cui si coprivano le donne e i fanciulli.

Il vicerè giuntovi alcune ore dopo col solo stato maggiore avea lasciato tra la città e Vronoovo le divisioni d'infanteria e la guardia reale, che in quel giorno ci era accampata alle spalle. Clascheduno, maravigliando di ritrovarsi in una città così dilettevole com'era quella, davasi al sicuro vivere o piuttosto al disordine, che dopo avere patito di ogni cosa difetto suol l'abbondanza partorire, ma tutto a un tratto ecco alcuni caval-leggeri bavaresi mandati ad esplorare venir a briglia sciolta con la notizia, che i Cosacchi s'avánzavano in buon nume-ro verso la città. Pensi chi legge quale scompiglio quest'annunzio produsse, la tranquillità che si godeva opposta all'im-minenza del pericolo fu per noi un im-provviso passaggio dalla gioia alla più smaniosa inquietudine. *I Cosacchi son qui* diceva uno ; *eccoli che giungono* nar-rava un altro tutto compreso di spaven-to. *Che abbiam noi da poter resistere ?* si parlavano questi a quelli. *Niente se non forse alcuni vili soldati, qui sol ve-nuti per saccheggiare i cittadini.* Pure in questi soli il nostro appoggio si po-teva fondare, e tosto gli si raccolse sul-la piazza, ma non apparvero che forse in sessanta e metà senz'armi. Istrutto il viceré del motivo di questa confusione sale a cavallo, e comanda agli uffiziali che 'l seguano, per la qual cosa tutti

con esso lui fuora corriamo della città
sulla pianura; ma nuova maraviglia ci
si parò davanti, che dove si credevan trovare parecchi squadroni, solo si scorse
una dozzina di cavalieri e sì lontani, che
l'occhio a mala pena gli poteva discernere. Alcuni cacciatori bavaresi che avevamo con noi andarono per chiarirsi del
vero, e ne riferirono che in fatto eran
Cosacchi, ma che dalla loro scarsezza
e dal loro cammino timido e circospet-
to, era facil cosa il conoscere che niente voleano intraprendere ch'esser potea
sè pericoloso. Siccome però questi Cosacchi erano probabilmente una porzio-
ne distaccata da un corpo considerevole,
il principe stimò necessario di confer-
mar l'ordine già dato di spedire innanzi le truppe, pure il temperò e rimase
pago di due battaglioni in luogo di tutta la 13.ª divisione che avea da principio richiesta. I quali essendosi accampati dinanzi di Rusa chetarono i nostri
timori, per cui ciascuno si ritirò tranquillo in sua casa, dove poste le tavole
tra saporite vivande e squisitissimi vini
si pose in dimenticanza lo sbigottimento
di che l'improvvisa notizia era stata ca-

gione. Qui ci vide anche il dì seguente, nel quale il vicerè fece descrivere dal suo capo dello stato maggiore una relazione assai particolarizzata e circostanziata della celebre giornata 7 settembre, nella quale il 4.to corpo s'era particolarmente segnalato.

Finchè le divisioni 13.ª e 14.ª andavano dispiegando all'imperatore le ragioni per cui avean diritto di pretendere la sua benevolenza, la 15.^a non meno esperimentata dell'altre, ma rimasa priva dell'onor di combattere alla battaglia della Moscua poteva ella pure alcune ricompense richiedere, la mercè d'innumerabili patimenti che nella spedizione contra Vitesco aveva sofferto. Questa valorosa divisione continuamente in cammino per praterie fangose per villaggi deserti o saccheggiati era sempre impiegata nelle scolte e senza viveri, e faceva penose scorrerie pur per arrivare il nemico il quale sempre le fuggiva a vederla. Per quasi venti giorni altro non fece che scorrer le campagne per noi devastate, e finalmente oppressa dall'inedia dagli stenti e dalle malattie, questa infelice divisione degna

come pure il suo capo di miglior sorte
non potè giugnere verso Borodino che
il dì appresso alla battaglia, ma essendo in tate stato e particolarmente sentendosi risentita per gravi perdite, risol-
se il vicerè di lasciarla in riserva; contrassegno di stimazione di cui non poteva il principe darle il maggiore, ag-
guagliandola in cotal modo ai valorosi
della guardia reale, la maggior parte
de' quali partivano da questa divisione.

Nell'uscire di Rusa venne deciso
che si difenderebbe questa posizione di
gran momento, tanto più che ancora vi
aveano in abbondanza viveri e che una
spezie di castello collocato sopra una
vetta circondato di larghi fossati, potea
servir di rifugio alla guarnigione e met-
terla in sicuro d'un soprammano; e del
comando ne fu onorato il capitano Maisonneuve il quale da valoroso e accorto
così si diportò tutto il tempo ch'ebbe a
durare la ricevuta commessione, che
negli uni rassicurò la confidanza in esso riposta, e all'esercito riuscì di somma utilità per l'acutezza nel prevedere
e sagacità nel risolvere (2).

LIBRO QUINTO

MOSCA.

Dopo la battaglia della Moscua il nostro esercito trionfante incamminavasi in tre colonne diviso verso l'antica capital dell'impero delle Russie, e impaziente Napoleone di giungervi inseguiva il nemico per la strada maggiore di Smolenco, mentre il principe Poniatoschi alla testa del quinto corpo prendeva alla destra la via di Caluga, e 'l vicerè col solo quarto corse la sinistra per la via di Svenigoro; tutti per recarsi a Mosca dove riunirsi doveva l'esercito intero. Che grande in sì fatto momento fosse la costernazione di quella capitale, lo die' chiaro a conoscere il terrore di che per nostra cagione eran compresi i contadini che abitavano sulla strada di Mosca; i quali come seppero il nostro arrivo a Rusa (9 Settembre) e la spietata maniera con cui avevamo i suoi abitatori trattato, si diedero tutti alla fuga e abbandonarono le loro case. La desolazione si spandea da per tutto e molti

di que' che fuggivano tratti dalla disperazione abbruciavano le loro capanne i
loro castelli le biade e' foraggi a pena
raccolti, ognuno poi di quest infelici spaventati dall'inutile e funesta resistenza
degli abitanti di Rusa gettavano a terra
le lance ond'erano armati, per correr
più ratti a nascondersi colle mogli e' figliuoli tra folte foreste dal nostro cammino lontane. Pur si sperava nell'avvicinarsi a Mosca che la civilizzazione la
quale snerva lo spirito, e spezialmente
l'amor della proprietà così naturale agli
abitanti delle città grandi, avrebbono
indotto i bifolchi a non abbandonare le
loro dimore; chiariti dall'esperienza che
'l saccheggio de' nostri soldati era pro-
vocato dalla solitudine in cui trovavan
le ville. Ma le terre vicine alla città non
aspettando a' privati suoi cittadini bensì
a' magnati che ci eran capitali nemici,
e' loro paesani così essendo sommessi e
così schiavi come quelli del Nieper e
del Volga, avvenne che questi obbediro-
no a' comandamenti de' loro padroni, i
quali sotto pena di morte avean dato ordine di fuggire dalla nostra presenza e
di celare ne' boschi tutto ciò che ne po-

teva riescir di vantaggio. Che' tale fosse
il loro divisamento, noi ci siamo ben avveduti nell' entrar della villa d'Apalchi-
-na, dove le case eran distrutte abbandonato il castello infrante le suppellettili mandate a male le provvisioni; spaventevole desolazione e devastamento,
pur tollerato meglio che il nostro abbominevole giogo.

Dopo Calinco ch'è una villa sulla
metà della strada di Svenigoro avemmo
notizia che i Cosacchi n'eran vicini, nè
falsamente, ma secondo il loro costume
anzi che venir di fronte alla nostra vanguardia si appagarono di spiare le nostre direzioni, scorrendoci alla sinistra
per un colle che lunghesso stendevasi
della strada maggiore. Dal cui ciglione
e per mezzo un folto boschetto di bé-
tulle sorgevano le mura di bigiccio colore e 'l campanile d'un'antica abazia,
alle falde poi la picciola città vi avea
di Svenigoro sulle spiagge edificata della Moscua. Quivi si unirono i Cosacchi
e in varj corpi divisi tirarono così alla
rinfusa su' nostri volteggiatori, ma a poco a poco uscir gli si fece dell'imbosca-
te che avevansi elette, e noi prendem-

mo posto ne' contorni di Svenigoro. La badia collocata al di sopra di questa picciola città mira passarsele davanti la Moscua, le sue mura merlate più che venti piedi alte e larghe cinque o sei, vengono corroborate ne' quattro angoli da grosse torri tutte fornite di cannoniere. Questo edifizio costrutto nel 13.zo o 14.to secolo richiama que' tempi in cui pieni i Moscoviti di venerazione pe' loro preti concedevano all'autorità sacerdotale una preminenza su' nobili, dal che avvenne che ne' dì solenni il Czar precedeva in processione il patriarca di Mosca tenendo per mano la briglia del suo destriero; ma questi monaci così potenti e autorevoli innanzi a Pietro I. furono rimessi allo stato di semplicità degli apostoli, allorchè questo glorioso monarca nel fondare il suo impero confiscò i lor beni e 'l numero ne sminuì. Per avere un'idea de' cangiamenti partoriti da questa riforma, bastava lo entrare nella badia di Svenigoro. Al vedere quelle alte torri e quelle larghe muraglie credemmo che dentro vi fossero degli edifizj leggiadri ed agiati, e che l'abbondanza ivi regnasse come in suo trono

in mezzo a questi religiosi, siccome è
l'uso di tutte le abazie di essere a dovizia d'ogni bene fornite; nella qual
credenza ci confermò maggiormente il
mirare una porta di ferro a sbarre ed
a spranghe d'ogni maniera fortificata.
In siffatta speranza, eravamo sul procinto di voler con la forza entrarvi, quando un vecchio con una lunga barba
bianca a paro delle sue vestimenta ci
venne ad aprire; ad esso chiedemmo ci
conducesse dal rettor del monastero. Entrati nel cortile restammo assai stupefatti quanto male quest'ampio edifizio
corrispondesse all'idea che di esso avevamo conceputa, e che la nostra guida
in luogo di menarci negli appartamenti
del superiore ci conducesse in una cap-
pelluceia, dove si trovarono quattro religiosi prostesi a' piedi d'un altare costruito alla foggia de' Greci. Questi ve-
nerabili vecchi come ci videro abbrac-
ciarono le nostre ginocchia, supplican-
doci a nome di quel Dio che adorava-
no di voler rispettare la loro chiesa e
le tombe di alcuni vescovi ond'eran fedeli custodi. Dalla nostra miseria, ci
fecero dire per mezzo d'un turcimanno,

conoscer potete non aver noi tesori nascosti, e che i nostri cibi sono così grossolani che molti de' vostri soldati sde-
gnerebbono di mangiarne. Noi non abbiamo altri beni che le nostre reliquie
e' nostri altari, deh vi scongiuriamo che
vi degniate rispettarli per ossequio alla
nostra religione, che tanto somiglia alla vostra. Noi tutto gli promettemmo,
pur la licenza de' soldati forse avrebbe
smentito la nostra parola, se il vicerè non
fosse in quel momento arrivato; egli
andò ad alloggiare nella badia e preser-
vò da ogni danno la chiesa e 'l convento. Mentre che questo soggiorno, asilo
un tempo della tranquillità era in preda a un tumulto inevitabile in tali circostanze, mi fu dato scorgere uno di
que' pii monaci, che per tema andava a
cercarsi rifugio in una celletta quasi sot-
terranea, la cui austera semplicità non
avea saputo dileticare la nostra cupidigia. Io me gli accostai sereno ed umano, ed egli sensibile al mio trattamento
me ne volle ricompensare, confessando-
mi di saper parlare franzese e che avea
sommamente a grado di trattenersi con
meco. Incantato dal suo candore colui

il destro per informarmi dalla sua con-
versazione dell'animo e del carattere
d'una nazione, che sebbene le avessimo
conquistato uno spazio di paese di forse
250 leghe, non avevamo ancor potuto
conoscere. Come gli parlai di Mosca,
mi rispose esser ella sua patria, e le
parole interrompeva con profondi sospi-
ri. Al suo muto dolore io ben m'avvidi che gemea sulle sventure alle quali
questa capitale era esposta, ed io con
esso lui confondeva la mia afflizione;
ma curioso di saper come andavan le
cose in quel momento in che eravam
per entrare, mi feci animo e gliene do-
mandai contezza. Ecco ciò che mi rispose questo venerabile religioso.

" I Franzesi sono entrati con poderose forze nel territorio della Russia con
animo di devastare la cara nostra patria, e s'incamminano per questa città
sacrosanta, centro dell'impero e sorgente della nostra prosperità; ma ignari de'
nostri costumi e del nostro carattere si
danno a credere che noi piegheremo il
collo al lor giogo, e che costretti di
decidere o di abbandonar le nostre abitazioni o l'indipendenza, andremo a imi-

tazione di tant'altri a languir ne' suoi
ferri, e rinunzieremo a quell'orgoglio pa-
triottico che forma la robustezza de' popoli. No, Napoleone s'inganna, chè noi
tanto ciechi non siamo di non aver in
orrore la sua tirannia, nè tanto corrotti
da preferire il servaggio alla libertà;
indarno egli spera colle innumerabili
truppe di ridurci a domandare la pace.
Egli s'inganna il ripeto, la nostra nazione è una nazione errante, e gli otti-
mati potendo disporre delle intere popolazioni, ordineranno a' lor sudditi di
fuggir ne' deserti per sottrarsi all'invasione, e ordineranno pure dove uopo
gli prema di smantellare le città di distrugger le ville di devastare le campagne, anzi che darsi in balìa di questo
barbaro, il cui solo nome ci giunge assai più crudele che la morte. E so bene ei soggiunse che Napoleone fa gran
conto sulle discordie che già si sollevarono tra la nobiltade ed il trono, ma
l'amor della patria tutti sopprime i vecchi rancori. Oltre a ciò spera di poter
armare contro a' grandi la plebe, ma
vani sforzi. Il popolo è per religione sommesso a' suoi signori, nè cre-

derà punto alle menzognere promesse
di chi gli abbrucia le case i figliuoli gli
scanna desola le campagne ed abbatte
gli altari. E se altrove lo si vuol mirare non à forse l'Europa intera, non à
sotto gli occhi due solenni esempj della
sua perfidia? Non è egli dell'Allemagna
flagello, dell'Allemagna di cui si pre-
dica il protettore? La Spagna per essere stata troppo credula alla sua sincera
alleanza non è ella forse un cimitero?
E 'l pontefice che lo à coronato e che
da semplice cittadino lo à reso il maggior monarca dell'universo, qual premio
à egli ritratto da quel luminoso diade-
ma di che gli cinse le tempie? una dura schiavitù. Ma la vostra patria che
per uno straniero pare aver messo in
dimenticanza la progenie di S. Luigi,
qual rimunerazione dal suo ossequio riceve? Nuove e continove imposizioni per
istipendiare de' cortigiani, o per isfamare il lusso d'una famiglia insaziabile di
piaceri. Senza che, voi proscrizioni innumerevoli, voi supplizj secreti che in-
catenano i vostri medesimi pensieri, voi
generazioni intere estirpate, voi finalmente avete delle madri che sono ridot-

te oggimai a deplorare la loro fecondità.. Ecco lo stato in cui vi pose il vostro tiranno, tiranno tanto più vano e tanto più odioso, in quanto che innalzato da una classe oscura con forse un solo famigliare che lo servisse, oggi pretende che l'universo tutto si atterri a' suoi piedi, e che i re medesimi nell'atrio delle sue stanze languiscano. Ah se non temessi di avvilir la maestà di quel monarca che noi amiamo e che tanto ci riama, farei del vostro imperatore il paragone col nostro; ma questo confronto troppo opposto sarebbe, come appaiar si volesse il vizio e la virtù. *

Tocco dall'energia di questo sacerdote che per l'età non avea perduto la vigoria dello spirito, rimasi attonito ed a un tempo medesimo innamorato di sua franchezza. Incoraggito dalla confidenza di cui mi onorava, riputai dovergli aprire il mio cuore, e trarre dal suo colloquio più utile istruzione. * Giacchè, gli dissi, mi fate menzione del vostro imperatore, che è di lui? Dalla nostra partenza di Vilna più non s'intese favellarne, ed anzi Napoleone in una pubblica udienza a Vitesco annunziò in aria

12*

gibbosa che questo monarca avea terminato come il padre, vittima a Velichiluco della perfidia de' suoi cortigiani.
Fa ben uopo esser vile, mi rispose quel
vecchio con un amaro sorriso, perchè
della morte d'un suo nemico si debba
menar trionfo. Ma per darvi una pruova della falsità di questa notizia, e perchè vediate com'ei regna in questo momento, funesto all'unione d'ogni classe
di cittadini e all'amore per lo nostro
sovrano, or or vi leggo una lettera au-
tentica che mi fu spedita da Mosca, pochi giorni da poi che Alessandro abbandonato l'esercito giunse a questa capitale. * Cosi dicendo trasse fuori questa
lettera, e nel leggerle fra se me ne faceva la traduzione (1).

Di Mosca 27 Luglio.

* Questo giorno aggiungerà nuovo
splendore a' nostri annali, e la memoria
giungerà a' più remoti secoli come eterno testimonio dell'amor patrio della
fedeltà e dell'affezione al nostro sovrano, dimostrata non solo dall'illustre nobiltà nostra, ma da tutte eziandio le altre condizioni. Per via d'un proclama
emanato il di precedente, il corpo de'

nobili e quello de' mercatanti si radunarono alle otto del mattino nelle sale del palazzo della *Sloboda*, per ivi aspettare il grazioso nostro sovrano. Quantunque non fosse stato indicato altro motivo di questa ragunanza, contuttociò tutti v'intervennero pieni de' sentimenti che aveva nel cuore ispirato la voce del padre della patria verso i suoi figliuoli della prima capitale. Il silenzio d'un' assemblea così numerosa dava chiaro a conoscere la concordia universale e l'universal disposizione ad ogni maniera di sacrifizj; e di fatti appena fu letto alla presenza del governatore in capo di Mosca, il manifesto di S. M. I. che tutti invita generalmente e ciascheduno in particolare, alla difesa della patria contra un nemico, il quale con la malignità nel cuore e la seduzione sul labbro ferri apporta ed eterne catene alla Russia, l'illustre posterità de' Pogiaschi e di tant' altri famosi animata per ardentissimo zelo manifestò la sua sollecitudine a sacrificare e sostanze e perfino la vita, ed entrò in ferma risoluzione di far una leva nel governo di Mosca, ond'istituire una forza armata interiore di dieci

uomini per ogni cento, armarli alla meglio e la giornea, intanto apparecchiar-
le ed i viveri. Dopo ciò fu il manifesto
letto eziandio all'assemblea de' commer-
cianti, e questo corpo non meno degli
altri zelante conchiuse che verrà da tutti i membri una somma raccolta, secondo le particolari facoltà di ciascheduno
di loro, per soddisfare alle spese dell'
armamento. Ma non contenti di ciò la
maggior parte palesò il desiderio di sottoporsi a speziali sacrifizj, e dimandò 'l
permesso che prima di separarsi tutti
sottoscrivessero a un'offerta volontaria.
Senza indugio si venne all'esecuzione,
e in meno d'un'ora la somma sottoscrit-
ta giunse a un milione e mezzo di rubbj (circa dodici milioni di lire venete).
In tale disposizione erano tuttadue i corpi, quando S. M. dopo aver assistito alle
sacre funzioni nella chiesa del palazzo,
si portò presso i nobili là dov'eran raccolti. Spicciandosi in poche parole lor
significò, che riguardava lo zelo della nobiltà come l'appoggio il più sodo del
trono, che la si era dimostrata in ogni
tempo per custode e fedele difensore dell'
interezza e della gloria della diletta sua

patria ; degnossi finalmente di darle un prospetto delle circostanze della guerra, circostanze che esigevano delle risoluzioni straordinarie di difesa. Informato di poi dell'intenzione unanime de' due corpi che somministrano vestono ed armano a loro spese 8om. uomini per lo governo di Mosca, accolse questo nuovo saggio di premura per la sua persona e d'amor patrio co' sensi d'un padre che ama i suoi figliuoli e inorgoglia del loro coraggio, e nella piena della tenerezza del suo cuore esclamò: *da voi non mi aspettava già meno, or avete confermato del tutto l'opinione che di voi ò sempre portato.* Da di là passò nella sala dov'erano i mercatanti raccolti, e come venne istruito dello zelo che tutti avean palesato di raunare una somma di danaro, diede un testimonio della sua soddisfazione a parole dettate dalla medesima saggezza, parole che furono accompagnate da generale esclamazione: *Noi siam pronti a sacrificare al nostro padre non pure le sostanze ma la vita ancora.* Ecco le parole dei discendenti dell'immortale Minin. Lo spettacolo di questa mattina vorrebbe avere la pen-

na d'un nuovo Tacito o 'l pennello d'un
altro Apelle. Bel vedere il monarca il
padre della patria in mezzo a' raggi di
sua bontà, in atto di accogliere i suoi
figliuoli che se gli serrano intorno, e i
sacrifizj che tutti a gara corrono ad of-
frire sull'altar della patria. Possa tutto
questo giugnere agli occhi del nostro nemico, di quell'orgoglioso che si trastul-
la della sorte de' suoi sudditi, possa egli
ciò vedere e fremere! noi tutti volgia-
mo contro di lui, noi che siamo guida-
ti dal fido amore per lo nostro sovrano
e la nostra patria, tutti disposti a perire insieme o ritornar vittoriosi.*

Dopo avermi letto la epistola, quel
pio uomo mi riferì che l'archimandrita
Platone metropolitano di Mosca, sebbene
anzi attempato che no e languente, ve-
gliava tuttavia nello spirito e nella preghiera per la salute del nostro sovrano
e dell'impero, e che aveva testè spedito a S. M. I. la preziosa immagine di
S. Sergio vescovo di Raduega, e 'l monarca nell'accettare questa sacra reli-
quia ne fece un presente alla forza armata di Mosca, pieno di fede nel patrocinio di questo santo, il quale con la

sua benedizione oggimai apparecchiò il vittorioso *Dimitri Duscoi* nel combattimento contro al crudele *Mamai*. Ecco la lettera di S. Em. Platone data dall'abazia di Troista quindici leghe all'incirca distante da Mosca.

26 Luglio,

* La città di Mosca, l'antica capitale dell'impero della nuova Gerusalemme accoglie il suo Unto com'è una madre nelle braccia riceve gli affettuosi suoi figli, e per mezzo ad un nembo che si solleva, prevedendo la risplendentissima gloria di sua possanza, va ne' suoi trasporti cantando: Osanna, sia benedetto colui che viene a nome del suo Signore. L'arrogante e lo sfrontato Golìa vomiti pure da' limiti della Francia lo spavento di morte ne' confini della Russia, che la pacifica religione, la fionda del russo Davidde ben presto abbatterà quella cervice ingombra d'un sanguinario orgoglio. Questa immagine di S. Sergio antico di nostra patria difenditore, viene offerta alla M. V. I.*

Maravigliando io d'un'usanza così dalle nostre discosta, lo richiesi se vero pur era che l'imperator Alessandro avesse

dato questa insegna alle sue milizie?
*Ne son certo risposemi e 'l dubitare
il terrei per sacrilegio, che anzi le nuove di Mosca anno riportato che 'l vescovo Agostino vicario di questa capitale, riunite (2) tutte le truppe che vi aveano nella città, cantò solennemente il *Te
Deum* e nell'atto di affidare alla lor religione l'immagine di S. Sergio fece un
discorso che trasse a tutti gli uditori le
lagrime. E noi stessi vedemmo passare
sotto le mura di questa badia la soldatesca che incamminavasi alla battaglia
della Moscua; pieni di venerazione per
questo sacro vessillo marciavano alla pugna da veri soldati cristiani, fedeli alla
religione alla patria ed al principe. Sif-
fatti sentimenti erano in ogni volto dipinti, la gioia celeste di combattere il
nimico traboccava risplendente dagl'in-
fiammati lor occhi, ciascuno sebbene
entrato nella milizia di fresco spirava il
valore del veterano, e piegavasi ad una
sommessione illimitata a' suoi comandanti, e la disciplina osservava ch'è 'l
più sicuro indizio di buon militare. Il
popolo delle campagne nel vederli passare, implorava dall'imo del cuore la

protezione del cielo a pro di questi valorosi che uscivano dell'antica capital
delle Russie, di quella che con le sole
sue forze atterrò gl'insolenti nemici, che
erano già stati nella lor cecità per impadronirsene e distruggerla.* Pieno di
stupore per tutte le strane venture ch'
egli narrate m'avea, era pieno altresì
di riverenza per una nazion così grande nelle sue calamità e andava meco
dicendo: *Invincibile è quel popolo che
fermo in suo proposito non si lascia in-
vilire alla vista del pericolo, e fonda la
sua salute nella conservazione de' suoi
costumi.*

Il dì appresso lasciammo di molto
buon mattino quest'abazia, ed io nell'al-
lontanarmi rivolsi indietro lo sguardo, e
vidi i primi raggi del sole nascente co-
lorar la sommità di quelle alte muraglie destinate per asilo alla pace, ma
che dopo la nostra partenza furono date in preda alla sfrenatezza de' soldati.
Mentr'io mi vivea in questo amaro pensiero e camminando rasente la Moscua,
conobbi che di rimpetto a Svenigoro si
eran costruiti de' ponti sul fiume, con
l'intento di aver comunicazione con la

grand'armata che dalla parte contraria dirigevasi a Mosca. I Cosacchi intanto compariron di nuovo serbando lo stile del dì precedente, vollero per un poco fermare al di qua di Asinino i cavalleggeri bavaresi, ma veduto alcuni di loro feriti presero disordinatamente la fuga e si ritiraron di là dal fiume, che poi fu da noi traghettato di qua di Spasco per essere in questo sito poco alto, sì che gli uomini e i cavalli poterono di leggeri passarlo a guado. Quelli frattanto si collocarono alle gole d'un bosco per attenderci, ma come videro superata la barriera che ci divideva da loro, fuggirono da di là pure. Quindi si continuò per Buzajevo dove la sola casa si trova della posta, e sopra d'una scoscesa eminenza un castello in mezzo ad un bosco, che 'l viceré prese a suo albergo. La mattina vegnente (14 Settembre) ardendo di giungere a Mosca partimmo assai per tempo, s'incontrarono alcune ville abbandonate, e alla destra sulle rive della Moscua parecchi sontuosi castelli che i Tartari andavano devastando, per toglierne quegli agi che somministrare ne potevan que' luoghi, per-

ciocchè le biade vicine ad esser mietu-
te dov'erano calpestate e dove mangiate
da' cavalli, e le biche di fieno che coprivano i campi erano date al fuoco che
diffondeva d'ogni lato un densissimo fumo. Arrivati alla fin fine alla villa di
Scherepova, sin a tanto che la cavalleria
procedeva il vicerè si recò sopra un'altura sulla destra, ed esaminò buona pezza se si poteva scoprire la città di Mosca meta di tutti i nostri desiderj, perciocchè la si considerava per lo fine delle nostre fatiche e 'l termine della nostra spedizione. Delle colline la nega-
vano ancora a' nostri sguardi nè altro si
vedea che nembi di polvere, i quali ne
indicavano come di fronte alla nostra
via camminava la grand'armata, e si
sentirono inoltre alcuni colpi di cannone assai rari, il che ne diede a conghietturare che le nostre truppe avvici-
navansi a Mosca nè gran fatto provavano di resistenza. Nel discendere poi si
udirono degli spaventevoli urli, i quali
partivano d'alcune compagnie di Cosacchi usciti d'un bosco vicino. Questi in-
vestendo con l'usata lor foggia i nostri
cacciatori ci voleano contrastare il pas-

so alla vanguàrdia, ma i valorosi non si sbigottirono per l'improvviso assalto, e mandarono a vuoto gl'inutili tentativi d'un'impossente masnada per ritardare il nostro ingresso nella capitale. Questi sforzi d'un valor disperato furon gli ultimi, e i Russi sconfitti e dispersi si videro stretti a fuggire sotto le mura del Cremelino come già sulle spiagge della Cologa. Intanto si discernea da lontano di mezzo a denso polverìo delle lunghe colonne di cavalleria russa, che ritiravansi tutte dietro a questa città di mano in mano che le nostre truppe si avvicinavano.

Il 4.to corpo si pose allora ad edificare un ponte sulla Moscua, e lo stato maggiore intanto si stabilì sopra un'alta collina, da dove scoprivasi un magnifico tempio in mezzo a campanili dorati e ritondi, che percossi da'raggi del sole rassomigliavano così da lontano a globi luminosi. Ve n'erano alcuni che riposti sulla sommità d'una colonna o d'un obelisco avean la figura d'un areostatico sospeso in aria. Noi fummo presi da stupore a sì vaga prospettiva, ancor più seducente quando la memoria la confrontava colla passata tristezza, sicchè tutti come la videro l'andarono additando gli uni agli altri, e impotenti di raffrenare la gioia con un moto spontaneo gridarono: *Mosca Mosca* (3). A questo nome tanto bramato ognuno accorreva in folla sulla collina, ognuno riguardandola dalla sua parte andava scoprendo ad ogni momento delle nuove maraviglie, chi ammirava a sinistra un magnifico castello che in sua elegante architettura ne ricordava quella degli orientali, chi ponea mente ad un palazzo o ad un tempio, tutti finalmente eran colpiti dal superbo spettacolo di questa grande città. Situata in mezzo a una fertil pianura vede la Moscua scorrere per mezzo a ridenti praterie, e che dopo aver fecondato le campagne passa frammezzo alla capitale e divide un'immensa unione di case di legno di pietra o mattoni sullo stile dove gotico e dove moderno, tutti finalmente i generi d'architettura vi sono, che a ciascun paese particolarmente appartengono. Perfino i muri sono variamente dipinti, dorate le cupole o di piombo coperte o di lavagna, di che sorgeva un'amenissima varietà; ma ciò che più di considerazione era degno, i terrazzi de' palagi gli obelischi delle porte della città e in ispezieltà i campanili edificati ad imitazione di quelli delle moschee de' Turchi, rappresentavano a' nostri sguardi non però in apparenza ma in fatto, una di quelle famose città dell'Asia, che fino ad allora si reputò non aver esistito che nella feconda immaginazione de' poeti orientali.

Mentre eravamo intenti a contemplare così leggiadra prospettiva, videsi venire di Mosca per isviati sentieri un uomo in buon arnese, il quale si dirigeva alla volta nostra. Subito ciascheduno corsegli incontro, e sospettando quel che forse non era, pensava come fargli costare gran pregio la sua malaccorta curiosità; ma veduto che ci si accostava in aria tranquilla e leggiadramente parlava la nostra lingua, avvenne che tratti dall'impaziente brama di nuove pendemmo dal suo labbro con attenzione e diletto. * Non io qui vengo, ci diss' egli, per ispiare le vostre operazioni nè darvi di false informazioni, ch'io un infelice mercatante mi sono ignaro d'ogni cosa di guerra, nè perch'io ne sia vittima ò cercato giammai di scoprir le cagioni che indussero i nostri sovrani ad intraprenderla. L'imperator vostro è oggi sul mezzogiorno entrato in Mosca alla testa delle sue invincibili legioni, ed avea prima ricevuto un legato speditosi a supplicarlo di voler preservare la città che stavasi per isgombrare (4). Egli v'entrò ma le strade trovò deserte, nè v'avea che de' ribaldi sfuggiti dal carcere e delle vili bagasce. Correte se pure è ancor tempo a frenare il vostoro mal talento, poichè la libertà venne lor conceduta sulla speranza, che di tutti i delitti i quali quest'infami fossero per commettero, verrebbe accagionato l'esercito franzese. Prevedendo le calamità che ci soprastanno vengo a cercare tra voi un uomo così generoso ed umano che voglia la mia famigliuola proteggere, imperciocchè malgrado gli ordini del nostro governatore non potei adattarmi ad abbandonar la mia casa, per poi condurre tra' deserti una vita raminga ed infelice; amando più presto di far ricorso alla magnanimità franzese e cercar un protettore fra que' dessi, che fino ad ora ci venner deseritti come i nostri più crudeli nimici. I grandi del nostro impero ingannati da una politica selvaggia e distruttiva offendono fuor di dubbio il leal vostro carattere facendo sloggiare una intera popolazione, e lasciarvi una città derelitta per poi darla alle fiamme .... * A queste parole ognuno gridò essere impossibile cosa che una nazione volesse così subito procacciar sua ruina, sulla speranza incerta di attirare anche quella de' suoi nimici. * Pur troppo è vero continuò quel disgraziato, che questa è la presa risoluzione, e se ancor ne dubitate, sappiate che 'l conte Rastochin governatore di Mosca è partito jeri. Fu costui che nell'abbandonarla affidò a un marame della spezie umana la cura di secondare il suo furore, non so fino a quanto andrà innanzi la cosa, ma so bene e fremo in pensarlo, aver egli minacciato più volte di appiccar il fuoco alla città, se i Franzesi le si approssimassero. Siffatta barbarie vi parrebbe atroce ed anzi incredibile, se non sapeste voi stessi a qual eccesso di odio ànno le vostre inaudite vittorie condotto il furore de' nobili. Sanno costoro che tutta dal vostro dominio dipende l'Europa, e pieni d'orgoglio preferiscono di vedere annichilata la patria loro, anzi che soggiogata da voi. Ah se questi stessi nobili vergognando di loro sconfitte non an l'eccidio di questa capital meditato, perchè con tutte fuggirsi le loro ricchezze? Perchè i negozianti medesimi son eglino stati costretti a seguirli, seco portando le loro merci e tesori? Perchè finalmente non lasciare in questa desolata città un magistrato, che la clemenza implorar possa del vincitore? tutti an preso la fuga, quasi intendendo di esortare e incoraggiare i vostri soldati a prender di ogni cosa pacifico possedimento, poichè la legittima autorità nostra unica difesa, nell'abbandonar il suo posto viene ad aver tutto a loro abbandonato. * Così parlando versava questo infelice Moscovita delle lagrime amare, e noi per confortare alquanto il suo dolore gli fummo di ciò che ne richiese larghi promettitori, assicurandolo della protezion nostra e i timori dissipando, che pur troppo avea giustamente conceputi sulla sorte dell'infeli-

ce sua patria. Quindi lo s'interrogò per
dove si ritiravano i Russi, ciò che avean
fatto dopo la battaglia della Moscua, e
finalmente che era dell'imperator Alessandro e di Costantino suo fratello. Ad
ogni nostra richiesta rispose acconcia-
mente, del tutto d'accordo con quello
che mi venne riferito dal monaco di
Svenigoro.

Vedendo io che questo cattivello
cominciava a riconfortarsi alcun poco, e
che fra sè compiacevasi che l'aspetto di
Mosca e de' suoi contorni ne riuscisse
delizioso e caro, lo pregai di darmi alcune particolari notizie sopra una città,
la cui conquista parea che dovesse mettere il colmo alle nostre speranze. Non
potendo egli scansarsene mi rispose in
questo tenore * Mosca fabbricata sul gusto asiatico à cinque ricinti che s'intral-
ciano gli uni cogli altri, l'ultimo de'
quali siccome quello che rinchiude la
città e' sobborghi à sette leghe di circuito all'incirca, e 'l quarto che sola
comprende la città e che si chiama *Sem-
lagoro* anne forse dodici. I sobborghi o
slobodi che vogliam dire son trenta, e
la popolazione giunge nel verno a 3oom.,

ma nell'aprirsi della bella stagione ciascun si ritira a villeggiare, ed ella di-
venta minore d'un terzo. Là dove mirate sorger di mezzo alla città quelle
alte torri e le mura merlate, comincia
il primo ricinto nominato *Cremelino*,
fortezza costruita come un perfetto trian-
golo, è poi celebre nei nostri annali
perchè dalla sua fondazione non fu presa una volta (5). Il suo disegno è di
architetti italiani del secolo decimoquar-
to (*Voltaire Storia della Russia t. 1.
p. 5o. ediz. ster.*); l'interno si divide in
due parti, la prima vien appellata *Cre-
pos* o cittadella, dove non sono ch'edifizj reali e chiese, ognuna delle quali
à cinque cupole, e da di qua pure voi
le potete scorgere non solo per l'altezza loro, ma per la doratura de' campanili e la bizzaria della loro architettura. Nel secondo ricinto vi sono di belle case e strade dove si esercita molto
traffico, e v'è ancora la piazza intitolata *città chinese* o *Chitagoro*, nome impartitogli da' Tartari che ne furono i
fondatori. Teodoro fratello maggiore di
Pietro il grande postosi a coltivar Mosca fece fabbricare parecchi edifizj di

pietra, senza però alcuna regolare architettura, e a lui pure andiam debitori
delle prime razze di bei cavalli e d'alcuni altri utili abbellimenti (*Volt. luogo*
cit. p. 62.). Sebben Pietro portasse particolar affetto a Pietroburgo, contuttociò
il suo genio che a tutto correa dietro
non lasciò Mosca da parte, ei la fece
lastricare la fregiò di superbi edifizj l'ar-
ricchì di manifatture, sotto Elisabetta finalmente vi fu istituita una università
(*Voltaire luogo cit.*). L'arsenale rinchiuso nella cittadella è considerevole per
sei colubrine collocate su delle carrette
stabili, la maggior delle quali sarà lunga forse 24 piedi, e per un enorme mortaio che si vede in un fianco della porta principale che ne avrà tre almeno
di diametro. Più avanti v'à l'antico palazzo de' Czar, dove i nostri imperatori
risiedono e dove presentemente risiede
il vostro, dietro a questo v'è 'l palazzo
del senato e da un lato la cattedrale
di S. Giovanni, presso la quale le ruine
si trovano d'un'antica torre e la famosa campana che venne fusa a Mosca
verso la metà del secolo decimosesto
sotto il Czar Borisgodono; lavoro stu-

pendo e che dinota come sin da que'
tempi rimoti avean fatto grandi progressi le belle arti e la cultura dello spirito. Questa campana a gran ragione am-
mirata per la bellezza delle figure che
vi sono scolpite, eccede in grossezza le
più rinomate dell'Europa (*Volt. luogo
cit. p. 31.*). Dalla cittadella l'occhio si
ricrea per una superba veduta; a destra
mirasi un bel ponte di pietra sulla Moscua che mena al sobborgo di Caluga,
e di là dal fiume s'innalzano de' magnifici palagi, e una vaga ed amena campagna si stende, abbellita da parecchie
case di diporto. Ma, interrompendo io
il Moscovita, insegnatemi gli dissi cosa
è quell'ampio edifizio tutto per così dire traforato d'un'immensità di balconi
in ogni facciata, e 'l quale per la sorprendente sua estensione ed altezza par
che tutta signoreggi la città? Gli è lo
spedale Scheremitovo, risposemi, fabbricato dall'illustre famiglia che portava questo nome. Uno de' suoi antenati
fu il glorioso collega in guerra di Pietro
il grande, il quale dedicò mai sempre
le acquistate ricchezze al bene ed alla
gloria de' suoi concittadini. Ivi si edu-

cano gli orfani e' figliuoli di coloro che difeser la patria. I figliuoli son tutti fuggiti dietro del Volga, nè altri vi rimangono trattine i lor padri, che forse in 12m. sono stati gloriosamente feriti innanzi a Mogiasco. Questi infelici sono derelitti, sola d'intorno si vedon la morte, e se il generoso vostro animo non può in questo calamitoso momento accorrere in loro soccorso, non rimarrà loro se non esalar lo spirito fra i più crudeli tormenti. Dalla porta di Pietroburgo a quella di Caluga molti palazzi si mirano che per lusso e magnificenza e ricchezza attirano gli sguardi del curioso viaggiatore, son tutti costruiti di fresco e manifestano le prodigiose fortune a cui da pochi anni saliva la Russia. Il più stupendo di tutti è quello d'Orlof della qual famiglia sopravvive una sola erede, che possede un patrimonio di sei milioni di rubbj (*quarantotto milioni di lire venete*) d'entrata. Immensa è l'estensione di questo palazzo, bello al di dentro come al di fuori, con degli ampii cortili e de' giardini che sono un incantesimo, ed oltre a questo ne troverete nella mia patria molti altri

a buona ragione saliti in gran fama per
essere i più belli che abbia l'Europa;
ma voi avete agio di vederli, laonde è
inutile che ve ne faccia la descrizione.
Deh possiate lungamente ammirarli, ma
un funesto presentimento mi ragiona, che
questa grande e superba città giustamente considerata il mercato dell'Europa e
dell'Asia, è in procinto di mettere in
costernazione l'universo colla più spaventevole delle catastrofi.* Nel pronun-
ziare questi ultimi detti, una profonda
tristezza oppresse quello sventurato. Io
la rispettai, ma non seppi separarmi da
lui senza prima interrogarlo del come
si appellava quell'ampia fabbrica di mattoni rossi e bianchi, che vedevasi al nord
della città. Egli mi rispose esser quello
il famoso castello di Petesco, dove erano usati i sovrani della Russia a soggiornare ne' dì precedenti alla loro in-
coronazione.

La cavalleria intanto avea passato
la Moscua ed erasi stabilita a Corechevo, e noi dovemmo pur trapassar questo fiume, quantunque il ponte non fosse ancora fornito. Ivi si pubblicò solennemente l'entrata in Mosca delle nostre

truppe, e nel medesimo tempo ci venne ordinato di fermarci, per poi determinare nel giorno vegnente l'ora in cui
dovesse il nostro corpo fare il suo ingresso nella capital delle Russie. A' 15
di settembre si uscì per tempo della
villa ov'eravamo accampati alla volta di
questa città, nell'avvicinarsi alla quale
la vedemmo non aver mura; un meschin parapetto al più era quel solo che
formava il suo primo ricinto. Fin allora
niente dimostrava che abitata si fosse,
le contrade che si trapassarono erano
una solitudine, nè si vedeva o Moscovita o Franzese. Non romore non grido
udivasi d'alcun canto, l'ansietà sola erane guida, ma questa in mille doppj s'accrebbe quando si scoperse un denso fumo sollevarsi di mezzo alla città. Si
stimò di prima giunta ch'e' fossero alcuni magazzini che i Russi secondo il
lor uso avessero abbruciato innanzi di
ritirarsi, ma ricordandoci di poi il ragionamento di quel mercatante, ci diemmo in sul temere non forse si adem-
pisse la sua predizione. Anelanti di sapere il motivo di quest'incendio, si cercò ma indarno di chi potesse appagare

la nostra curiosa inquietudine, e l'impossibilità di soddisfarla raddoppiava la nostra impazienza e i nostri sospetti accresceva.. Invece di entrare per lo primo steccato che ne si parò davanti ci rivolgemmo a sinistra e andammo girandole intorno, ma finalmente il vicerè m'impose di schierar le truppe del 4.to corpo onde guardare la strada di Pietroburgo. La 13.^{za} e la 15.^{za} divisione pertanto accamparono intorno al castello di Petesco, la 14.ta si stabilì in una villa fra Mosca e questo castello, e la cavalleria leggera bavarese comandata dal conte Ornano si pose una lega più in là di questo villaggio.

Determinati così questi collocamenti, il vicerè sen'entrò a Mosca e portossi ad alloggiare nel palazzo del principe Momonof situato nella bella contrada di Pietroburgo. Fu questa tutta intera destinata al 4.to corpo, nè altra ve n'avea che più vaga si fosse o più arricchita di magnifici edifizj, e di case che sebbene di legno pur erano d'una grandezza e sontuosità maravigliosa. Siccome i magistrati avean tutti abbandonato la città, così ciascheduno poteva albergare ne' loro palazzi, e un semplice uffiziale si trovava in mezzo a un ampio appartamento riccamente addobbato del quale si poteva reputare il padrone, poichè intorno a lui altri non v'era che alcun portinaio umile e sommesso, il quale con mano tremante gli offeriva le chiavi delle stanze. Correva un giorno oggimai, dacchè Mosca era in nostro potere, pure nella contrada che ad albergo del nostro corpo era stata prescritta, non s'incontrò nè un soldato nè un cittadino, tanto la città era grande e spopolata. Dà questo accadeva che le anime più intrepide e coraggiose viveano sovente in non so qual agitazione, poichè le strade erano così lunghe che da un'estremità all'altra i cavalieri non sapean ravvisarsi tra loro, e ignari se amici fossero o nemici gli si vedeva misurar la strada a passi lenti, presi di poi dal timore scambievolmente fuggivansi, quantunque e questo e quello militassero sotto le medesime insegne. Di mano in mano che si andava prendendo possesso d'un rione, delle spie andavano innanzi ad esaminare per li palazzi e le chiese, ma in quelli trovarono de' vecchi de' fanciulli e degli uffiziali russi mutilati nelle precedenti battaglie, e videro in queste degli altari addobbati come nel dì delle feste; intorno a' quali mille lucignoli ardevano in onore del santo protettore della lor patria e in testimonianza della pietà de' Moscoviti, che sino al momento della loro partenza non aveano intralasciato d'invocare. Il quale apparato solenne e religioso dava non so che aria di grandezza e di maestà a quel popolo fino allora da noi vinto, e c'ispirava quel terrore che suol cagionare una grande ingiustizia. Con tutto che fossimo assicurati dagli esploratori nessuno sapeva mostrar franchezza e coraggio, ma tutti camminavano per questa spaventosa solitudine con un timido piede, spesso si fermavano per guardarsi alle spalle, talvolta compresi di paura si faceano tutto orecchi ed attenzione, chè atterrita la fantasia dalla troppo grande conquista ci dipingeva ogni tratto de' lacci, e nostri sensi sconvolti al menomo romore udir credevano tumulto d'armi e grida di combattenti. A poco a poco ci accostammo al mezzo e particolarmente presso al *Bazar* (ovvero *città chinese*), dove si cominciò a vedere qualche cittadino raccolto intorno al Cremelino. Quest'infelici ingannati da ben folle tradizione stimavano che la cittadella venir non potesse violata, il perchè tentarono di difenderla contro le valorose nostre legioni, ma ben presto superati miravano cogli occhi molli di lagrime quelle alte torri che fino allora avevano tenuto per lo palladio della loro città.

Più innanzi spingendo il passo, ecco un'immensa folla di soldati, che pubblicamente vendevano e comperavano gran quantità di cose depredate; poichè solamente ne' magazzini de' viveri fu collocata la guardia imperiale a difesa, e più che si progrediva più gli s'incontravano a schiere, portando sulle spalle chi delle pezze di panno chi de' pani di zucchero ed altri delle balle intere di mercatanzie. Ognuno de' nostri stava come uno smemorato a veder così orrendo disordine, nè sapeva a che attribuirne la cagione; quando alcuni fucilieri della guardia ne informarono alfine, che 'l fuoco per noi veduto nell'entrare usciva d'un vastissimo edifizio chia-

mato la *Borsa* pieno zeppo di merci,
ed al quale lô avevano appicciato i nimici nell'atto di ritirarsi. * Jeri, ci dissero, entrammo à Mosca sul mezzogiorno, e alle cinque della sera si palesò il
fuoco. Da principio si procurò d'estin-
guerlo (6), ma subito si seppe che 'l
governatore della città ne avea rimosse
tutte le macchine per torci là via di metter riparo, colla speranza di nuocere
alla nostra disciplina, e volendo danneg-
giare l'ordine de' mercatanti che a tutto potere si opposero all'abbandonamen-
to di Mosca. * Una curiosità naturale mi
condusse avanti, e sempre più trovai gli
aditi che menavano dove sorgeva l'incendio, chiusi da soldati e d'accattapane
che seco aveano d'ogni maniera merci,
anzi le vie medesime in breve tempo
ne furon tutte disseminate, perchè quelli
sdegnando le meno di pregio gittavanle
per terra. Pure a stento giunsi a penetrare per entro alla borsa, ma quella
oimè! più non era uno edifizio tanto
rinomato per la sua magnificenza; più
presto si poteva chiamare un'ampia for-
nace, dove cadevano d'ogni parte delle
travi arse, nè si potea camminare che

per sotto ad un portico, intorno a cui molti ancora eranvi magazzini, da' quali i soldati rotte le casse si dividevano il bottino che di gran lunga superava tutte le loro speranze. Non si udiva grido non tumulto in questa orribile scena, conciossiacbè ciascheduno trovava di che soddisfare a ribocco la sua avidità, salvo lo scoppiettio delle fiamme e 'l rumor delle porte che si atterravano, poi tutto ad un tratto lo spaventevole fracasso d'una volta che facea nel crollare. Le bambage le mussoline le stoffe per ultimo le più ricche dell'Europa e dell' Asia ardevano tutte; sotterra avean riposto e zucchero ed olio e gomma e vetriuolo, materie che facilmente consumate esalavano torrenti di fiamme. Questo spettacolo era commovente ed a un punto stesso terribile; poichè una sventura di tal fatta dovea far presentire a' cuori i più indurati, che la divina giustizia farebbe un giorno rifolgorar la sua collera sopra coloro, che di tanto misfatto furon cagione.

Io poi curioso di sapere il come si suscitò questo incendio ne andai ricercando contezza, ma non potei intender cosa, che valesse a persuadermi, quando la sera rientrando nel palazzo dov'erasi stabilito il nostro stato maggiore m'avvenni in un Franzese già educatore de' figliuoli del principe ***. Essendo questi assai dotto e molto avanti sentendo nell'arte politica lo stimai acconcio al proposito mio, tanto più che avendo lungo tempo vissuto in mezzo alla nobiltà russa conoscevane a fondo il modo di pensare. Senza che gli accidenti di Mosca dopo la battaglia della Moscua eran per così dire passati sotto gli occhi suoi, e sebben Franzese pur era tra que' pochi i quali per la loro saggezza ed ingegno erano stati intimi servidori del conte Rastochin. Questo incontro pertanto mi parve fortunato, poichè satisfar mi poteva alla smania di sapere molte cose, e particolarmente di conoscere ben bene il carattere del governatore, il quale in onta alle più nere calunnie sarà tenuto in gran venerazione appo i suoi concittadini, e citato innanzi alla posterità per esemplar di coraggio e di virtù patriottica. Ecco ciò che alle mie interrogazioni quel valentuomo rispose. * Sebbene i Franzesi dopo la bat-

taglia di Borodino ossia della Moscua
come voi la chiamate, s'incamminasse-
ro a tre colonne per questa capitale, nessuno dalla nobiltà in fuori e da coloro
che sono in servigio del governo, era
informato delle sventure che le sopra-
stavano, perciocchè il conte Rastochin
reputando prudentissima cosa il tenere
celata la verità al popolo, diffuse la voce che i Franzesi erano stati sconfitti.
Questo artifizio non valse che a dilazio-
nar lo scoprimento della menzogna, ma
come si vide ritornare l'esercito e prima
di questo ben 20m. feriti e tutta con
seco la popolazione traendo delle campagne, i cittadini posti in non cale i
lor tranquilli negozj si diedero in balia
della più desolante agitazione, le socie-
tà furon disciolte abbandonate le case
pubbliche, e gli artigiani medesimi tra-
scurando il lavoro che doveva servire
a sostentamento della lor famigliuola
chiudean le botteghe, tutti si dividevano
no il comune dolore, qua e là confusa-
mente correvano, e finalmente andarono dal governatore per sapere se conveniva fermarsi o fuggire. Non sapendo
il conte che farsi in mezzo a questo fran-

gente fece pubblicare che moverebbe egli stesso contro a' Franzesi alla testa di 100m. uomini, e commise intanto si costruissero de' fortini innanzi alla città (7), si fabbricassero lance sciable, e si distribuissero armi a tutti i cittadini che ne richiedessero. In appresso raccolse tutto ciò che di più prezioso aveva la nobiltà, e le merci di maggior valore che possedevano i mercatanti, dopo di che ricordò a quest'illustri cittadini le promesse che solennemente avean fatte al loro imperatore, e sottopose a' lor occhi quella scena commovente quando il sovrano e padre della patria era in atto di ricevere da' suoi figliuoli il tributo della loro vita nonchè delle loro sostanze. A questa rimembranza il conte Rastochin tutto commosso da' sentimenti che dispiegava, si sentì compreso di tal tenerezza che perdè la facoltà della favella, nel qual muto linguaggio essendo rimasto alcun tempo, trasse dagli occhi de' circostanti più lagrime che fatto non avrebbe un discorso eloquente. Ma l'interesse dell'impero avendo soffocato quella natural sensibilità, un nobile che membro era dell'assemblea

14*

e molto bene per la sua esperienza conosceva i motivi che avean cagionato questa guerra calamitosa, sottentrò egli a parlare ed esclamò: „Se voi sapeste o abitanti di Mosca quanto il cuore paterno del nostro monarca abbia sofferto e quante vie abbia adoperato per procacciare il riposo e la felicità dell'impero, se sapeste eziandio come l'amor della pace e l'osservanza d'una grave confederazione gli abbia fatto trascurare l'ingrandimento della sua gloria, avreste allora un'idea di questo modello de' principi che sei settimane già sono qui ne diceva: Niente ò tralasciato per mantenere la quiete di queste contrade, ma più sacrifizj io facea, più Napoleone ne pretendeva di nuovi. Per nostra discolpa agli occhi de' posteri convien confessare che noi non abbiam preso le armi se non ridotti agli estremi, e nel punto in cui il glorioso nostro impero era tra l'infamia di lasciar appassire i suoi allori e tra la sorte della guerra. Ma finalmente se l'ingiustizia ne ci costringe, perchè la temerem noi? Non è forse un secolo e più che ci è favorevole e gloriosa? Funesta rivoluzione dello spirito umano! Il nord era un tempo il terrore del mezzodì, ed oggi questo nord medesimo civilizzato è quello che aspira alla pace universale, e dall'altro canto il mezzogiorno reso cieco da un insensato furore abbandona le sue ricche province, per venire ad opprimerci nelle nostre gelate contrade. Si dovrà dunque essere sempre oppressori per non essere oppressi? O forse i miei sentimenti pacifici son quelli che oggi radunano tante sventure sul mio regno? Indarno il flagello del mondo allega a pretesto di far una *guerra politica* e che questa è la lotta della cultura con la barbarie; laccio ben grossolano per farvi incappare chi fiato non conosce nè i nostri costumi nè il nostro pensare. Questa civilizzazione di cui si mena tanto fasto e che oggi ci vuole distruggere, che à ella a temere di noi, di noi i quali spendiamo i nostri tesori i quali varchiamo i mari i quali corriamo per li due emisferi onde coltivarla e farla allignare nel nostro terreno? E que' medesimi che ci vedono andar da loro per cagion d'istruirci, e che arricchiscono vendendoci il frutto della loro industria, que' medesimi dico, ardiscono di chiamarci barbari? No non è questo il motivo della guerra che Napoleone sconoscente ci muove, teme i rapidi nostri progressi più che la nostra rozzezza non teme. E di fatti qual nazione potrebbe allignar tanta virtù per non esser gelosa della protezione che Iddio profonde sul nostro impero? Corse a mala pena un secolo dacchè Pietro d'illustre memoria l'à collocato fra le prime potenze, e da quel tempo oh quanti popoli domati quante fortezze acquistate quante soggiogate province!.... Ma no, mettiam più tosto fra' nostri trofei le fondate città i governi illustrati le università i collegj ed altre utili istituzioni, e allor si vedrà in che breve spazio di tempo abbiam cancellato la linea che divideva l'Europa civilizzata dall'Europa barbara. Appunto la nostra cultura sì conforme a quella onde van tanto orgogliosi i Franzesi, ci attira in questo giorno il loro mal talento; per cagione di questa ci rimproverano le nostre conquiste sui Persiani e sui Turchi, e fanno le viste di non conoscere che il terrore il quale ispiriam noi ai Musulmani rimuove dall'

Europa le invasioni di quest'infedeli. L'Ungheria deve a noi la sua sicurezza, la sua salute a noi deve l'Italia; in ciò differenti da' nostri nemici, le cui conquiste altro pei loro vicini non sono, che di guerre e discordie sempre nuova cagione.,,

Così a un dipresso parlamentò Alessandro all'assemblea della nobiltà, detti memorabili che l'oratore giudicò di ripetere per vieppiù riaccendere lo spirito di coloro che intervenuti non erano; ma il conte Rastochin che sino allora avea dato attentissima retta, come vide gli abitanti di Mosca a sufficienza commossi, si levò impetuosamente e correndo al balcone che porgeva sulla pubblica piazza gridò al popolo ivi raccolto.,,Il nostro nemico o gran Moscoviti s'avanza, e voi sentite oggimai la folgore che piomba da' vostri sobborghi non lungi. L'empio vuol atterrare un trono il cui splendore offusca il suo, ma i suoi sforzi son vani, chè il nostro impero alla foggia de' nostri antenati risiede nel campo. Gli abbiamo ceduto il terreno ma non siamo stati già vinti, anzi le nostre armate sono quasi non tocche e di giorno in giorno si rafforzano la mercè di nuove reclute, quelle al contrario dello scellerato giungono spossate diminuite. Insensato ch'egli è! Credeva egli forse che la sua aquila vittoriosa dopo essere andata errando dalle rive del Tago sino alle sorgenti del Volga, potesse distruggere quella che nudrita in grembo al Cremelino si è già librata sull'ali ed à preso rapido volo, quella dico la quale radendo le nostre teste, stende le penne sino al polo e giunge dall'altra parte sino al di là dal Bosforo? Siamo costanti e non istiasi a temere, che la patria sorgerà dalle sue ruine ben più grande e più maestosa. Ma per arrivare a sì bel fine, conviene amici sottoporsi ad enormi sagrifizi e rinunziare a' più cari pensieri. Dimostratevi oggi degni figliuoli ed emuli dei Pogiaschi de' Palissiri e de' Minini, che nelle più calamitose stagioni a forza di coraggio e costanza gettaron le basi della fede che 'l Cremelino era sacro, mantenete questa pia tradizione, e ciascheduno armi in difesa di questa il suo braccio contro al pericoloso nemico, che vuole distruggere il nostro impero e i nostri altari manomettere. Per ottener vittoria si sacrifichi tutto, chè senza di questa il vostro onore le vostre sostanze l'indipendenza vostra, tutto è perduto. Ma se l'ira di Dio vuole un momento lasciar che trionfi il delitto, ricordatevi che il vostro più sacrosanto dovere è di fuggire per li deserti e abbandonare una patria, che patria non vi sarà più, tosto che verrà profanata dalla presenza de' vostri oppressori. Gli abitanti di Saragozza siccome quelli che avean presente mai sempre l'immortale coraggio de' loro proavi, i quali per sottrarsi dal giogo de' Romani costrussero e accesero un rogo dove accatastarono le loro sostanze e su vi gettarono le proprie famiglie e sè medesimi, quegli abitanti ànno testè preferito di perire sotto le ruine delle loro città, anzi che piegare il collo all'ingiustizia. La tirannia medesima minaccia oggi di opprimer voi; orsù, mostrate all'universo che l'esempio memorabile della Spagna non fu per la Russia inutilmente proposto.,, A questo ragionamento successe un veemente scompiglio, la plebe sfrenata andò scorrendo le principali contrade, e gridan-

do di voler più presto morire che so-
pravvivere alla religione alla patria.
Quelli poi a quali la natura avea nega-
to intrepidezza e coraggio andavano alle lor case per sottrarre la famiglia al
pericolo, gli uni datisi in sul fuggire
uscivano precipitosamente della città,
gli altri per lo converso giuravano di
volerla difendere (8). Molti presero le
armi e si rifugiarono nel Cremelino,
ma i più feroci brandirono una fiaccola
e corsero a incénder la Borsa, che ben
sapete rinchiudeva d'immense ricchezze, e delle vettovaglie da poter alimen-
re l'esercito franzese per tutto l'inverno.*

Tale fu il racconto da quello spettabile personaggio tessutomi di tutte le
cose che sino al nostro arrivo accadute
erano in Mosca, cose veramente di com-
miserazione dignissime e di pianto, di
che non le fummo scortesi. L'aria però
che tranquilla era e serena ne faceva
sperare che dalla borsa in fuori la città
non avrebbe altri danni a patire, ma
qual fu la nostra sorpresa allorchè il
giorno avvenire (16 settembre) si videro
sul nascer del sole innalzarsi dai quattro angoli della città quattro immense

colonne di fuoco! Cominciò allora a soffiare impetuosissimo il vento, che per ogni parte portava e disperdeva le brage. Più orribile scena di questa non seppe la mia immaginazione figurarsi giammai, nè quando eziandio veniva agitata dal leggere nell'antiche storie o nelle moderne i più lagrimevoli casi. Nuovo spettacolo mi si proferse in appresso allo sguardo, d'ogni canto si vedevano uscire a schiere degl'infelici popolani, i quali sbigottiti al nostro arrivo eransi corsi a celare nel più secreto delle lor case, ma indarno che il fuoco penetrato ne' più reconditi asili ne gli avea fuori scacciati. Tutti quest'infelici angosciosi e tremanti, senz'avere pur cuore di proferire la più leggera imprecazione, tanto lo spavento il lor cordoglio renda muto! seco recavano le più preziose sostanze; ma le anime sensibili dal solo sentimento della natura commosse non aveano tra le braccia che teneri pargoletti, e dietro venivano gli altri più grandicelli, i quali per non ismarrirsi raddoppiavano il non ugual passo chiamando le lor madri per nome (9). I vecchi sfiniti più dal dolore che dagli anni a stento potevano tener dietro alla loro famiglia, e molti piangendo la sorte della patria voller morire a' piedi di quella casa, che gli avea veduto aprire gli occhi alla luce. Le vie le piazze e spezialmeute le chiese eran tutte ripiene di questi grami, i quali coricati sul rimasuglio delle loro suppellettili gemeano senza dare alcun indizio di disperazione; tutto era silenzio, i vincitori ed i vinti restavano del paro attoniti e istupiditi, quelli per soperchio di ricchezza questi per soperchio di miseria. L'incendio frattanto continuava il suo guasto, e ben presto s'ingoiò le più belle contrade. Que' palazzi che poco stante erano cagione di maraviglia per la venustà e per lo gusto dell'architettura e pel lusso dell'addobbamento erano assorbiti da torrenti di fiamme, le magnifiche facciate adorne di bassi rilievi e di statue perdendo il loro sostegno cadevano con orribil fragore sugli avanzi delle colonne, le chiese comecchè di latta coperte o di piombo precipitavano del paro, e quelle cupole superbe che il giorno innanzi avevamo vedute risplendere d'oro e d'argento rovinavan con elle, gli spedali finalmente dov'eran raccolti forse più di 12m. feriti, rimasero in poco tempo essi pure dall'incendio distrutti. Quegl'infelici quasi tutti perirono, pure qua e là se ne scorgevano alcuni che ancora un poco traevan la vita e mezzo arsi strascinavano il passo sulle ceneri ardenti, altri gemeano sotto i cadaveri de' loro compagni e gli sollevavano a stento per desiderio di rivedere la luce. A quella vista raccapricciai d'orrore, ed un sudor di gelo mi scorse per l'ossa.

Ma chi potrebbe il tumulto descrivere quando fu concesso il saccheggio per tutta quella smisurata città? I soldati i trecconi i carcerati e le baldracche scorrevano per le vie, penetravano ne' palagi abbandonati e involavano tutto ciò che adescar poteva la loro avidità. Questi si coprivano di stoffe tessute di seta e d'oro, quelli si caricavano le spalle delle più preziose pelliccie, molti e perfino a' galeotti coprivano i loro cenci sotto degli abiti da corte, e 'l rimanente accorreva in folla verso i luoghi sotterranei ne atterravan le porte, e beendosi i più squisiti vini traevano d'un

passo mal fermo un immenso bottino.
Quest'orribile guasto non si ridusse alle
sole case abbandonate, chè la sciagura
della città e la nostr'avarizia fece d'ogn'
erba fascio, e su tutte stendendo la mano rapace parve andar gareggiando coll'
incendio per la sua distruzione. Questi
asili pertanto non andò guari che vennero tutti da licenziosa soldatesca viola-
ti, solo alcuna speranza rimaneva a coloro i quali aveano presso di se qualche uffiziale, di potersi sottrarre dalla
sorte comune, ma oh vana illusione! il
fuoco che a gran passo avanzava scher-
niva ben presto le loro speranze.

Napoleone frattanto più non creden-
dosi sicuro in una città la cui rovina pareva inevitabile, lasciò sulla sera il Cremelino, e accompagnato da'suoi seguaci andò
ad alloggiare nel castello di Petesco. Nel
vederlo passare non potei riguardar senza fremere il capo d'un'empia spedizione, che per involarsi alle giuste querele
della pubblica ira cercava il passaggio
per le vie più tenebrose, ma indarno
chè d'ogni lato le fiamme mostravano
d'inseguirlo, le quali volando sulla scel-
lerata sua testa mi ricordarono le faci

delle Eumenidi, quando perseguitano gli
empj che al lor furore sono votati. I
generali parimenti ebbon l'ordine di
uscire di Mosca. La licenza divenne allor più sfrenata, conciossiachè i soldati
più non erano da quel timor trattenuti
che la presenza de' capi suol sempre
ispirare, e si diedero a tutti gli eccessi
che l'immaginazione possa figurarsi giammai. Non asilo era bastevolmente sacro,
non luogo era a sufficienza santo, per
isfuggire alle ingorde lor tracce. Quello
però che più di tutti attrasse la franzese rapacità si fu la chiesa di S. Michele destinata alla sepoltura degl'imperatori, dove una bugiarda tradizione dava
a credere che si trovassero d'immense
ricchezze.

Tratti da questa credenza alcuni
granatieri entrano nel tempio e armati
la mano di fiaccole scendono ad immensi sotterranei per turbare, la pace e
'l silenzio delle tombe. Ma in luogo di
tesori vi trovano degli avelli di pietra
coperti di rosso velluto, e delle sottilis-
sime lamine d'argento sulle quali il nome si leggeva de' Czar, il giorno della
lor nascita e quel della morte. Rabbiosi

per vedere così belle speranze fallite
scorron di nuovo i sotterranei e scuo-
prono nel fondo d'un buio corritoio una
lampana, il cui lucignolo quasi estinto
rischiarava un picciolo altare; issofatto
vi accorrono, ma la prima cosa che si
presenta a' lor occhi si fu una fanciulla
con molta eleganza vestita e nella più
religiosa attitudine. Al romor de' soldati
manda uno strido di dolore e cade; questi la raccolgono e la conducono in tale
stato da uno de' nostri generali. Avrò
eternamente in memoria l'effetto che in
me quest'infelice produsse; pallida e se-
miviva pareva che allo scorgersi in mezzo di noi, cogli occhi di turbamento
ripieni e di lagrime, accusasse il cielo
e maledicesse la mano che la richiamava alla vita. Le anime pure, tocche di
sua sorte ne compiangevano la disavventura, e vivamente bramavano di udire
la storia di questa vittima. Il generale
spezialmente, mosso però da ben altra
cagione, pareva curiosissimo di saperla,
e fatta la maggior parte ritirare de' circostanti, pregò la giovinetta di fargli di
sue disgrazie il racconto. * A che var-
rebbevi diss'ella ch'io vi descrivessi l'opu-

lenza d'una famiglia che sta per estir-
parsi? Questo solo vi basti che il nome
di mio padre è celebre nella storia del
nostro impero e ch'egli milita tuttavia
nell'esercito in ragguardevole grado a
difesa della patria. Io mi chiamo Paola,
e il giorno innanzi del vostro arrivo
unirmi io doveva in isposa ad uno de'
giovani guerrieri, che s'illustrarono nella battaglia di Borodino. In mezzo alle
nuziali solennità vedendo mio padre che
i Franzesi erano sulle porte di Mosca
sospese il nostro imeneo, e seco menando il mio sposo corse con esso lui ad
aggiunger l'armata. Il giorno dopo io
mi stava con la mia desolata famiglia,
quando sentito nel fare del giorno il cannone e che di continuo il suo romor si
appressava, non dubitammo più che non
fosse uopo di abbandonar Mosca. Prendendo la fuga in questo estremo disordine
io seguiva la mia famiglia, giunti presso il Cremelino vi ritrovammo un' immensa folla la quale piombando a precipizio su noi mi separò dalla madre e
dall'altre sorelle. Indarno cercai con le
grida di ritrovarli, il fragore dell'armi
il tumulto d'una furibonda popolazione

soppressero la mia voce e mi gettarono nello stato il più lagrimevole e pietoso. Ecco intanto i Franzesi in città, urtano ogni cosa e si dirigono al Cremelino. Per trovare uno schermo alla loro violenza fui tratta come tant'altri in questa cittadella che da noi era tenuta per luogo di sicurezza, ma non potendo io meschiarmi tra' combattenti mi raccolsi nel tempio di S. Michele, per ivi cercare la pace in mezzo alle tombe de' Czar. Inginocchiata innanzi alle lor sepolture stava l'ombre invocando di questi illustri fondatori della patria, quando degli empj soldati vennero a turbare il mio ritiro, e d'un asilo a strapparmi inviolabile e sacro.* Terminato questo racconto versò quell'infelice un torrente di lagrime e prostesasi a' piedi del generale lo scongiurò di volerla rispettare e restituirla a' suoi genitori, ma quegli tocco più dalla sua bellezza che dalle sue lagrime finse dividere le sue avversità, ed anzi prese sopra di sè l'impegno di mitigarle, offerendole intanto la sua casa a ricovero, e particolarmente promettendole, onde ritenerla, d'impiegare il suo credito a fin di ritrovarle il padre e lo sposo il quale erale destinato. Io poi che ben conosceva il suo animo, m'avvidi non essere quest'apparenza di generosità che un laccio teso alla semplicità di Paola, nè altro mancare da mettere il colmo all'orrore di questa giornata se non oltraggiar la virtù e l'innocenza corrompere; per sì fatta maniera nè la nobiltà del sangue nè 'l candor della giovinezza nè le lagrime della beltà potevano venir rispettate.

Sbigottito da tante traversie meco sperava che le ombre della notte coprirebbono alla fine questo quadro d'orrore, ma per lo contrario non valsero che a render l'incendio vieppiù terribile e ad accrescere maggiormente la violenza del fuoco, il quale steso dal nord al mezzogiorno e agitato dal vento segnava un solco di densissimo fumo per lo cielo ottenebrato. Oltre a ciò quello che mettea più spavento eran le strida, le quali in mezzo al cupo silenzio della notte s'udivano degl'infelici che andavansi scannando, o i gemiti di fanciulle che si rifugiavano nel seno palpitante delle madri, ma le quali cogl'inutili sforzi altro non faceano che aizzar la rabbia de' loro carnefici. A questi pianti si aggiungevano eziandio i latrati de' cani, che secondo l'uso di Mosca essendo incatenati all'uscio de' palagi non potevano sfuggire dal fuoco ond'erano circondati. Non trovando adunque nella notte quel sollievo ch'io sperava potesse avere il lacerato mio cuore, lo cercai nel sonno, ma la moltitudine de' pensieri che mi si affollavano alla mente lontano il tenne da' miei occhi, e mi richiamava lo squallore di che poc'anzi era stato testimonio. Pure alla fine gli stanchi miei sensi incominciavano ad ottenere un po' di riposo, quando lo splendore di quel vasto incendio penetrando nella stanza improvvisamente mi sveglia, ed ancor sonnacchioso mi fa credere che fosse il giorno avanzato, ma poi ricordandomi i casi del dì precedente stimai che la mia camera fosse già in preda alle fiamme. L'apparenza non fu questa volta già sogno, poichè messomi alla finestra vidi essersi 'l fuoco appreso oggimai a quella contrada ed in procinto di appigliarsi anche alla casa dov'era; difatti le brage cadevano sul nostro cortile e sul tetto di legno delle stalle. Corsi di botto da' miei ospiti i quali prevista tutta la serie delle loro sventure, abbandonate da gran tempo le solite stanze erano corsi a ritirarsi in un luogo sotterraneo, dove sperar potevano sicurezza maggiore. Ivi gli trovai coricati in compagnia de' famigliari, gli avvertii del pericolo, contuttociò non vollero uscire, temendo essi, secondo che dicevano, i nostri soldati egualmente che l'incendio. Solo il padre fermo sulla soglia mostrava di volervi morire per appagar col suo eccidio i barbari che già venivano per fare oltraggio alla sua famiglia, e le sue figliuole che due erano accrescendo colle lagrime la loro bellezza, pallide e scapigliate gli disputavano l'onor del martirio; pur finalmente a forza di preghiere e di stento giunsi a trargli da quel luogo che stato sarebbe il comun loro sepolcro. Questi sciagurati usciti dall'imminente pericolo miravano senza punto rattristarsi le perdute sostanze, e solo prendean maraviglia che lor si lasciasse la vita; ma quantunque avessero riconosciuto che non si aveva animo di recare alcun nocumento, pure non mi diedero segno di gratitu-

dine; simili a coloro i quali condannati
al supplizio rimangono stupidi all'udire
il conceduto perdono, tanto le angosce
della morte li mettono fuor della vita.

Ma per accorciare il racconto di
questi orribili casi a descriver i quali
la storia avrà penuria d'espressioni, scor-
rerò rapidamente sopra una folta serie
di circostanze, contento di solamente dipingere la confusione delle truppe allorchè il fuoco ebbe tutte guadagnate le
contrade di Mosca, e di questa immensa città formò un rogo. Per mezzo a
un denso fumo scorsi in lungo ordine
stuolo innumerabile di carri tutti carichi di bottino, costretti dalla moltitudine a fermarsi ad ogni passo, laonde i
condottieri temendo di esser bruciati
mettevano altissime e spaventevoli strida. Da per tutto si vedean de' soldati
i quali anche nel ritirarsi atterravan delle porte per timore di lasciare una sola
casa intatta, e per vedere se potessero
ritrovar cose che alle prime preferibili
fossero, anzi queste abbandonavan per
quelle, e molti dopo aver ben caricate
le vetture caricavano anche il dorso del
rimanente che avevan predato. L'incen-

dio finalmente chiudendo il varco delle vie principali gli obbligava a retrocedere, e così erravano di luogo in luogo per una interminabile città che fiato non conosceano, onde ritrovar acconcio rifugio da questo labirinto di fuoco, e molti in iscambio di avvicinarsi s'allontanavano dalle porte che poche erano per le quali uscir si potesse, e rimaser vittima della loro avarizia. In onta all' estremo pericolo l'amor dell' interesse gli rendeva audaci, si gettavano per mezzo all'incendio camminavan sul sangue calpestavan cadaveri, nè curavano gli ardenti carboni i quali cadevano sull' omicida lor braccio; e tutti forse vi sarebbon periti se l'insopportabile caldo non gli avesse finalmente costretti a salvarsi nel campo. Anche il 4.to corpo ebbe ordine di uscire, e a' 17 settembre s'incamminò per Petesco, dove le nostre divisioni erano attendate. In un momento che se non erro spuntava il sole, mi si proferse alla vista uno spettacolo il più commovente e terribile. Presso di noi si vedevano degl'infelici Moscoviti trascinare delle sdruscite carrozze sopra le quali aveano tutto ciò che po-

teron salvare dalle arse lor case, ed ivi
non meno vedeansi quando una madre
inferma e quando un vecchio paralitico.
Le strascinavano essi chè i cavalli erano
stati rapiti da' nostri soldati per aggio-
garli a' lor carri. Dietro a questo tenero gruppo seguivano de' fanciulli quasi
ignudi, che sebbene per la loro età pareano non esser di tristezza capaci, pure la si vedeva impressa su quelle innocenti sembianze. Oh com'era pietoso
il vederli all'avvicinarsi d'alcun soldato
accorrere tutti alle lor madri in seno!
Ma dove potevan mai rifugiarsi per trovar pace, dove mai che da per tutto
nuovo oggetto affacciavasi di terrore!
Senz'asilo senza soccorso erravano per le
campagne si rifugiavan ne' boschi, e per
le campagne e pe' boschi s'avvenivano
ne' crudeli vincitori di Mosca, che non
paghi d'oltraggiarli di maltrattarli vendevano sotto a' lor occhi ciò che aveano dalle lor case rapito.

NOTE (*)

LIBRO PRIMO

(1) *Preghiamo il ch. autore ad osservare che i nomi d'orgoglio e servitù non bene s'acconciano, e i nostri leggitori a volernelo scusare in grazia che nel processo dice degl'Italiani tutto il meglio che può, e sigilla colle pruove de' fatti la sentenza del Petrarca.* Canz. 16. st. 6.

Che l'antico valore
Negl'italici cor non è ancor morto.

(2) *Il nostro autore non solo in questo luogo, ma con molta frequenza anche in appresso, adopera la voce* plateau *per dinotare secondo l'Alberti un monticello spiantato su di cui si piantano cannoni in batteria. Non trovando io vocabolo che pienamente gli corrispondesse, nè potendo a simiglianza di quel*

(*) Le note accompagnate dall'asterisco * son dell'autore, le senza son del volgarizzatore.

vocabolarista spacciarmene con una perifrasi, mi son dato a rivolgerlo in cavaliere, che secondo gli Accademici della Crusca significa un'eminenza che serve a spiar da lontano ed offendere; diffinizione che sulle prime sembra attagliarsi perfettamente con quella, ma che deve scostarsene, essendo che la voce cavaliere sotto eguale aspetto appartiene eziandio alla Francia. Chi ne avesse di meglio, ogni volta che s'abbatte in questa parola sustituisca qual altra gli sembri più idonea.

LIBRO SECONDO

(1) Credo esser qui pure mio debito di far avvertito il benigno lettore del come abbia nel nostro volgare rivolta una voce franzese, di cui accade frequentemente far uso agli scrittori di guerra, e di cui servesi di sovente il nostro. Questa si è ravin a cui corrisponde la voce burrone e meglio ancora burrato, per quello si pare dalle definizioni del nostro vocabolario e dagli esempj ivi riportati degli ottimi autori. Or questo termine adunque ed or quello ò

chiamato al mio uopo per dinotare questa sorte di largo fossato e profondo, benchè l'arte della guerra forse avere ne possa un altro di cui soglia far uso.

LIBRO QUARTO

(1) *Napoleone scrive nel bulletino della battaglia della Moscua:* il vicerè che formava la nostr'ala sinistra assale e prende il villaggio di Borodino che 'l nemico non poteva difendere. *Il principe Cutusof per lo contrario scriveva all'imperatore Alessandro così:* la posizione che ò scelta nella villa di Borodino è delle migliori che trovar si possano in un paese di pianura. Sarebbe a desiderarsi che i Franzesi prendessero ad assalirmi in questa posizione. *E noi difatti l'attaccammo, ma venne così ben difesa che 'l generale Plausaune e 'l colonnello d'artiglieria Demai, amendue al nostro corpo pertinenti, rimasero uccisi sin dall'incominciamento dell'azione. I Russi an dato a questa sanguinosa giornata il nome di battaglia di Borodino.*

(2) *Costui dovette così a un indigrosso esser un altro Temistocle, imperciocchè questi pure* et de instantibus *ut ait Thucydides* verissime judicabat et de futuris callidissime conjiciebat.

LIBRO QUINTO

(1) **I giornali franzesi tradussero e pubblicarono questa lettera, e la traduzione presente è tratta di peso dal Monitore.*

(2) **Sabbato 18 Agosto ovveramente secondo il nostro calendario 29 Agosto, il quale come ben si sa previene di dodici giorni quello de' Russi.*

(3) *Pare che l'autore abbia inteso d' imitare Virgilio al l. 3. v. 522. della sua Eneida*

Jamque rubescebat stellis Aurora fugatis,
Cum procul obscuros colles humilemque videmus
Italiam. Italiam primus conclamat Achates,
Italiam læto socii clamore salutant.

oppure il Tasso nella Gerusalemme Canto 3. st. 3.

Ali ha ciascuno al core ed ali al piede,
Nè del suo ratto andar però s'accorge;
Ma quando il sol gli aridi campi fiede
Con raggi assai ferventi e in alto sorge,
Ecco apparir Gerusalem si vede,
Ecco additar Gerusalem si scorge,
Ecco da mille voci unitamente
Gerusalemme salutar si sente.

(4) * *I Russi difatti prima di abbandonar Mosca inviarono a Napoleone un legato a pregarlo di preservar la città, onde con tale astuzia meglio dissimulare i loro disegni e ispirarci maggior sicurezza.*

(5) * *Il popolo di Mosca tenea per fede che la salute dell'impero dipendesse da quell'antica fortezza, e una favolosa tradizione facea credere non fosse stata mai presa. Così per dinotare d'essere in luogo di perfetta sicurezza solevasi dire:* essere in sicuro come nel Cremelino.

(6) * *Pur troppo è vero che i nostri marraiuoli e soldati tentarono d'estinguer l'incendio o almeno d'impedirne*

i progressi collo spezzare ed abbatter le travi ardenti, ma le fiamme che da ogni parte uscivano arrestarono; ed elle sole il poteano, quest'impeto generoso.

(7) * Sulla montagna di Moenò. Questa posizione fu debolmente difesa.

(8) Così avvenne anche in Gerusalemme all'appressarsi dell'oste franzese: Tasso c. 4. st. 11.

I semplici fanciulli e i vecchi inermi
E 'l volgo delle donne sbigottite ,
Che non sanno ferir nè fare schermi
Traean supplici e mesti alle meschite .
Gli altri di membra e d'animo più fermi
Già frettolosi l'arme avean rapite .
Accorre altri alle porte altri alle mura ,
Il re va intorno e 'l tutto vede e cura .

(9) Imitazione di Virgilio là dove descrive la fuga di Enea con Creusa ed Ascanio l. 2. v. 723.

dextræ se parvus Iulus
Implicuit, sequiturque patrem non passibus æquis

LA CAMPAGNA

DELLA

R U S S I A

NARRAZIONE CIRCOSTANZIATA

DEL CAV. EUGENIO LABAUME

VOLGARIZZATA DAL FRANZESE

PARTE SECONDA.

Quæque ipse miserrima vidi
Æn. l. 2. v. 5.

V E N E Z I A

M. DCCC. XV.

PRESSO GIO. PAROLARI STAMP. E FOND.

LA CAMPAGNA

DELLA

RUSSIA

~~~~~~

LIBRO SESTO

GEROSLAVIA

L'arrivo d'un esercito franzese in Mosca, nell'antica capitale de' Czar, nella città che in mezzo è situata della Russia ed è di tutte la ricchissima; in quella città che una religiosa credenza avea fino allora fatto considerare per sacrosanta, era una cosa straordinaria così che di maggiore non aveva per anco la storia moderna. E per vero dire le precedenti nostre conquiste avean da qualche tempo assuefatto l'Europa a veder coronati di lieta fine i più grandiosi e sorprendenti progetti di guerra; ma di tutte le nostre spedizioni una sola non v'ebbe che a paro di questa giungesse a quel colmo, proprio a sedurre le anime inclinate al maraviglioso, nè alcuna che per la malagevolezza dell'impresa potesse paragonare le nostre fatiche a quanto i Persiani i Greci e' Romani aveano di maraviglioso tentato non che immaginato. La lontananza di Parigi a Mosca forse uguale a quella che separava la capital d'Alessandro dalla capitale di Dario, la qualità de' luoghi e de' climi che si tenevano per inospitali agli eserciti europei, la ricordanza di Carlo XII che intenzionato di mettersi a siffatta intrapresa non ebbe cuore di oltrepassare Smolenco, il terrore delle genti asiatiche spaventate al vedersi giungere dappresso de' popoli che fuggivano al nostro cospetto, tutto infine accorreva nel dare a' progressi della grande armata un'aria di portento, la quale riferiva alla memoria le più maravigliose spedizioni dell'antichità. Tali erano i colori che dipingevano il quadro delle nostre conquiste, dove lo si avesse riguardar da quella parte voluto che più dell'altre veniva da sì vaga luce percosso, ma se la sana ragione vi accostava la fiaccola del criterio, quelle tinte così vivaci e leggiadre cangiavan d'aspetto, e il loro fatto diventava la più negra ed orribile notte. La misera condizione a cui spontaneamente si ridussero i Moscoviti ne serviva di pruova, che non era possibile di trattare con un popolo determinato ad enormi sacrifizj, e che la folle gloria di conchiuder la pace in Mosca avea suscitato un incendio le cui rovine si dovevan distendere per tutta l'Europa, e dava sì feroce aspetto alla guerra che mostrava di non poter finire, se non col pieno eccidio d'una generosa nazione o colla caduta di quel genio malvagio, che pareva creato da Dio nel furor del suo sdegno affin di servirsene come d'un nuovo angelo sterminatore. Ma le persone sagge e di giudizioso spirito fornite tremavano nel mirare la distruzione d'una città che da cinque giorni era pasto del fuoco, il cui splendore illuminava tutte le notti il nostro campo. E d'altra parte, dicevan costoro, ancorchè noi dovessimo esser sempre vincitori a che possiam noi condurre le nostre speranze? Non si sa forse che dopo Mosca dobbiamo intraprendere l'assalto di Pietroburgo? E sommessa tutta la Russia non ci attende un' altra spedizione sull'Eufrate o sul Gange? (1) Ah! quando il valor d'un sovrano non è che una smania d'ambizione nè vien moderato dalla saggezza, lo splendore onde scintillano le sue armi il rendon simile a quegli astri terribili, i quali appariscono sopra la terra per agghiacciar d'orrore gl'infelici mortali (2).

Comechè la ruina di Mosca fosse di gran danno alla Russia, più grave ancora era nulla di meno per noi, conciossiachè assicurava al nemico di ritrarre tutto il frutto che aveva sperato dall' asprezza del clima. Alcuni de' nostri stoltamente ragionando dicevano che inutil cosa era stata l'incendio, e che per l'opposito doveva l'oste franzese congratularsi di essersi spacciato d'un'immensa popolazione, il cui naturale ardente e fanatico poteva destare delle pericolose sedizioni, ma dopo molto riflettere ben m'avvid'io che 'l governo russo avea da temere per l'indole astuta e seduttrice del nostro capo, non questa gente medesima anzi che rivoltarsi contro di noi divenisse al contrario un istrumento de' nostri disegni, e non i più de' Grandi tratti da sì pericoloso esempio o sedotti

da speziose promesse abbandonassero gl'
interessi della patria. E se 'l conte Rastochin nell'incendere Mosca tutte sacrificò sue sostanze, fu appunto per prevenire questo mal partito, pensando che
sì magnanimo esempio era il solo spediente per avvivare l'ardore de' nobili,
e alimentare ne' popoli quell'astio veemente che gli sollevò, e noi rese oggetto di esecrazione. Senza che la città
era proveduta per otto mesi, e l'esercito vi poteva agiatamente soggiornare fino al ritorno della primavera in mezzo
all'abbondanza, e riprodursi in battaglia con le truppe di riserva che accampavano a Smolenco e sul Niemen, mentre abbruciando Mosca ci si forzava a
precipitosa ritirata nella stagione che in
tutto il corso dell'anno è la più severa.
Pareva che le speranze fondate su questo pensiero esser dovessero sicure, poichè la formidabile nostr'armata giunta
nella bella stagione era diminuita d'un
terzo, solamente per la celerità del cammino (3), nè vi avea cagion di temere
che per noi si occupasse alcun posto,
perciocchè la nostra licenza e sfrenatezza avea di tutti i luoghi conquistati ri-

1*

dotto un deserto, e l'imprudenza del nostro condottiero non erasi adoperato per agevolare in ogni caso il ritorno. Ma per finire di dipingervi le nostre angosce in mezzo all'apparenza della vittoria, vi basti che tutto intero l'esercito era scorato e di viaggiare già stanco, che la cavalleria era imminente all'estrema ruina, e' cavalli dell'artiglieria spossati da' cibi cattivi più non potevano strascinare i cannoni. Quantunque noi fossimo stati le deplorabili vittime dell'incendio di Mosca, pure quel generoso sacrifizio eraci obbietto d'altissima ammirazione, nè si negava il giusto tributo di laude da quegli abitanti meritatosi, i quali seguendo l'esempio degli Spagnuoli, col loro coraggio e perseveranza aveano saputo levarsi a quell'apice di vera gloria che la grandezza dinota d'una nazione. Allorchè si richiamano alla memoria i patimenti da noi sofferti, e i danni che la sola fatica innanzi di giugnere a Mosca cagionati ci avea, (particolarmente dove si consideri quella stagione in cui la terra de' suoi frutti coperta ne porgeva di abbondanti ristori) non si può intendere come Napoleone

così cieco sia rimaso e così ostinato di
non abbandonare la Russia, appena vide più non esistere la capitale su cui
gran disegni avea fatti, e avvicinarsi l'inverno. Perchè tanta luce di verità non
gli avesse a ferire la vista, era ben uopo che la divina potenza per punirlo
dello smoderato su' orgoglio lo avesse
reso stupido, e di fatti si diede a pensare udite che? che quei dessi i quali
aveano avuto tant'animo di distrugger
la patria avrebbono dipoi tanta debolezza di accettare le sue dure proposizioni
e stipulare la pace sulle rovine fumanti
della loro città. Per la qual cosa color
pure che meno avanti degli altri ci vedeano, tremavano all'aspetto delle nostre
future miserie, e nel passare sotto le
mura del Cremelino credevan sentire
quelle profetiche parole che una voce
divina avea pronunziate a Nabucco nel
fiore della sua prosperità. * Il tuo regno cadrà nell'altrui mani, tu sarai di-
scacciato dal grembo dell'umanità, vi-
vrai nell'esilio a guisa di fiera, fin a tanto che riconosca regnar l'Altissimo con
assoluto potere su' regni, e che gli di-
stribuisce cui piace. * Il dì della nostra

entrata in Mosca le truppe russe si ritirarono sulla strada di Vladimiro, quindi la maggior parte fece ritorno verso la Moscua per andare a Colonna, e si appostò lungo del fiume. Narrasi a tal proposito che quest'armata medesima seguita da un'intera popolazione fuggitiva, due giorni dopo il nostro arrivo passò sottesso le mura della città mentre per ancora se n'ardeva, e da essa non solamente le perveniva la luce, ma eziandio le rovine della patria incenerita piombavano in mezzo alle lor file mediante il vento il quale a furore soffiava; di maniera che gli abitanti conobbero di non avere più asilo. Nullostante a sì gran traversie, questa truppa si diportò con molta osservanza della militar disciplina e cheta si rimase in silenzio, la qual rassegnazione alla vista di sì miserando spettacolo procacciava alla lor marcia non so qual aria di riverenza e rispetto.

Ne' cinque giorni (16 17 18 19 e 20 settembre) che 'l nostro corpo si soffermò a Petesco, il qual castello è forse meno d'un miglio distante da Mosca, questa città non rimanea d'ardere.

La pioggia intanto cadea rovinosamente,
e gli uomini i cavalli e le vetture in
mezzo de' campi senza un po' di ricovero, perciocchè poche erano le case intorno a Petesco e molti eravam noi presso a quel castello accampati. Gli stati
maggiori che dappresso a' lor generali
si stavano, viveansi in giardini sul gusto inglese e avean per albergo delle
grotte de' padiglioni chinesi o delle pergole, i cavalli intanto legati a dell'acazia
o a de' tigli eran separati tra loro per
mezzo di carpini o di aiuole. Il campo
veramente pittoresco crescea di vaghezza
per la nuova usanza de' soldati, i quali
onde difendersi dagli oltraggi del tempo
si avean coperto delle stesse vestimenta
che avean recato da Mosca, e che nel
Bazar di questa città molta per la loro
graziosa varietà risplendevano. Era un
bel vederli passeggiare pel campo, chi
vestito alla foggia de' Tartari chi de' Cosacchi ed altri de' Chinesi, uno portava
il cappello polacco, altri aveva un berrettone da Persiano o Calmucco, dal che
avvenne che fu detto con molta buon
garbo aver il nostro ritirarsi incominciato con una mascherata da carnasciale e

terminato col digiuno della quaresima.
Ma l'abbondanza in cui allora gavazza-
va l'esercito metteva in dimenticanza
ogni stento, e sopportavasi con molta
rassegnazione la pioggia sul dosso e di
menare i piedi pel fango, perchè lau-
tamente si vivea e si guadagnavan di
molti denari col trafficare le spoglie rapite di Mosca.

Curioso di vedere in qual condizione si fosse la casa dov'avea dimorato,
rientrai 'n città e mi posi a rintracciar-
la, ma non l'avrei trovata già io, se
una chiesa vicina che ancor sussistea non
me l'avesse finalmente indicata. La era
del tutto arsa, nè altro di quella si vedea se non quattro mura, le quali per
la violenza del fuoco avean fatto pelo.
Mentre mi stava tutto inorridito a contemplare tanto guasto vidi uscire d'una
spezie di caverna gl'infelici famigliari di
quella casa squallidi per la miseria e
sfigurati, pur gli avrei riconosciuti quantunque i lineamenti del viso fossero ben
altri da quelli di prima, se le ceneri e
'l fumo non gli avesse travisati e ridotti
come spettri. Ma chi potrebbe poi figu-
sarsi la pena per me sofferta quando

m'accorsi che fra questi sventurati eravi pure il mio ospite vestito di cenci
prestatigli da' suoi famigliari medesimi?
Egli si vivea come loro, tanto la calamità aveva uguagliato le condizioni! Nel
vedermi non potè quel meschino raffrenare le lagrime, spezialmente nell'atto
di mostrarmi i suoi figliuoli mezzi nudi
ch'erano per morirsi di fame. Il suo
muto dolore fece una profonda impressione sulla mia anima, e da' suoi con-
trassegni ben m'avvid'io che i soldati
dopo avergli derubata la casa mentre
ancora si ardeva, gli avevano perfino
strappate di dosso le vesti. A spettacolo
sì doloroso mi sentiva schiantar il cuore, voglioso di sollevar le sue doglie te-
meva che d'altro non potessi soccorrer-
lo se non di vana consolazione, ma pre-
sentommisi acconcio il destro di benefi-
carlo con un tozzo di pane, regalo segnalato e ricevuto con molta gratitudine
da colui, che pochi dì prima avevami
apprestato un sontuoso banchetto.

I cittadini che avean sofferto di rimanersi in Mosca all'uscire degli altri,
aveano sgomberato all'aspetto dell'incendio e del sacco, e soli vi eran restati

alcuni di quelli che la miseria costringeva a soffermarsi e riguardare con indifferenza quegli atrocissimi casi. Scorrevano costoro le vie co' soldati adope-
randosi in loro servigio, e andavano
paghi e felici di potere per ricompensa
raccogliere quelle cose che questi non
si curavan d'avere. Molte meretrici ancora vi si trattennero, e questa genia fu
la sola che ritrasse alcun vantaggio dal
sacco, perciocchè tutti smaniosi di avere una donna accoglievano con somma
gioia queste amabili creature, le quali
introdotte nelle case ne divenivano difilato le padrone, e toglievan per se tutto
quello che avean risparmiato le fiamme.
Fra queste infami e vili alcune ve n'erano che meritavano de' riguardi per la
loro educazione e particolarmente per
le sciagure, poichè la fame e la miseria costringeva le madri a farcene vitu-
perosa proferta. Alcuni soli trassero profitto in tal circostanza del loro misfatto, alcuni soli che non aveano sufficiente virtù da trionfare d'una brutale pas-
sione, e tanto corrotti di cercare il diletto sopra d'un labbro che l'inedia avea
scolorato; essendo che il dominio cui

sulle loro figliuole ne concedevan le madri era l'effetto d'una pubblica calamità. Quella che fra queste vittime era degna di compassione e di pianto più che l'altre non erano, si fu la giovinetta Paola della quale ò già narrato la storia, e che ingannata da una finta generosità aveva avuto la debolezza di accordare la sua confidenza a colui che l'aveva raccolta. Con le assidue sue cure e la simulata pietà seppe così bene abusarsi costui dell'anima innocente della sua prigioniera, che infingendo un affetto il qual non avea, tirò vantaggio dalla impossibilità di poter iscoprire i suoi genitori, per dichiararle che in lui ritroverebbe l'amico e 'l protettore onde aveva tant'uopo per salvare l'onor suo. Che far dovea quell'infelice senz' altri che la consigliasse o consolazion le porgesse? A sì belle promesse, all'amor dimostratole serenò gli occhi turbati, rasciugò il pianto e credette alla delicatezza del nuovo amatore, ma oimè! che crudelmente ingannata, il generale avea moglie, ed ella era una schiava disonorata, mentre essergli credeva amante e sposa. Ma per tornare a coloro che di-

morarono in città, vi aveva una maniera di gente la più d'ogn'altra dispregge-
vole, quella dico de' carcerati i quali
espiarono i trascorsi delitti con delitti
nuovi e maggiori. Fin a tanto che durò l'incendio, si segnalarono per l'audacia con cui eseguivano gli ordini ricevuti: armati di fucili fosforici andavano ridestando l'incendio dovunque mostrava di volersi spegnere, e di soppiatto s'introducevano nelle case abitate per
appiccarvi fuoco. Molti di loro vennero
catturati con la torcia in mano, ma la
soverchia prontezza del supplizio fu scarsa d'effetto. Correva intanto il 24 settembre e 'l popolo che sempre i suoi
vincitori detesta riguardava queste pu-
nizioni come un tratto di politica, e veramente queste vittime troppo erano abbiette per l'espiazione di tanto misfatto.
La loro condotta che priva era di pre-
meditazione non diffuse gran luce su
questo ragguardevole avvenimento, nè
valeva a giustificar noi per modo solenne al cospetto dell'universo.

Le cose erano in questi termini,
quando buon numero di Moscoviti celati nelle vicine foreste scorgendo che

l' incendio a poco a poco cessava, stima-
rono di non aver più nulla a temere e
rientrarono in città. Chi allora cercava
le sue case e più non le trovava, chi a
rifugiarsi correva nel santuario del suo
Iddio e vedea con un santo orrore che
era stato profanato, qua i passeggi erano uno squallore a vedersi, là da parecchi alberi mezzo abbruciati spenzola-
va il cadavere d'un di coloro che aveano dato Mosca alle fiamme. In mezzo
a tale e tanto spettacolo ecco i meschini abitanti rimasi senza ricovero, raguna-
re la latta che copriva i tetti per co-
struirsi delle capanne, e le innalzavano
nelle più remote parti o ne' giardini interamente devastati. Dovevasi ancora
pensare al vitto, ma dove trovarne? Necessità gli costrinse a grufolare la terra
e strappar le radici de' legumi che i nostri soldati avevan raccolto; o pure va-
gando per li calcinacci rimuovere le ceneri già fredde, per vedere se 'l fuoco
avesse riserbato alcuna cosa di che nu-
trirsi; pallidi scarni e quasi ignudi camminavano a lento passo, indizio dello
stato a che gli aveano ridotto i patimenti. Molti per ultimo ricordando che va-

rie barche cariche di grano erano state
sommerse, si tuffaron nel fiume per pa-
scersi delle biade fermentate, il cui odo-
re era una cosa stomachevole e ributt-
tante.

Finchè il nerbo dell'esercito russo si
disponeva per differenti siti, i signori
delle vicine province colsero il destro
dell'esacerbazione che le traversie della
guerra aveano suscitata nel cuore del
popolo, per armarlo e sollevarcelo contro. Molti arrolaron soldati a loro spese
e posero se stessi alla testa degli ammu-
tinati bifolchi, i quali in compagnia de'
Cosacchi attraversavano il cammino a'co-
vogli che ci provenivano. Lo scopo principale era quello di tribolare coloro che
venivano da noi mandati per forraggi,
onde levarci ogni mezzo di trarre vantaggio da ciò che potea rimanere nelle
ville vicine. Bersagliati pertanto dalla
fame si rugumava sottesso alle ruine di
Mosca nè sempre indarno, che anzi sco-
privansi spesso de' magazzini di zucchero di vino e d'acquavite, le quali sco-
perte sarebbono state preziose a tempi
migliori, ma in questi non erano d'alcun alleviamento per un esercito, che tutti

aveva de' campi consumato i legumi e stava in procinto di vedersi mancare il pane e la carne: A' cavalli pur troppo oggimai mancavano gli alimenti; per la qual cosa continuamente indozzavano e alla fine perivano; e per procacciarne di nuovi conveniva ogni giorno venire alle mani sempre con iscapito; perciocchè tante leghe lontani dalla patria ogni lieve perdita era per noi di considerazione dignissima: La real nostra miseria veniva coperta da un'apparente abbondanza; che noi non pane non carne; le tavole erano apparecchiate di confetti e di chicche; nè 'l caffè ci mancava od il tè; d'ogni maniera vini squisiti si mesceano in tazze di porcellana o in vasi di cristallo; il che ne dinotava come il lusso presso di noi confinava colla povertà: Tali e tante eran le nostre bisogne che 'l denaro non valeva un frullo, vennesi adunque agli scambj; chi avea drappi offerivagli per vino, e chi possedeva alcuna pelliccia potea comperare zucchero e caffè a bizzeffe.

Napoleone frattanto si pascea della speranza ridicola di ricondurre con proclami tutti mele e tenerezza coloro che

per sottrarsi al suo giogo avean di lor
patria fatto rogo, e per sedurli e inspirar confidenza divise i rimasugli della
città in contrade, ad ognuna delle quali
assegnò un capo, e v'istituì magistrati
perchè a que' pochi cittadini che ancora rimanevano fosse resa giustizia. Il
console generale Lessepa eletto governatore di Mosca promulgò un editto per
annunziare agli abitanti le *paterne intenzioni* dell'imperatore, ma queste promesse *generose e benefiche* non arrivarono a' Moscoviti, e quando pure arrivate vi fossero, la durezza delle circostanze avrebbe dato lor faccia di sanguinoso sarcasmo. Senza che i più erano
fuggiti di là dal Volga, e gli altri rico-
vratisi in mezzo all'esercito russo e animati da giustissimo odio non respiravano che vendetta.

Il principe Cutusof avendo condotto la maggior parte delle truppe
presso Lettacova fra Mosca e Caluga
per occupare le provincie al mezzogiorno, tramezzò il passo a Napoleone,
il quale quantunque or d'una parte ed
or dall'altra volgesse, mai non riusciva
a levarsi dal penoso suo posto, e si ve-

dea costretto a ripiegarsi intorno a sè
stesso. E ben sarebbesi incamminato alla volta di Pietroburgo, ma conoscea che
avrebbelo colto alle spalle l'esercito russo, nè più poteva in allora sperare di
aver comunicazione colla Polonia, e se
dall'altra parte si fosse diretto per Geroslavia e Vladimiro, le nuove invasioni lo avrebbero tratto a battaglia e in-
debolito, e più sarebbesi allontanato da
que' luoghi che forse potevano racconciare le cose sue. Per conseguente l'armata franzese era in sul lastrico, poichè accampata sulle strade di Tivero di
Vladimiro di Rasasca e di Caluga era
sempre costretta di rimanersi in Mosca,
soggiorno di dolore non solo per le rovine ond'era ingombra, ma perchè la
campagna era stata messa a guasto da'
contadini, e perchè i Cosacchi i quali
scorrevano per quelle terre ci rapivano
i convogli i corrieri fermavanci e mas-
sacravano chi andava per viveri, ci ca-
gionavano in somma d'irreparabili mali.
Da quel momento la situazion nostra
diveniva sempre più dolente, la penuria e 'l mal animo della soldatesca accrescevano ogni dì più, e per colmo di

tutto la pace, l'unico sollievo che sperar si poteva, andavasi allontanando a gran passi. E qui sarebbe piacevole il narrare gli strani disegni che seco facevan le truppe; alcuni parlavano d'ire in Ucrania, altri voleano viaggiare per Pietroburgo, ma i savj non rifinavano di dire che omai si doveva dopo si lunga stagione fare a Vilna ritorno. Qualunque si fossero le costoro novelle, Napoleone sempre più incaponito contro gli ostacoli e tratto allo stravagante, s'indurava a volersi rimanere in una solitudine, e credeva di mettere in riguardo il nemico col far le viste di avervi risolto di svernare. Innamoratosi di così sciocco e ridicolo stratagemma prende ad armare il Cremelino e fortificare una carcere situata nella contrada di Pietroburgo, che nel loro idioma vien intitolata *Ostrog* e *casa quadrata* presso a' Franzesi si chiama. Ma quasi troppo leggero indizio ne avesse dato Napoleone dello smarrito suo senno, emana un editto da poi che tutto era già consumato e niente restava da vivere, affinchè ciascheduno si procuri provvedimenti per due mesi. Tutti credevano di trasognare e si stillavano il cervello per secondare queste pazze chimere, e non sapeano nè donde nè come, quando una voce di pace accreditata solamente dal desiderio (4) colmò tutti i cuori di giubilo, e diede a sperare che più non vi sarebbe uopo di ricorrere a' disegni che non si poteva mandare ad effetto. Questa notizia fu poi avvalorata di molto dalla buona armonia tra' Cosacchi e le prime file del re di Napoli. Il loro ozio e un reciproco trattare faceano antivedere delle speranze di accomodamento fra i due imperatori, oltracciò si sapea che 'l gen. Lauriston era stato spedito dal principe Cutusof, e che dopo un lungo intertenimento erasi mandato a Pietroburgo, perchè fosse deciso della pace o della guerra.

In tale espettazione l'imperatore sempre infaticabile e operoso rivedea di continuo le truppe, severamente le disaminava e a' colonnelli imponeva che ne' reggimenti si osservasse con tutto il rigore una perfetta disciplina. I tempi andavan bellissimi e tutti se ne maravigliavano, ma particolarmente i Moscoviti che avvezzi nel mese di ottobre a veder fioccare la neve, non sapevano darsi pace della serena stagione di cui godeva il nemico, e siccome quelli che alla superstizione sono molto inclinati e da gran tempo aspettavano l'inverno a vendicatore, disperavano nella loro intolleranza del favore della providenza e davansi a guardare siffatto prodigio per contrassegno della manifesta protezione, di che Domeneddio ricopriva Napoleone. Ma questa si fu appunto la cagione de' suoi mali, poichè accecollo a segno di fargli credere che 'l clima di Mosca fosse uguale a quel di Parigi, e nella sua folle vanità sperava di comandare alle stagioni come agli uomini comandava. Facendo a fidanza co' suoi felici destini forse credeva che 'l *sole d'Austerlizza* lo scorgesse col suo splendore sino all'estremità del polo, o novello Giosuè, di aver il potere di fermar collà voce questo pianeta, onde proteggesse l'errante suo corso (5).

Le nuove di pace sempre più si avvaloravano, nondimeno si allestiva ogni cosa per rinnovare la guerra, solo non si curava di prevenire i rigori del verno. Nel pensare all'avvenire ognuno rab-

brividiva, e intanto gemea sulla presente condizione che ogni dì più diventava
penosa, poichè di mano in mano che si
esaurivano i rimasugli delle ville circon-
vicine, faceva uopo andare in luoghi
vieppiù lontani. La loro distanza era
per conseguente non meno di periglio
che di grande fatica, e' nostri forragge-
ri i quali partivano sull'aurora di rado
giungevano a rientrare in città prima
che annottasse. E siffatte scorrerie co-
tidiane erano di stanchezza agli uomini
e cagione di deperimento a' cavalli, a
quegli 'n particolare che traevano l'artiglieria. In mezzo a tante disavventure
l'audacia de' Cosacchi addoppiava di
misura che 'l nostro indebolimento ne
rendeva più timidi, e di fatti ne diedero un saggio togliendoci nelle vicinanze di Mosca un convoglio d'artiglieria
ch'era mosso da Viasma sotto la direzione di due maggiori. Napoleone stimò
che costoro non fossero netti di colpa,
e istituì un magistrato perchè si prendesse in disamina la loro condotta. Uno
di que' maggiori più certamente adon-
tato per lo smacco di aver perduto i
cannoni, che per lo timore di esserne

rea si abbruciò le cervella. Ma perchè più non avessero ad intravvenire simili danni, la divisione Broussier. e la cavalleria leggera del conte Ornano ebber comandamento di collocarsi presso il castello di Galizzino tra Mogiasco e Mosca. Questo divisamento riuscì in bene, perciocchè liberarono il paese circonvicino dalla presenza de' Cosacchi che a quando a quando si vedevan di fronte, ma se un tratto da di là si mutavano le nostre truppe, ecco una masnada di Tartari che tirando profitto dal vantaggio del luogo si mettono alle più audaci intraprese. Nè andò molta che assalirono un buon convoglio di artiglieria, venuto d' Italia sotto gli ordini del maggior Vives. E qui si narra che la scorta prese al loro aspetto la fuga e lasciò in lor mano l'artiglieria, ma non poterono lungamente godere della fatta preda, chè 'l conte Ornano come ne venne informato si diede sull'inseguirli e gli raggiunse in mezzo d'un bosco. Nello stesso modo che i nostri fuggiron da quelli, i Cosacchi non sostennero la vista della cavalleria, e senza punto resistere abbandonarono tutto il frutto del-

le loro vittorie. Volevasi allora mettere
a sindacato il maggior Vives, ma la
nostra partenza e le nuove calamità più
grandi ancora delle passate, costrinsero
Napoleone a deporre l'usato rigore.

Fin a tanto che la 14.ta divisione
tenea sgombra e sicura la strada di
Viasma, la 13.^{za} se ne stava su quella di Tivero in assai acconce posizioni. In questo mezzo giunse notizia,
che 'l conte Salticof favorito dell'imperatore Alessandro e signore della villa di Morfino presso a Dimitrove, armati aveva i contadini tutti, ed oltracciò che nel suo castello medesimo convenivano parecchi altri signori, per mac-
chinare il piano di più vasto sollevamen-
to. Ad estinguere questo esempio pericoloso e prevenirne gli effetti, fu impo-
sto ad una brigata della 13.^{za} divisione
di recarsi al castello, ma il generale che
n'era alla testa per esatte ricerche non
potè trovare indizio d'unioni, costretto
poi dagli ordini ricevuti appiccò il fuoco al palazzo a molta ragione salito in
gran fama, perchè de' più vaghi che si
avesse la Russia. Come fu divulgato che
falsa era la novella dell'unione temuta-

si, tutti entrarono in sospetto non avesse Napoleone in questo fatto avuto altra
mira se non di vendicarsi del conte Salticof del quale era giurato nimico, perciò solo che sempre si mantenne fedele
al suo principe. Ma ritornando al nostro
corpo, sembrava impossibile si potesse
conservare più lungamente in quel posto, a cagione delle frequenti scorrerie
che di quando in quando facevano i corpi dell'esercito, nè andò guari che la
nostra credenza si mutò in certezza, come videsi la cavalleria della guardia italiana abbandonare i buoni quartieri di
Dimitrove per rimettersi verso Mosca
e quindi occupare (15 ottobre) la posizione di Carapovo. Nel medesimo tempo il vicerè faceva ritornare la 13.ᵃ divisione e avviava la 14.ᵗᵃ e la cavalleria
del gen. Ornano verso Fomisco, dove
il quarto corpo mostrava di doversi tutto intero arrecare. Consapevoli i Cosacchi di questo viaggio, spiarono quando i
bagagli della nostra cavalleria leggera
avevano scarsa difesa, onde assalire il
convoglio ne' contorni di Osigovo; ma
veduto arrivare la divisione Broussier
abbandonarono parte della preda e si

sottrassero col favore de' boschi all'inseguimento de' nostri soldati.

Stavasi intanto con grande ansietà
in espettazione del procaccio spedito a
Pietroburgo, e persuasi che la risposta
verrebbe propizia, la nostr'armata non
prendeva gran cura di tenersi in difesa
e vivevasi in una perfetta sicurezza. Il
nemico trasse profitto da questo abbaglio per sorprendere (18 ottobre) la cavalleria del re di Napoli presso di Tarutina, e torle un parco di vensei cannoni che seco adducea. Il quale assalto
in quell'istante caduto, in cui la cavalleria giva in traccia di forraggi riuscì a
questo corpo molto funesto, perciocchè
già era in gran deperimento. E' falso
però che siasi dato alla fuga, ch'anzi 'l re
di Napoli trovandosi allora a piedi bal-
za di botto a cavallo e col suo stato
maggiore si reca in mezzo all'azione che
diresse da intrepido e valoroso, secondo
che andavasi unendo e sfilando la cavalleria. I Cosacchi stretti a fuggire abban-
donano i vensei cannoni, l'infanteria russa si move a sostenerli, la pugna in allora divien generale e da tramendune
le parti s'incomincia un'accanita tenzo-

ne. I carabinieri ed alcuni reggimenti polacchi meno stanchi del resto della cavalleria, contribuirono a vendicar l'onore delle nostr'armi, e in questa giornata si acquistarono una gloria che degna ben era dell'antica e luminosa lor fama. Il gen. Bagavout che aveva il comando del secondo corpo russo rimase ucciso nell'azione; e il gen. Bennigsen ricevette un colpo di fucile. Dal nostro canto duemila e più ci colmarono di sommo cordoglio; ed ebbesi particolarmente a piangere la morte del gen. De rì ajutante di campo del re di Napoli, il quale aveva in ogni occasione dato prova di singolare coraggio e di non vulgari talenti.

L'imperatore se ne stava frattanto nel Cremelino, occupato a rivedere le truppe. Come gli pervenne questa contezza inaspettata dà nelle furie, e ne' trasporti della sua collora va gridando ciò essere un tradimento un'infamia; aversi assalito il re di Napoli in onta a tutte le leggi della guerra e non potere che de' barbari violare i patti più sacri (6). La rassegna è disciolta, le speranze di pace svanite, la partenza ordinata per

la sera medesima. Tutti i corpi dovevano lasciar Mosca e recarsi sulla strada
maggiore di Caluga, il che gli trasse a
credere di dovere andar nell'Ucrania a
cercare sotto un cielo più dolce de' paesi men devastati e di gran lunga più fertili; ma coloro che più degli altri parevano informati, pensavano essere il nostro viaggio per Caluga una falsa operazione, per occultare al nemico il disegno di ritirarsi presso Smolenco e Vitesco. Chiunque non abbia veduto l'esercito franzese a uscire di Mosca non può
avere che lieve idea degli eserciti greci
e romani, quando abbandonarono le rovine di Troja o di Cartagine; ma tutti
que' che in tale momento furono spettatori della nostra partenza, debbono
aver creduto di ritrovarsi alle medesime
scene, che alla loro immaginazione Virgilio e Tito Livio dipinsero co' colori
più lugubri e commoventi. Quelle lunghe file di carri disposti in tre o quattro ordini che si stendevano per molte
leghe, tutti carichi delle immense spoglie sottratte alle fiamme, que' cittadini
diventati nostri famigliari riducevano alla rimembranza gli schiavi che gli anti-

chi traevano seco. Altri menando con
se donne e fanciulli o giovanette, ricor-
davano que' guerrieri, a' quali nelle spar-
tigioni toccavano in sorte delle prigio-
niere. Molte gran casse finalmente ripiene di trofei dov' erano de' drappi
turchi o persiani, strappati dalle pareti
del palazzo de' Czar, e la famosa croce
in particolare di S. Giovanni compivano
la marcia d'un esercito, il quale salva
l'imprudenza del suo capo sarebbe andato baldanzoso d'aver quasi oltrepassato i confini dell'Europa, e fatto udire
a' popoli dell'Asia il fragore degli stessi bronzi che rimbombarono verso le
colonne d'Alcide. Si partì adunque, ma
l'ora essendo forte avanzata non si potè
giungere ad accampare che ad una villa
meschina, solo una lega distante da Mosca.

La cavalleria della guardia reale
che sempre si stette a Carapovo si pose
in cammino il giorno appresso (19 ottobre), e venne ad aggiungerci a Batu-
tinca non lungi dal castello di Truisco,
dove Napoleone avea stabilito il suo quartiere generale. L'armata era quasi tutta riunita quivi, trattane la cavalleria

ch'era più innanzi e la giovane guardia trattenutasi in Mosca per chiudere il nostro cammino. Intanto si andava provando assai stento per vivere, pur si poteva disporre intorno al campo delle scolte, e' calessi che ogni uffiziale avea seco ne somministravano ancora delle vettovaglie. La cavalleria dovea dirizzarsi il dì seguente per Carapoyo ed essere susseguita da tutto il 4.to corpo, ma nel punto che stava per avviarsi venne richiamata, e 'l principe comandò alle sue truppe di continuare per la strada medesima che avevamo corso il dì precedente. Giunti nelle vicinanze di Gorco si passò la Pacra; quel grazioso villaggio non sussisteva già più, e questo fiume tutto ingombro delle ruine delle case distrutte scorrea torbido e nericcio anzi che no. Più in là vi avea il bel castello di Crasnoe interamente manomesso, ma l'edifizio rimanea per ancora e formava un leggiadro contrasto colle agresti colline sulle quali era fabbricato. Là pervenuti ci trattenemmo forse un'ora, dopo la quale si abbandonò la strada maggiore per cercare un varco alla destra il qual ne conducesse a

Fomisco, dove il gen. Broussier e la
nostra cavalleria trovavansi da quattro o
forse cinque giorni di fronte al nemico.
Il nostro viaggio per questa via poco
frequentata fu molto penoso; ma ne
procacciò il vantaggio di ritrovare alcuni villaggi, i quali sebbene abbandonati
pur meno eran guastati di quelli della
strada maestra; si pernottò finalmente
ad Inatovo dove un castello sorgeva sopra un'eminenza, la quale signoreggia
la campagna per cui eravamo arrivati.
Venuto il mattino si proseguì coll'intenzione mai sempre di raggiungere la via
di Carapovo; e alla fin vi giungemmo
presso un villaggio intitolato Buicasovo.
Queste geografiche descrizioni sulle quali
mi sono alquanto intrattenuto non par-
ranno per avventura fastidiose, dove si
voglia riguardare quanto sien necessarie
a denotar le difficoltà, che ci si para-
vano davanti ad ogni lieve cosa la quale per noi s'intraprendeva. Le carte che
ne servivan di guida erano imperfette
d'assai, e in tale stato che nemmen si
poteva richieder gl'interpreti del nome
delle ville in quelle indicate; pur finalmente scortosi un villano lo femmo no-

stro prigioniero e per due giorni fu da
noi custodito; ma gli era sì stupido che
non sapea neppure come si appellasse
la villa in cui abitava. Questo cammino
era di gran momento per l'imperatore
il qual ne doveva seguire col nerbo dell'
armata; il perchè tutti i giorni io avea
per ordine del principe a disegnare le vie,
onde spedirle al maggior generale. Dopo molti stenti, superati alla fine tutti
gli ostacoli fummo sulla strada vecchia
di Caluga, e un'ora appresso giungemmo a Fomisco. La division Broussier
accampava ne' contorni di questo villaggio, e la cavalleria che più oltre erasi
collocata venne condotta dal vicerè; il
quale senza punto fermarsi recossi ad
osservare l'altura da' Cosacchi occupata.
Questi al vederlo si ritiraroho, e diedero agio a S. A. di scorrere il suolo sul
quale eravam fermi di commetter battaglia. La posizione di Fomisco riguardo alle cose militari sarebbe stata vantaggiosa pe' Russi se avesser voluto difenderla, perciocchè in mezzo alla villa
dominata da una collina passa la Nara che in quel punto rinchiusa da una
valle la quale ivi restringesi, formava

un laghetto le cui sponde erano assai paludose. Tutta l'armata pertanto dovea trapassar quelle angustie dove non vi avea se non un sol ponte che parea malacconcio; lo si riservò adunque per li carri e se ne costruì un altro unicamente per la infanteria. Onde mettere ad effetto il lavoro e lasciar traghettare una parte delle truppe, ne fu concesso un dì di riposo (22 ottobre). In tale spazio i Polacchi sotto la condotta del principe Poniatoschi si dirigevano per Vereia, dove co' suoi Cosacchi si stava l'etman Platof. Quindi venne Napoleone con l'usato corteggio, e in breve tutta la villa rimase ingombra d'uomini di vetture e di cavalli. Ma la mercè di saggi provvedimenti ogni cosa andò di buon piede senza confusione, il che funne di maraviglia cagione, imperocchè i *cavoli di Serse* (7) non ebber mai tanti bagagli quanti ne avevam noi.

Quel dì medesimo il capitano Evrard ch'era stato spedito a Carapovo ritornò coll'annunzio di aver inteso dalla parte di Mosca un orribil fragore, il che ne pose in cognizione, essere stato accagionato dallo scoppio della mina che at-

terrò 'l Cremelino. La piena distruzione di questa famosa cittadella e de' superbi edifizj che nel suo grembo chiudeva, fu opera della giovine guardia imperiale comandata dal duca di Treviso,
il quale avea ricevuto ordine solenne che
prima di abbandonar Mosca mettesse a
guasto tutto ciò che avean risparmiato
le fiamme. Così ebbe termine questa
celebre città fondata da Tartari e distrutta da Franzesi. Ricolma di tutti i
favori della fortuna, situata in mezzo
al continente le toccò di provare per le
sole passioni d'un famoso isolano tutto
ciò che fra le umane vicende di più lugubre si legge o si vede. E qui lo sto-
rico deve riflettere come quel desso il
quale affettava di sacrificarci per li progressi della civilizzazione, menava orgoglio ne' suoi bullettini d'averla in suo
passaggio di ben cent'anni allontanata
(*V. i bullettini della campagna della
Russia*). Mosca non fu ripresa da' Russi, bensì sgomberata dalla giovine guardia, che nel suo retrogrado viaggiare
seguiva il piano delle nostre operazioni.
Il gen. Viringerode il quale comandava
in capo le truppe destinate a guardar

Mosca durante la nostra dimora, volle entrarvi a tanto precipizio che insieme col giovine Narischino suo aiutante di campo venne fatto prigione (8). Vergognando di sua imprudenza ne provò tal rossore che volle dar a credere di essere un legato. Potevasi forse tenere per tale un general in capo, il quale per eccitare i soldati spingevasi innanzi senza prima averci fatti in alcun modo partecipi, o aver dato alcun segnale secondo l'usanza?

Avendo parte dell'esercito trapassato la Nara, lo trapassò pure il 4.to corpo sulle 5 del mattino (23 ottobre) e si rivolse a Borosco. Il nemico non ci apparve punto in quel giorno, e i Cosacchi eran fuggiti dal nostro cospetto per andar certamente ad annunziare al lor generale in capo aver noi la sua vigilanza deluso, lasciandolo sulla strada nuova di Caluga, per darci alla vecchia la quale passa per Borosco. Informato egli della nostra direzione abbandonò incontanente il suo campo trincerato di Lettacova, e lasciò noi nell'incertezza se sboccasse per Borosco o per Geroslavia. Napoleone occupava quella città situata sur un'eminènza, intorno alla quale scorre la Protova in un profondissimo letto, e 'l vicerè che mezza lega era più lungi in un villaggio da poco sulla destra della strada, inviò la divisione Delzons verso Geroslavia, onde occupasse la posizione prima che se ne insignorissero i Russi. Questo generale trovatala indifesa ne prese pacifico possedimento con soli due battaglioni, e 'l resto lasciò retro nella pianura. Mentre per noi si stava in sicuro di tenere questa posizione, sul far del sole (24 ottobre) si udì un forte cannonare; il vicerè sospettando quel ch'era, sale di botto a cavallo col suo stato maggiore e corre a briglia sciolta per Geroslavia. Nell'avvicinarvisi il fragore addoppiava, i cacciatori erranti si facean da ogni parte sentire, e finalmente si scopersero distintamente le colonne russe che dalla strada nuova di Caluga venivano per locarsi in quella dov'eravam noi. E già stavam per arrivare al cavaliere di Geroslavia, quando il gen. Delzons venendo da noi si rivolse dal vicerè e gli disse: "Come jer sera qui giunsi m'impadroniva della posizione, niente secondo quel che parea ce la contrastando, quando sulle 4 del mattino venni assalito da grossa infanteria. I due battaglioni presero sul fatto le armi, ma respinti da forze di gran lunga maggiori furono obbligati a discendere dal cavaliere e abbandonar Geroslavia (9)* : Il vicerè tutta vedendo l'importanza di questa perdita volle issofatto la fosse ricuperata, e ordinò al generale di condurre tutta intera la sua divisione. Ebbe allora principio un ostinato combattimento ; delle truppe riposate sopraggiunsero in soccorso de' Russi e' nostri soldati dovettero alcun poco piegare. Il gen. Delzons vedendo che sonavano a ritirata corse a rincorarli nel vigor della mischia, ma nel punto ch'egli stavasi a difendere intrepidamente la barriera della città, alcuni cacciatori erranti dell'inimico trincerati dietro le mura d'un cimitero rivolsero i fucili contro di lui, e una palla ferendogli la fronte lo stramazzò sul terreno. Il vicerè informato di questo caso funesto mostrò gran dolore per la perdita d'un generale che tanto di sua stima era degno, e dopo aver tributato il giusto rammarico alla sua memoria

gli sustituì il gen. Guilleminot. Ordinò
quindi alla 14.ᵗᵃ divisione di sfilare in
soccorso di quella che da sì lungo tempo era involta nella battaglia, e valse a
riprendere lo stato d'offesa; se non che
delle nuove colonne nimiche sopravve-
nendo di continuo dalla strada di Lettacova pervennero a la sconfiggere. Noi
ben le vedemmo a discendere precipitosamente dalla vetta della collina e scagliarsi sul ponte, quasi per voler travalicare il fiume di Luia che scorreva di
sotto del cavaliere. I nostri valorosi ria-
nimati dal col. Forestier scorgendosi sostenuti da' cacciatori e da' granatieri della guardia reale guidata dal gen. Lecchi,
ripresero l'usato vigore e saliron di nuovo su quel posto eminente. Il grandio-
so numero intanto de' feriti i quali abbandonavano il campo di battaglia, e la
difficultà in particolare di conservarsi
in Geroslavia, chiarirono il vicerè sì dovessero spedire dell'altre truppe per opporre alle russe di continuo rinascenti.
La division Pino che durante il conflitto aveva mai sempre cercata occasione
di palesare l'ardore ond'era animata,
colse il destro per obbedire con molto

entusiasmo a' voleri del principe, e rapidamente sull'eminenza recatasi mandò
grida di giubilo e riuscì a stabilirsi per
tutti que' luoghi, da cui cui ci aveva il
nemico scacciati. Questo felice esito fu
a gran prezzo comprato, perciocchè molti e molti degl'intrepidi Italiani periron
vittime del nobile loro proposito di venire alle pruove col valore franese, ed
ebbesi pure a pianger la morte del gen.
Leviè, cui la sorte non concedette se
non otto giorni di godere del novello
suo grado. Nuova cagion d'afflizione ci
colse vedendo venire il gen. Pino tutto
sangue, ma questi quasi nulla sentendo
il dolore della ferita si dolea solamente
di aver perduto un fratello, testè caduto
al suo fianco. Il cannone dell'inimico
intanto sempre tirava a furia, e le sue
palle portavano lo sterminio e la morte
sin per entra alle file de' veliti reali
collocati in riserva, e dove si stava raccolta lo stato maggiore di Sua Altezza.
Il gen. Giflenga personaggio di alto merito e di rara intrepidezza ricevette allora una palla nella strozza, e fu costretto a ritirarsi dal campo. L'esito
della giornata già era deciso; la città e

le alture erano occupate da noi, quando la 5.ª divisione del primo corpo venne a sfilare alla nostra manca, e la 3.ª del corpo medesimo pervenuta dopo la pugna s'impadronì di un bosco il quale ci stava alla destra. Le nostre batterie e i nostri fanti non ristarono di tirare sino alle 9 della sera e assai dappresso al nimico. La notte infine e la stanchezza posero fine a questa accanita tenzone, e il viceré pure col suo stato maggiore si rimasero verso le dieci per godere d'un poco di riposo dopo tante fatiche. Noi accampammo di là di Gevoslavia tra la città e 'l fiume di Luia, e in quanto alle truppe andarono in ronda per quelle posizioni che sì gloriosamente avevano tolte al nemico.

Il giorno appresso si conobbe che l'ostinatezza de' Russi procedeva dall'aversi proposto d'incamminarsi per la nostra destra e giungere a Viasma prima di noi, ben chiariti che 'l nostro viaggio per Caluga non era che per coprir la ritirata. Sulle quattro del mattino salì 'l viceré a cavallo e scorse con noi il cavaliere sul quale si avea combattuto; da di là si scoperse la pianura tutta in gombra di Cosacchi la cui artiglieria leggera si scagliava contro alle nostre armi, e si scoperse non meno sulla destra tre grandi fortini. Questi erano il giorno innanzi armati di quindici o forse venti cannoni e difendevano la destra di Cutusof, nella supposizione che si volesse prendere da questo canto in ischiena la sua posizione. Alle dieci cominciò il fuoco a rallentare, e a mezzogiorno cessò del tutto. L'interno di Geroslavia ne proferse un lugubre spettacolo; sull'entrare videsi dove perito era il gen. Delzons e si pianse di quel valoroso la morte intempestiva, che pose fine a sua gloriosa carriera. Si encomiò pure l'eroismo del suo fratello germano il quale ricevette una ferita mortale per volerlo strappare dalle mani dell'inimico, e un po' più lungi ne fu accennato dove il gen. Fontanes era stato ferito, si scorsero per ultimo al dissotto del cavaliere i granatieri del reggimento 35.mo di linea che rendevano i funebri onori al valente lor colonnello. La città dove si avea combattuto non sussisteva più, nè si discernea il livellamento delle strade se non per l'immensa quantità de' cadaveri ond'erano sparse. Qua si vedevano membra tronche, là umane teste schiacciate da' cannoni, le case erano un ammasso di ruine e sotto le fumanti lor ceneri si vedean degli scheletri mezzo consumati. Ebbonvi pure e malati e feriti che abbandonata la zuffa trassero a rifugiarsi in queste case medesime, e que' pochi i quali sfuggirono dalle fiamme ci si appresentarono luridi la faccia, arsi i capelli e le vesti, e con una voce querula e moribonda mettendo dolorosissime strida. Chiunque gli avesse mirati, fosse pure d'animo atroce, dovea rimanerne intenerito, nè potuto avrebbe non ritorcer lo sguardo o spargere amarissimo pianto. A cotanto orrore ognuno fremeva sui mali a cui il despotismo ci espone, e di ritornare credeva a quelle barbare stagioni, in che per placare gli dei si offerivano vittime umane sopra d'altari insanguinati. Poco appresso il mezzo giorno giunse Napoleone con folto drappello di seguaci, scorse senza punto commuoversi il campo di battaglia, nè rimase tocco alle grida dolenti degl'infelici feriti che imploravan soccorso. Costui benchè da vent'anni assuefatto alle atrocità della guerra onde giva si follemente ebbro; pure entrando in città restò sorpreso dell'accanimento col quale si aveva pugnato, e ancorchè avesse voluto dirigersi per Tula e Caluga, l'esperienza di questa battaglia ne lo avrebbe sconsigliato; e di fatti la sua durezza fu qui forzata a render giustizia a coloro che se l'aveań meritata, e ne diede solenne testimonianza. coll'encomiare il valore del 4.to corpo, e dire al vicerè: *l'onore di sì gloriosa giornata è tutto vostro*: (10)

Mentre che noi eravamo alle prese col nemico per contendergli la posizione di Geroslavia, seimila e più Cosacchi piombarono sul quartier generale dell'imperatore stabilito a Goronnia; e gli tolsero sei cannoni in un ricinto rinchiusi, da questo villaggio non lungi: Il duca d'Istria si recò subito a volo con tutta la cavalleria della guardia e pervenne a ritor loro l'artiglieria colta all'impazzata. I Cosacchi sconfitti e dispersi si ritirarono, ma nel fuggire uno de' numerosi loro distaccamenti venne in vece ad assalire gli equipaggi del 4.to corpo, e forse se gli avrebbono avuti;

se la cavalleria della guardia italiana
non gli avesse respinti con la stessa intrepidezza che la guardia imperiale. In
tal circostanza ebbesi a lodare il coraggio del comandante in capo Joubert, il
quale essendo nel suo calesse ebbe il
felice ardire di non dipartirsene, sguai-
nare la spada e a' Cosacchi che lo circondavano resistere fino a tanto ch'altri
fosse in suo soccorso venuto.

Fin dal principio della campagna il
figliuolo dell'etman Platof seduto sopra
un superbo palafreno bianco d'Ucrania
era il fedele collega del padre suo, e
sempre alla testa de' Cosacchi erasi fatto ammirare dalle nostre vanguardie per
lo suo coraggio ed esimia intrepidezza.
Questo bel giovane era l'idolo del padre e la speranza della nazione guerriera che un giorno lo doveva ubbidire,
ma 'l destino avea pronunziato la sorte
sua e l'ora fatale era giunta. In un impeto veemente della cavalleria presso Vereia tra il principe Poniatoschi e Platof,
i Polacchi ed i Russi animati da forte
astio vennero alle mani con gran ferocia; eccitati dall'ardore del combattimento si toglievano a vicenda la vita,

e d'ogni parte stramazzarono de' valorosi sfuggiti a grandi battaglie. Platof che vedea perire sotto i colpi de' Polacchi i suoi migliori guerrieri, dimentico del proprio periglio con un occhio inquieto cerca il figliuolo, ma oimè! questo infelice padre era giunto al terribil momento, in cui doveva toccar con mano che la vita è sovente una grande disgrazia. L'oggetto il più tenero e caro del suo cuore ritornato dalla confusion della mischia si apparecchiava a nuovi colpi, quando da un ulano polacco riceyette una ferita mortale. Vola il padre in suo aiuto, lo raggiunge, e sovra lui si abbandona. Il figlio come lo vide manda un profondo sospiro, vuol parlargli, vuol dargli l'estrema testimonianza della sua tenerezza, ma nell'aprire la bocca esala l'ultimo fiato. Platof intanto non potendo raffrenare le lagrime si ritira nella sua tenda per loro concedere libero sfogo, detesta la vita nè può sopportare la luce. Il dì vegnente sul far del giorno i capi de' Cosacchi significando al padre infelice il comune dolore, il supplicarono a permettere che fossero resi al figliuolo gli onori della se-

poltura. Ciascheduno di loro era mosso
di compassione all'aspetto di questo gio-
vanetto steso sopra una pelle d'orso, e
baciava con somma riverenza quella mano guerriera, che se stata colta non fosse da morte immatura, avrebbe aggua-
gliato col suo valore i più prodi capitani. Dopo fervide preghiere secondo il
rito loro per lo riposo della su' anima
lo tolsero allo sguardo del padre, onde
solennemente recarlo in un poggio coronato di cipressi, dove lo si avea da
sotterrare. Tutti intorno i Cosacchi schierati in battaglia osservavano religioso silenzio, e abbassavan la faccia di tristezza dipinta. Mentre la terra stava per
separarli per sempre dal figliuolo del
principe loro, tutti d'accordo scaricaro-
no i fucili, poi tenendo per mano i cavalli sfilarono intorno all'avello volgendo verso terra le lance.

LIBRO SETTIMO

DOROGOBO.

La vittoria di Geroslavia ne fece com-
prender due cose non meno vere che
funeste; primieramente che i Russi lungi dall'essere indeboliti erano stati raf-
forzati da grandiosi corpi di truppe, e
che tutti guerreggiavano con tanto vigore
da farci disperare di nuove vittorie. Altre
due battaglie come questa, dicevano i
soldati, e Napoleone non à più esercito. La seconda ne dimostrava non esser
più tempo di ritirarsi tranquillamente,
perciocchè dopo questa pugna il nemico
avendoci guadagnato la strada, impediva
alle nostre colonne di ritirarsi per la via
di Medino di Giunnovo e d'Elnia, e
riducevale all'amara necessità di ritornare a precipizio per la strada maggior
di Smolenco, che è quanto dire per lo
deserto che ci avevamo creato da noi.
Oltre a questi ragionevoli timori, eravamo ancor certi che i Russi avean dato
ordine alle truppe della Moldavia di prevenire il nostro cammino, e intanto mo-

vea pure il corpo di Vitgenstein per unirsi a quelle . Dopo questa memoranda tenzone, tutti coloro i quali andavano presi alle grida credevano che si viaggerebbe per Tula e Caluga, e poi si stupivano che una poderosa vanguardia nemica in luogo di pigliare la medesima direzione, ci guadagnasse la destra sfilando alla volta di Medino . Quelli poi che si conoscevano in fatto di operazioni militari, si accorsero avere i Russi penetrato nell'intenzioni dell'imperatore, e che noi per prevenirgli dovevamo con una marcia precipitosa dirigerci a Viasma. Le questioni allora fur tolte di mezzo, e convenne senza pensare a Caluga o all'Ucrania ritornare sulla strada di Borosco.

Come adunque si entrò in determinazione di ritirarsi, il 4.to corpo si mutò da Geroslavia, ed ivi lasciò il 1.mo colla divisione di cavalleria del gen. Chastel, le quali truppe esser dovean la retroguardia, tenendosi lontane da noi lo spazio d'un giorno. Giunti a' 26 ottobre in un'ampia strada videsi a che si riduceva la funesta e memorabile vittoria di Geroslavia, da ogni lato si scorgevano cassoni abbandonati, avanzi di parecchie vetture e carrette abbruciate per mancanza di cavalli da strascico. Tali e tante perdite che aveano colla ritirata avuto principio ne facevan tremar per la fine, e quelli particolarmente dolevansi, i quali menavan seco le ricche spoglie di Mosca. Ma quello però che più c'incuteva timore era lo stato deplorabile della cavalleria, in ispezieltà come s'intese lo scoppio de' nostri cassoni che ogni corpo andava minando, e che rimbombavano da lontano a paro d'un fulmine. Sull'annottare si pervenne ad Uvarosco; stupefatti di veder questa villa tra le fiamme se ne volle saper la cagione, e si apprese essersi già dato comandamento di abbruciar tutto ciò che nel passar s'incontrava. In questo villaggio vi avea un castello che sebbene di legno, per vastità e magnificenza era eguale a' più sontuosi palazzi d'Italia, la splendidezza degli ornamenti rispondeva alla bellezza dell'architettura, vi si vedevano de' quadri assai stimati delle urne di gran pregio e molti bracceri di cristallo di roccia, i quali com'erano accesi formavano di quegli appartamenti un luogo incantato. Tante ricchezze non furono risparmiate, anzi il dì appresso si seppe che a' nostri artiglieri parendo troppo tardo spediente quello di distruggerle col fuoco, immaginarono di guastar tutto coll'empire i luoghi terreni di cassoni di polvere e così ad un tratto atterrarle. Le ville che pochi dì prima ne avean dato ricovero, erano tra le fiamme quando noi ripassammo per esse. Sotto le ceneri ancor calde che il vento ci dispergeva sul volto, vi erano i cadaveri di varj soldati e paesani, si vedevan non meno de' fanciulli sgozzati e delle giovinette trucidate nel luogo medesimo, dove avean perduto il bel fiore.

Di là partiti e lasciato a destra la villa di Borosco che preda era pur delle fiamme si andò per risalire la Protova, e cercare un guado favorevole all'artiglieria. Ne si trovò uno forse mezza lega distante, che sebbene assai cattivo pur doveva esser usato da tutto il nostro corpo, se non che alcuni cassoni rimasi nel fiume ingombrarono il passo per modo, che fu mestieri andare in traccia d'un altro, Essendo io

gito ad esaminare il ponte di Borosco
non solo il trovai intatto, ma eziandio
acconcio per lo passaggio a' bagagli, il
perchè fe' subito il principe ritornare
indietro la 13.ª divisione che prima dell'
altre camminava, e per di là tragittare
il fiume. Così ne venne un altro acconcio che ci si parò davanti una strada
migliore e molto più breve, solo vi fu
il pericolo di far passare de' cassoni carichi di munizioni per mezzo a una città le cui case erano in fiamme. Il 4.ᵗᵒ
corpo sfilò per quest'ampio incendio senza che gl'intravvenisse alcuna sciagura ;
e la sera dopo aver passato per molte
angustie penose si giunse all'infelice villaggio di Alfereva (27 ottobre), dove
gli stessi generali di divisione duraron
fatica a trovarvi un tugurio. Che più?
il vicerè abitava in uno così squallido
che si compiangeva la sorte di chi vi
dovea dimorare. Per colmo de' mali la
mancanza di vettovaglie accresceva i nostri patimenti, le provvigioni di Mosca
erano per venire al verde, ciascheduno
diventava avaro di ciò che avea, e in-
cominciava a ritirarsi in un canto per
mangiarsi di soppiatto un tozzo di pane.

che la sua industria gli avea procacciato. I cavalli erano a condizione ancor
peggiore, tutto il lor cibo consistendo
nella paglia che si levava da' tetti delle
capanne. Molti perciò soggiacquero agli
stenti, e l'artiglieria mancante di chi la
traesse, ogni giorno empiva di orribil
fragore le orecchie, mercè il fuoco che
le si appiccava da' soldati.

Il giorno appresso (28 ottobre) si
ripassò la Protova al dissotto di Vereia
che tuttora ardeva, e che ben presto fu
ridotta in cenere. Questa città ebbe colle altre la sua disavventura comune, ma
più dell'altre le riuscì amara, perchè
trovandosi fuori di strada diedesi a sperare di andar esente da' mali ond'era
attorniata. Tranne la battaglia tra i Russi e i Polacchi appena avea della guerra provati gli orrori; i suoi campi non
eran punto guastati, e i suoi giardini
ben culti andavano coperti di legumi
d'ogni maniera, i quali furono in men
ch'io nol dico da' famelici nostri soldati raccolti. La sera si pernottò in un
villaggio di cui non si potè mai sapere
il nome, ma forse gli era Mitreva; tratto
in questa conghiettura dal paese in che

4*

eravamo, da Gorodo Borisove discosto una lega. Ivi si albergò peggio del giorno innanzi, e gli uffiziali per la maggior parte furono costretti a passar la notte a ciel sereno, stato tanto più penoso quanto che le notti andavano divenendo fredde, e 'l difetto di boschi rendevale vieppiù intollerabili. Per procacciarsi del fuoco si demolivano gli stessi casolari dove alloggiavano i generali, e parecchi di loro dopo essersi addormentati in sufficienti capanne, nello svegliarsi in mezzo della notte si trovavano coricati a cielo scoperto. Napoleone che ne precedeva d'un giorno avea oggimai passato Mogiasco e fatto ardere e atterrare tutto ciò che incontrava in suo passaggio, ed a' soldati i quai lo seguivano, così a sangue andava la cosa che incendevano que' luoghi pure, dove per noi si dovea dimorare. Ciò n'esponeva a gran patimenti, ma il nostro corpo non meno degli altri bruciava le poche case lasciate illese, e al principe d'Emmil ch'era la retroguardia toglieva con ciò il mezzo di aver un asilo, per ivi sottrarsi all'inclemenza notturna. Senza di che questo corpo medesimo dovea provarsi contra un nemico feroce, il quale chiaritosi della nostra ritirata accorrea da ogni parte a vomitar sua vendetta. Il cannone che si udiva ogni giorno ed anzi vicino che no, ne dimostrava che per opporsi era d'uopo impiegar degli sforzi assai grandi e penosi.

Passati finalmente in Gorodo Borisove (28 ottobre) fra mezzo a densi globi di fumo, si entrò un'ora dopo in una pianura che ci parve da qualche tempo essere stata manomessa, dove di tratto in tratto s'incappava in cadaveri d'uomini e di cavalli. Veduto alcune trincee mezzo distrutte e in ispezial modo le ruine d'una città, riconobbi esser quelli i contorni di Mogiasco, per cui avevamo cinquanta giorni innanzi passato in aria di vincitori. I Polacchi accampavano su que' rottami, e prima di abbandonargli bruciavano quelle case che al primo incendio erano sfuggite, ma sì poche ne rimanevano che appena si discernea lo splendor delle fiamme. Stupendo era però il vedere come il fumo che denso denso usciva delle ruine contrastava in suo nericcio colore colla bianchezza d'un campanile di recente edifi-

cato. Questo solo ancor sussistea per intero, e l'oriuolo batteva tuttavia l'ore
mentre la città non era più. L'esercito
non passò per essa ma piegando a sinistra pervenne (29 ottobre) dov'era Gra-
snoe, nel qual sito si avea pernottato il
dì appresso alla battaglia della Moscua,
dico dov'era, perchè la villa più non
vi essendo, solo se n'avea riservato il
castello per Napoleone. Noi accampammo intorno a questo, ed io mi ricorde-
rò per tutta mia vita, che assiderati di
freddo si trovava un sommo diletto di
giacere sulle ceneri ancor calde delle
case il giorno antecedente bruciate (30
ottobre). Più che innanzi si andava e
più guasto vedeasi; le campagne pesta-
te da migliaia di cavalli parevano inet-
te a nuova cultura, le foreste eran di-
radate dalla lunga dimora delle truppe,
ma niente era sì orribile come la mul-
titudine de' morti, che da cinquantadue
giorni privi di sepoltura conservavano
a pena umana forma. Nell'appressare
a Borodino, la mia costernazione giunse
al colmo, sendosi ritrovati nello stesso
luogo i venti mille uomini già massa-
cratisi. La pianura erane tutta coperta,

e d'ogni lato non v'avea che de' cadaveri semisepolti; qua vesti tinte di sangue, là ossa rosicchiate da' cani e dagli
uccelli di preda, da per tutto pezzi d'arme di tamburi d'elmi di corazze e di
stendardi, ma da questi appunto si potè conoscere quanto l'aquila moscovita
aveva sofferto in quella sanguinosa giornata. Da una parte si vedeano i rimasugli d'una capanna dove attendato si
era Cutusof, più in là a sinistra il famoso fortino, che simile ad una pira-
mide sorgeva in mezzo a un deserto, e
tutto dominava il piano. Pensando a ciò
ch'era stato ed a ciò che era, parvemi
di vedere il Vesuvio in riposo. Scortovi
poi dalla lunge sulla cima un guerriero,
lo stimai così immobile una statua. Ah!
se mai si volesse, allora sclamai, in-
nalzarne una al demonio della guerra,
dovrebbesi gliela innalzare su questo pie-
destallo.

Mentre si passava per questo campo di battaglia, udimmo da lontano un
infelice che gridava accorr'uomo. Tocchi da queste querule voci tutti vi si
approssimarono, e con alto stupore videro steso sul suolo un soldato franzese

con amendue le gambe spezzate. * Io sono stato ferito, diss'egli, il giorno della gran battaglia, e trovandomi in un sito rimoto, nessuno poteo trarre a mio soccorso; per più di due mesi trascinatomi sulle sponde d'un ruscello mi nutrii d'erbe di radici e di alcun tozzo di pane che ò trovato sui cadaveri. La notte mi solea coricare nel ventre de' morti cavalli, e le carni di questi animali an così bene la mia ferita curato, che fatto meglio non avrebbono le più studiate medicine. Oggi scorgendovi da lontano ò tutte raccolto le mie forze e mi son tratto presso alla strada, perchè la mia voce sia intesa. * Tutti credean di trasognare a tanto portento, quando un generale saputo il caso non meno singolare che pietoso pose nel suo calesse quel disgraziato. Se tutte enumerar volessi a parte a parte le calamità da guerra sì atroce ingenerate, so bene che troppo lunga la mia narrazione riuscerebbe, laonde vo pago di sporne una sola perchè da questa sola si potrà conghietturare il resto, de' tremila prigionieri dico da Mosca condotti. Durante il cammino non si aveva che dare a loro,

e gli si metteva in comunanza colle be-
stie, e in Mosca medesima avevasi loro
assegnato un ricinto, di cui non potevano sotto alcun pretesto allontanarsi. Morti di freddo e senza fuoco dormivano
sul ghiaccio, e per satollare la disperata
fame, tutti que' che non volean perire
mangiaron la carne de' loro compagni
testè trapassati di stento.

Ma da uno spettacolo sì lacerante
rimoviamo gli sguardi, e seguendo il filo del nostro racconto riserbiamo i neri
colori per dipingere degli altri quadri
non meno crudeli. Si ripassò la Cologa
con altrettal precipizio che la si avea
trapassata quando la vittoria scorgeva i
nostri passi; la scesa del fiume era sì
ripida e 'l suolo gelato così sdrucciolevole, che uomini, e cavalli cadevano uno
sur l'altro. Contuttociò felici noi, se
tutti i passaggi i quali ad ogni tratto ci
si paravan davanti, fossero stati funesti
così com' essi! Rivedemmo pure l'abbazia di Colosco che dopo la guerra avea
perduto l'antico splendore, più non avendo d'intorno in folto ordine le case, e
dentro rassomigliando vie meglio ad uno
spedale che a un convento, perciocchè

dopo Mosca questo era la sola casa non ancora distrutta, e tutti i malati e' feriti volevano in quell'asilo morire. Il quarto corpo sempre progrediva nè si fermò sì non fu a un infelice casale mezza lega fuor della strada tra quest'abbazia e Procofevo. Di tutti i viaggi questo fu il peggiore, poichè quivi si trovarono degli squallidi tugurj senza tetto, essendosi levata la paglia che lo copriva per nutrirne i cavalli, e in un di questi agiati palazzi riposò co' suoi seguaci il vicerè. Da di là si partì di buon mattino (31 ottobre), e giunti sull'altura di Procofevo udissi il cannone sì a noi davvicino, che il vicerè temendo non fosse stato sconfitto il principe d'Emmil, si fermò sopra una eminenza e schierò in battaglia le truppe per potergli arrecare soccorso. Da qualche giorno ciascun si lagnava del lento marciare del primo corpo, biasimava il partito di ritirarsi a gradi a cui s'era il suo capo appigliato, dicendo aver egli tre giorni perduto di marcia, e con ciò agevolato alla vanguardia di Milloradovich i mezzi di abbatterci. Si allegava in fine a suo danno doversi per sua colpa rapidamente per paesi discorrere, dove non si trovava di che vivere. Dall'altra parte addur si poteva che una ritirata soverchiamente frettolosa avrebbe ispirato audacia a' nemici, i quali robusti nella cavalleria leggera sempre avean agio di aggiungerci, e mettere a fil di spada la retroguardia, se quest'avesse il combattimento voluto scansare. Oltracciò aveva a suo favore quella sentenza di guerra: *che quanto più precipitosa è la ritirata, più ritorna funesta*, a cagione dello scoramento, più fatale ancora che le sventure reali non sono. Il viceré pertanto erasi come abbiam detto, sopra l'eminenze disposto di Procofevo, per sovvenire il principe d'Emmil; ma conosciuto che questo maresciallo non era incalciato se non da Cosacchi, continuò per Ghiatte sempre intento a far marciare le sue divisioni con tutto il bell'ordine, e fermarsi ad ogni fiata che il primo corpo avrebbe potuto avere di suo soccorso mestieri. Nella qual circostanza non saprei come degnamente laudare la virtù del principe Eugenio, il quale non solo volle sempre rimanersi ultimo di sue colonne, ma girare una lega in qua da Ghiatte per esser pronto a respingere senz'indugio gli assalti dell'inimico, e in questa operazione ebbe a patire cogli altri che lo accompagnavano la notte più crudele e più lunga di quant'altre mai. Noi eravamo intanto in un campo presso al luogo dov'era dapprima la villetta d'Ivacova, di cui non sussisteva una sola casa, e quasi poco ciò fosse cominciò gagliardissimo a soffiare il vento. Che più? non vi essendo un bosco, ci fu tolto l'unico mezzo di temperar l'inclemenza del clima della Russia.

Benchè i nostri mali fossero estremi, pur le anime generose non erano punto indifferenti a quelli de' nostri nemici, così sul mattino nell'appressarci a Ghiatte fummo presi d'un serramento di cuore, vedendo che questa città più non era, e si aveva un bel cercarla che già non la si trovava; anzi se stati non fossero i rottami di alcune case di pietra che di tratto in tratto scontravansi, avrebbesi creduto quel luogo una foresta bruciata. Il furore e la barbarie non condussero mai tant'oltre il loro guasto; Ghiatte tutto di legno disparve

in un giorno, non lasciando che alcuni
abitanti gemebondi sulla ruina della loro industria o sulla perdita delle ricchezze, potendosi noverar questa città fra le
più mercantili e fiorenti di tutta la Russia. Vi si fabbricavano cuoi tele e a bizzeffe catrame e gomone. Il tempo che
freddo era la notte, si faceva di giorno
superbo, e le nostre armate sebbene sfi-
nite da' patimenti pur erano animate da
grande ardore, perciocchè ben conoscevano che lo svilimento sarebbe di loro
eccidio la principale cagione. Da parecchi giorni erano ridotte a non aver nutrimento che di carne di cavallo, e sì
rare divenute erano le vettovaglie che i
generali medesimi si diedero a siffatta
vivanda, tutti poi stimavano buona ventura la mortalità di questi animali, conciossiachè senza di quelli avrebbono i
soldati provato più tosto gli orrori della
fame.

I Cosacchi di cui si temea l'avvicinamento non tardarono gran fatto ad
avverare i nostri sospetti (1.mo novembre). Ma siccome non gli si aveva per
ancora veduti, i soldati marciavano tranquillamente secondo l'usato, e le salme

vie poco difese erano tali e tante, che formavano parecchi convogli distanti buon
tratto l'uno dall'altro. Dopo la villa
smantellata di Czarevosamico s'incontrava un rialto lungo forse un mezzo miglio dove una volta vi era la strada, e
'l passare dell'artiglieria l'avea così ro-
vinata che più praticabil non era; abbisognò pertanto se proceder si volea, calare in una prateria paludosa interseca-
ta da un largo ruscello. I primi lo va-
licarono comodamente la mercè del ghiaccio, che rottosi per lo passarvi ne costrinse o ad esporci a grave pericolo o
aspettare che fossero compiuti i ponti
fatti costruire alla meglio. Nel mezzo
che la testa della colonna erasi fermata,
andavano di continuo giungendo delle
nuove vetture; così artiglieria calessi e
carri di trecconi erano tutti sparsi per
la strada, e intanto i conduttori secondo l'usanza loro accesero de' fuochi e
riscaldarono le membra intirizzite di
freddo. E già si stava in riposo e fuor
di timore, quando all'impazzata mettendo i Cosacchi spaventevoli urli, uscíro-
no d'un bosco a sinistra e si scagliarono
con grand'impeto su tutti questi sciagu-

rati: A tale aspetto sospinto ciascheduno
dallo spavento si adopera secondo il naturale istinto, chi corre ad un bosco chi
alla vettura e sferza di frequente flagello i cavalli, tutti vanno senza saper dove e si disperdono per la pianura; ma
il ruscello le paludi e tutte le altre sca-
brosità del pavimento gli fermarono in
breve, e presentarono al nemico che gl'
inseguiva agevole presura: Que' furono
i più fortunati che approfittando del gran
numero de' carri corsero dietro di questi, in espettazione di chi venisse a liberarli, come non molto dopo intervenne;
imperciocché i Cosacchi veduto avanzarsi l'infanteria si ritirarono senz'aver
fatto altro male che ferir carrettieri e
saccheggiar carrette: Coloro poi che avevano in cura la difesa o la condotta de'
bagagli trassero partito di questo disordine per far empia rappresaglia delle
cose a loro affidate, e d'allora le rube-
rie e la mala fede si sparsero così sfac-
ciatamente per entro all'esercito, che nessun si trovava tanto sicuro in mezzo de'
suoi, quanto lo sarebbe stato in mezzo
a' nemici: Chiunque avea seco le altrui
sostanze coglieva il destro d'una confu-

sione per appropriarsele, e grandemente incoraggiato da sì facile maniera procacciava da sè di più frequenti occasioni di rubare, col far insorgere eglino stessi il disordine. La guardia reale erasi spacciata dalle angustie di Czarevosamico, quando furono assaliti gli equipaggi. Ebbe ordine allora di fermarsi, e sul punto di arrestare il piede si vedevano a sinistra 200 passi distanti de' Cosacchi in atto di spiare il nostro cammino, e di più per alcuni si aggiunge che quelli trapassaron la via per lo spazio dalla lunga nostra colonna lasciato. Tutte queste bravate felicemente riuscite contro a' nostri famigliari non partorirono qual si voglia effetto, ogni volta che furono tentate contra l'esercito. Così la guardia reale sebben videsi in fianco queste truppe non si scosse punto, anzi fermossi ad un bosco vicino a Velischevo, e le altre divisioni accamparono presso al vicerè, che stavasi costantemente in addietro dappoichè i Russi mostrarono di voler la nostra ritirata sturbare.

Tre ore innanti al dì vegnente (2 novembre) abbandonammo questa posizione, non però senza qualche sbigotti-

mento così di notte, poiché grande era
il buio, e ciascheduno temendo d'urtar-
si un con l'altro marciava brancolando
e sì lentamente che avean libero corso
i nostri pensieri. Malgrado tutte le cau-
tele molti cadevano in fossati che tra-
mezzavan la strada, altri precipitavano
a capitombolo in certi burrati di che il
sentiero medesimo veniva intersecato.
Tutti perciò desideravano ardentemente
lo spuntare del sole, colla speranza che
il suo benefico chiarore agevolandoci il
cammino ci porrebbe in istato non meno di prevenire gli aguati dell'inimico,
siccome di colui il quale perfettamente
conoscendo que' luoghi era del tutto favorito in ogni sua macchina e operazione.
Di fatti noi non ponevam dubbio che
ci fosse per assalire. Coloro poi i quali
conoscevano per lo senno que' luoghi,
temevano forte la posizione di Viasma,
sapendo che dopo a questa città mettea
capo la via di Medino e di Giucono,
per la quale erasi diretta una parte dell'
esercito russo dopo la battaglia di Geroslavia ed era assai più breve della nostra. Questi medesimi tenevano i Cosacchi apparsi il dì precedente per la

vanguardia della grandiosa cavalleria comandata da Platof e delle due divisioni
del gen. Milloradovich, i quali sboccavano nelle vicinanze di Viasma. I nostri esploratori e gli equipaggi del vicerè non erano che una lega discosti da
questa città, nè indizio alcuno si avea
della presenza dell'inimico. Il principe
intanto era nella retroguardia, col 1.mo e
5.to corpo, e vedendo che per la lontananza delle due estremità della sua colonna potea compromettersi della sicurezza dell'esercito, spedì ordine alle truppe che erano innanzi, di soffermare. In
questo mentre giunse di Viasma il capo
di squadrone Labedojere suo aiutante
di campo, il quale narratici quanti pericoli avea corsi, ne certificò che il dì
vegnente saremmo stretti a farci strada
colla forza dell'armi. Il vicerè adunque
si trattenne a Federosco, quantunque fosse aspettato a Viasma. Intorno ad esso
accampavano le sue divisioni, avea alla
destra il corpo de' Polacchi che facevano fronte al nimico, più innanzi le divisioni del primo corpo che sebben di
retroguardia pur confinavano colle nostre, tanto erano di sè sollecite, e que-

:sta fu la cagione che il vicerè volle ritardare il viaggio.

Venuto il nuovo giorno (3 novembre) le nostre divisioni si posero in via
verso alle sei. Giunte nelle vicinanze di
Viasma, e gli equipaggi omai entrativi,
i Cosacchi assalsero in que' contorni alcuni calessi accampati presso ad una chie-
succia ; i nostri vi si diressero e gli fu-
garono, ma voluto progredire per Viasma, la prima brigata della 13.ᵃ divisione comandata dal gen. Nagle che formava la nostra retroguardia, fu colta
in fianco alla sinistra una lega e mezzo
lungi dalla detta città. Molti squadroni
di cavalleria russa che sboccavano appunto da dove si aveva temuto, scaglia-
ronsi per entro al breve intervallo che
separava il 4.ᵗᵒ corpo dal 1.ᵐᵒ. Allora il
vicerè scorgendo il pericolo della sua
posizione ordinò la fermata alle divisioni e il ritorno dell'artiglieria, affinchè
delle batterie ben dirette potessero metter argine al nemico, le cui mire ten-
devano a tramezzarci la ritirata coll'impadronirsi di Viasma. Di mano in mano che queste divisioni s'adoperavano di
mandar a vuoto il piano de' Russi, eran

seguitate da quelle del 1.mo corpo. E qui si proferse l'incontro dolente di considerare che queste truppe senza dubbio abbattute da inuditi patimenti avean perduto quel bell'ordine, oggetto fino ad allora di ammirazione. Poca disciplina osservavano i soldati, i più de' quali o malati o feriti ingrossavano la soma de' carrettieri. Per tal modo il 4.to corpo sostenne da principio egli solo non pure l'urto di numerosa cavalleria, ma i replicati sforzi d'una divisione d'infanteria russa forte di ben 12m. uomini. Il primo corpo frattanto avendo sfilato dietro di noi a destra della strada, se n'andò sulla sinistra di quella tra Viasma e 'l nemico, nel qual luogo sottentrò alle truppe del 4.to corpo che il viceré aveva esposte in battaglia sin dal principio. Queste allora si recarono ad occupare la destra, per sostenere unitamente al primo corpo il combattimento che secondo le apparenze volevano i Russi commettere. La 14.ta divisione ch'era innanzi alla 13.ta lasciò passar questa quasi per servirle di retroguardia, e la 15.ta restò per riserva colla guardia reale nelle vicinanze di Viasma.

Così regolato quest'ordine di battaglia, l'infanteria nemica si avanza, l'azione comincia con grandissimo ardore, ma l'artiglieria de' Russi era di gran lunga superiore alla nostra; imperciocchè l'infelice condizione de' nostri cavalli non ci lasciava adoperarli con la medesima attività. In questo scontro il colonnello Banco aiutante di campo del vicerè comandando la seconda de' cacciatori italiani a cavallo, perdette netto netto il capo per una palla di cannone. Le nostre truppe malgrado ad essere per molte cagioni inferiori al nemico, mantennero le posizioni per tutto il tempo necessario a far ischierare i bagagli, i quali mentre attraversavano col più bell'ordine la città di Viasma, una parte della cavalleria nemica cercava di guadagnare le nostre ali. Quella che al nostro ritirarsi ci si avanzava alla destra venne arrestata da grosso corpo d'infanteria, che marciava con de' cannoni verso la sommità d'un cavaliere, e l'altra che a sinistra, fu pure trattenuta dalla cavalleria bavarese postatele a fronte e da non picciole squadre di cacciatori erranti imboscati in alcuni cespugli, de'

quali il campo di battaglia era tutto coperto. Pur queste operazioni 'de' Russi
sparsero la costernazione fra quelli che
deboli nella persona o sforniti di coraggio si erano dischierati per marciare a
proprio talento, de' quali vi aveà buon
numero particolarmente fra la cavalleria ch'era tutta sconcertata. Costoro così
dispersi diventarono disutilacci ed anzi
pericolosi, chè non solamente ci serviron
d'impaccio ma portavano da per tutto
lo scompiglio e 'l disordine, fuggendo
a precipizio da un nemico cui la loro
pusillanimità impediva di combattere;
situazione tanto a noi più fatale quanto
i Cosacchi vedendo in fuga queste genti
deboli e inermi accrescevano l'ardore e
'l coraggio, credendo ed a ragione che
queste colonne di fuggiaschi fossero colonne armate. Per buona sorte il gran
burrone alla sinistra della strada e spezialmente la bella posizione dal duca
d'Elchinghe occupata, misero freno agli
sforzi de' Russi che in tal circostanza ci
avrebbono tratto a duro passo. Così questo maresciallo lasciato dal giorno innanzi presso a Viasma onde aspettare il
passaggio del 1.mo corpo, e lo scambia

della retroguardia ebbe la gloria di averci aitati con la sua sola presenza del
maggiore pericolo che fino a quel tempo si avesse corso. Durante l'azione egli
v'intervenne presenzialmente, e viaggiò
lungo tempo col viceré e 'l principe
d'Emmil, per concertare con esso loro
sopra i partiti da prendersi. Correvano
le 4 dopo il mezzogiorno, quando il nostro corpo attraversò Viasma; nell'uscir
della quale si scorse accampato a manca sopra un cavaliere il 3.º corpo al
quale andiam debitori di molto per aver
si valorosamente quella notabile posizione difeso. E la sua costanza fu quella
appunto a cui ruppe l'ostinazion del nemico di volerla prendere, e quella che
valse assai a salvare il 1.mo 5.to e 4.to
corpo, rendendo facile a quest'ultimo il
modo di ritirarsi dietro il fiume di Viasma, dove il principe cercò di riparare
al male cagionato da un combattimento
funesto, onorevole per altro poiché fu
sostenuto in un momento in cui gli accidenti più favorevoli non avrebbon potuto procacciare una felice riuscita.

Nel passare per lo bosco che s'innalza al di quà dal cavaliere di Viasma,

si scontrò un convoglio di malati partito da Mosca prima di noi. Questi malarrivati privi da qualche giorno di ogni
maniera di soccorso, accampavano in quella selva che a loro serviva da ospitale
e da cimitero, perchè la difficultà di
far camminare i cavalli obbligò i condottieri ad abbandonar tutto. Là vicino
accampossi, e sull'imbrunire si accese
un gran fuoco sul dorso d'una collina
coperta di macchie; la guardia reale
stavasi intorno al principe e le divisioni
13.ª e 14.ª ci furono collocate a fianco,
e la 15.ª sebbene assai indebolita era
la nostra retroguardia. Da questa collina si rimirava il cielo tutto fuoco, e ciò
procedeva dalle case di Viasma che sfuggite al primo incendio furono per noi
date alle fiamme nell'atto di ritirarci.
Il 3.º corpo che sempre conservava suo
posto onde proteggere la ritirata, sebben
separato da' Russi per ruscelli e profondi burroni, pur sembrava essere di frequente attaccato. Spesso in mezzo al silenzio della notte eravamo destati dal
cannone che tirato per folte selve rim-
bombava d'orribile modo, e questo inatteso fragore ripetuto dall'eco della valle

prolungava in lunghi muggiti, quando
i nostri sensi così stanchi com'erano cominciavano a gustare il riposo, ed ogni
momento ci costringeva di correre all'armi per timore che il vicino nimico non
ci sorprendesse. Un'ora innanzi al mattino (4 novembre) il vicerè riputò prudente di profittare del buio della notte
per ritirarsi, e ottener così qualche ora
di vantaggio su' Russi co' quali non si
potea venire alle mani, poichè la fame
non ci concedea di fermarci in mezzo
a campagne deserte. Andavasi marcian-
do a brancicone sulla strada grande tutta coperta di bagagli e d'artiglieria: uomini e cavalli spossati di stanchezza si
strascinavano a stento, e di volta in volta che questi cadevano morti, i soldati
se gli dividevano e arrostivano sugli ardenti carboni questa carne che da vario
tempo era il solo lor cibo. Molti vie
più che la fame patendo il freddo,
abbandonavano gli equipaggi per coricarsi intorno a un gran fuoco che avevansi acceso; ma dovendo poi partire nè
avendo forza da levarsi, molti antepo-
nevano di cader tra le mani dell'inimico, anzi che tentare di continuar il viag-

gio. Il giorno era già avanzato di molto, quando si arrivò innanzi al villaggio di Polianovo presso il quale trascorre il fiumicello d'Osma. Il ponte era assai ristretto e cattivo, le genti che 'l doveano passare una moltitudine da non dirsi. Ciascuno ponea cura frettolosa per giungervi, il perchè commise il vicerè ad alcuni uffiziali dello stato maggiore d'intrammettere la loro autorità per mantener l'ordine in questo difficil passaggio, ed anzi non isdegnò fermatsi egli stesso e di agevolare con ogni cautela il transito al convoglio dell'artiglieria tra la folla degli equipaggi, che si premevano a vicenda per entrare in quelle angustie. Al dissotto del borgo di Semlevo passa un altro ramo del fiume d'Osma assai più considerabile che 'l primo non era, contuttociò non valse a ritardare le truppe che profittarono d'un ponte largo e forte per liberarsi da una posizione da cui avrebbe potuto il nemico ritrarre de' grandi vantaggi, dove fosse riuscito a impadronirsene. Semlevo edificato sopra una spezie di cavaliere sdruscito dominava la strada per cui vi si giungeva, alle sue falde eravi l'Osma

la quale scorrendo lungo ad esso ci avrebbe impedito di prenderlo dall'altra parte : Sulla fine del giorno si avea stabilito un alloggio al principe in una cap-
pelluccia di qua d'un ruscello paludoso,
e appena si disposero i famigliari intorno a quella che ripartiti per foraggi furono investiti da' Cosacchi e costretti di
ritornare a precipizio; chi avea perduto
le vesti chi i cavalli, altri erano tutti
mutilati da colpi di sciabla o di lancia.
Convenne allor pensare a novellamente
ritirarsi, e secondo che gli equipaggi
del viceré sgombravano quel posto, ecco de' cavalieri nemici avanzarsi alla volta nostra. In siffatta congiuntura ben si
apprese come in una ritirata era essen-
zial cosa l'assicurare il passaggio de' fiumi. Questo sebben picciolo a pena si
potea valicare a guado e mancava di
ponti per tragittarlo, uomini cavalli e
carri si gettavano in acqua; caso tanto
più penoso quanto che profittando i Russi della nostra confusione mettevansi ad
investire la estremità della colonna, e
spargevano la costernazione per quella
immensa moltitudine che rimasa sull'altra sponda si vedea tra un ruscello pro-

fondo mezzo agghiacciato e tra paludi.
Intanto ci fischiavano all'orecchie le palle che il nemico scagliavaci contro. Contuttociò il passaggio non riuscì di gran danno, che approssimando la notte, e temendo i Cosacchi di troppo avventurarsi rimasero dall'attacco, e noi non perdemmo se non de' carri che fu mestier di lasciare in mezzo dell'acque. Superato quest'intoppo eccoci in mezzo ad una foresta, sul confine eravi a sinistra un gran castello di legno da lunga fiata depredato, e là presso la villa di Rubico. Ivi si accampò. Di carnaggi non vi avea che 'l cavallo, solo ancora sopra un calesse dello stato maggiore un po' di farina restava del bottino di Mosca; ma per meglio distribuirla e con economia, la si facea bollire e si dispensava a ciaschedun uffiziale un numero di cucchiaiate secondo la quantità di questa pappa; i cavalli poi si potevano tener d'assai se avean della paglia che prima loro serviva da strame. Da di qua partissi di buon mattino (5 novembre) e senza il noioso incontro dell'inimico si giunse assai per tempo in un grosso villaggio, in cui tuttora rimanean

delle case, d'una tra l'altre si fece particolar osservazione ch'era di pietra, la quale ci servì per dinotare questa villa che secondo la carta della Russia esser dovea Gialcove Postoja Divore. O detto che quella casa ne servì per dinotare la villa, e la ragione è questa: che spesso ignorando i nomi de' luoghi per cui si passava era in uso di contrassegnarli con quello che aveano di più particolare sia per la figura sia per li mali ivi sofferti, non intendo però que' della fame, chè questa calamità eraci fedele compagna per tutte le ville. Fino ad ora ciascheduno avèa sopportato le sue traversie con intrepidezza e rassegnazione, lusingati dalla speranza che presto avrebbono fine. Nel partire di Mosca si avean cacciati gli occhi su Smolenco quasi termine della ritirata, e dove ci saremmo riuniti a' corpi lasciati sul Nieper e la Duna, sfilando per questi due fiumi e svernando nella Lituania. Andavasi ancora dicendo che Smolenco avea di provigioni dovizia, e che quivi le nostre sventure sarebbono alleggerite dal 9.° corpo, composto di forse 25m. uomini tuttora intatti. Questa città pertanto era

P. II. 6

oggetto di soave illusione, ad ognuno parea mill'anni di giungervi, e si dava a sperare che alle sue porte si ferme-rebbono le nostre sventure, perciò il suo nome correva di bocca in bocca, e tutti con espansione di animo lo ripeteva agl' infelici oppressi da' patimenti, come l'uni-ca e vera consolazione da far dimenti-care le passate sventure, e rimettere il coraggio necessario a soffrir le fatiche che ancor si dovevan durare.

Per di là dunque si prende il cam-mino (6 novembre) con un ardore che le forze addoppiava; eccoci presso a Do-rogobo venti leghe all'incirca da Smo-lenco lontano, e 'l solo pensiero che fra tre giorni vi si giungerebbe ispira ne' nostri cuori una generale ebbrezza, quan-do tutto ad un tratto l'atmosfera che fi-no allora stata era tranquilla e serena si ottenebra per foschi vapori. Il sole nascosto da folte nubi ci sparisce dagli occhi, fiocca rovinosamente la neve, e la terra si confonde col firmamento. Il vento soffia a furia empie i boschi di spaventosi sibili e curva a terra i neri abeti carichi di diacciuoli, tutta final-mente la campagna è una superfizie bian-

ca e selvaggia. Fra questo orror tene-
broso abbattuto il soldato dalla neve e
dal vento, che gli si scagliavano incontro a foggia di turbine, più non discer-
ne la strada dai fossi e sovente in questi cade e si seppellisce. Altri trascinan-
dosi a stento, male in arnese niente avendo da mangiare niente da bere, gemevano tremando di freddo, nè davano
soccorso o contrassegno di pietà a chi
di sfinimento cadeva a' piedi e spirava.
Ahi quanti vi ebbe di quest'infelici che
morendo di debolezza crudelmente lottavano contro le angosce di morte! Qua
si udiva chi dava l'ultimo addio a' suoi
fratelli a' suoi compagni, là chi mettendo l'ultimo sospiro pronunziava il nome
della madre e del paese paterno, ma
ben presto il rigore del freddo assaliva
le membra intirizzite e penetrava perfino a' midolli. Stesi sul sentiero non
gli si discernea che alle biche della neve la quale ricopriva i cadaveri, e che
sopra la strada formavano delle mote
simili a quelle de' cimiteri. Delle folate finalmente di corvi abbandonando
il piano per ricoverarsi ne' boschi vicini
passavanci sopra la testa con un malau-

gurato crocidare, ed oltre a questi delle truppe di cani venuti di Mosca non viveano che delle nostre insanguinate reliquie, e ci latravano quasi per affrettare il momento in cui dovevamo servir loro di cibo. L'esercito perdè da quel giorno la sua forza e la guerriera attitudine. Il soldato più non obbedisce all' uffiziale, l'uffiziale si allontana dal generale, i reggimenti sviati marciano a grado, e cercando di che vivere si diffondono per la pianura, ardendo e saccheggiando tutto ciò che cadeva in lor mano. Ma costoro che da noi si discostarono furono poco dopo assaliti dagli avanzi d'una popolazione, armata per vendicare le atrocità di cui era stata la vittima, e i Cosacchi in soccorso di questa venuti riconducevano su quella strada fatale il resto de' carrettieri sfuggiti alla strage, che di tutti gli altri aveano fatta. Tale la condizion dell'esercito si era, quando si giunse a Dorogobo. Questa città sebben picciola avrebbe nelle nostre miserie reso la vita a molti sfortunati, se 'l furore di Napoleone non l'avesse accecato a segno di non lasciargli vedere che i soldati suoi sarebbono i primi a ricever nocumento dal guasto da lui stesso ordinato. Dorogobo era bruciato saccheggiati i magazzini, l'acquavite che aveano in copia scorreva per le vie, e i rimasugli delle truppe intanto perivano per difetto di bevande spiritose. Poco rimaneva di case, e quelle furono occupate da' soli generali e uffiziali. I soldati in arme che tuttavia restavano dovendo far fronte al nemico erano esposti alla rigidezza della stagione e de' tempi, e gli altri allontanatisi da' corpi venivano per ogni dove respinti, nè sapevan trovar ricovero nè in mezzo pure alle scolte. Immagini chi legge la situazione di tutti questi infelici; cruciati dalla fame stavano intorno a un cavallo che appena caduto gli si avventavano come cani affamati e se ne disputavano la preda, abbattuti dal lungo vegliare e viaggiare non si vedevano d'intorno che neve, non un luogo netto dove sedere o riposare, assiderati dal freddo erravano qua e là per legna ma la neve le avea nascoste, e se ne trovavano non sapevano il dove o il come accenderle, chè il fuoco appena appigliatosi, l'impeto del vento e l'umidezza dell'atmosfera mandavano a vuoto le loro fatiche e l'unica loro consolazione in quegli estremi. Per la qual cosa gli si miravano tutti serrati insieme a guisa di mandra coricarsi a' piedi di betulle od abeti o sotto a' carri, altri schiantavano rami o a viva forza ardevan le case dov'erano gli uffiziali alloggiati, e benchè spossati di stanchezza si stavano tutti immobili come spettri intorno a quest'ampj roghi.

L'infelice Paolina di cui si ricorderà il leggitore se richiama alla memoria il sacco di Mosca, facea sempre parte delle nostre spoglie, e simile ad una schiava avea sino a' que' giorni diviso le nostre pene e i patimenti nostri, ma tutto sofferiva con quel coraggio che le ispirava la sua virtù. Credendo di portare nel grembo un pegno verace di quell'amore da lei stimato legittimo, andava superba di divenir madre, e menava orgoglio di esser fedele e costante nel seguire il suo sposo. Ma colui che d'ogni cosa era stato generoso promettitore, come seppe in sul mattino che più non si avea da svernare a Smolenco, determinò di sciorre un laccio che avea' riputato passaggero. Pieno l'anima di nero talento, il cuore muto di pietà, fassi a quest amabile ed innocente fanciulla, e sotto specioso pretesto le reca il doglioso annunzio ch'era necessario di separarsi. A queste parole manda la misera un grido di dolore, e gli dice che avendo sacrificato e la sua famiglia e la sua riputazione a chi esser doveva suo sposo, conoscea pure suo debito di seguitarlo per ogni dove, e che nè stenti nè pericoli avrebbon potere di rimuoverla dalla risoluzione, a cui legati erano del paro il suo amore e l'onor suo. Il generale niente commosso a fede sì rara le risponde alla breve, dovessi pigliare scambievol congedo, non permettendo le circostanze d'aver donne con seco; lui inoltre esser già maritato, e lei tornando prontamente a Mosca poter ritrovare lo sposo da' suoi genitori destinatole. A tale risposta quella pietosa fanciulla ammutolì, pallida e col viso dipinto di morte più che non era all'uscir delle tombe del Cremelino, non sa più aprire la bocca, piange sospira e soffocata del dolore cade in un profondo abbattimento, di cui trasse partito il perfido suo seduttore, non già per prevenire il natural sentimento che a lui noto non era, ma per fuggire i Russi de' quali la spaventata sua anima già credeva di udire le grida vendicatrici.

LIBRO OTTAVO

CRASNOE.

Allorchè Napoleone abbandonò Mosca formò pensiero di riunire tutto l'esercito tra Vitesco e Smolenco, e metter in opera i suoi disegni tra 'l Nieper e la Duna; ma giunto a Smolenco e veduto che le giornate 6 e 7 novembre aveano distrutto un terzo dell'armata, ne accagionò il rigor della stagione se dovea dimenticare il piano proposto. L'unico e vero motivo si fu per altro l'annunzio ricevuto a' 9 novembre a Smolenco, che Vitgenstein avea penetrato per la Duna, che Vitesco era stato preso con la guarnigione, e che l'esercito finalmente della Moldavia unito a quello della Volinnia, fugati i corpi del principe Svarzemberg, andavano a disporsi sulla Beresina con l'animo di unirsi a Vitgenstein, e impedire di ritirarsi alla milizia franzese. Così patente era siffatta mira del nimico e così naturale e ragionevol parea, che aggiungevasi anzi essere scopo de' Russi di prendere Napoleone vivo e di passare a fil di spada i soldati, per dare con ciò all'Europa un solenne esempio e cospicuo del gastigo da coloro meritato, i quali con una guerra ingiusta conturbano la pace del mondo. Non fu adunque l'asprezza del verno primaticcio che fece scadere Napoleone dall'idea conceputa, poichè se avesse potuto sostenersi tra Smolenco e Vitesco avrebbe leggermente riparato a' danni fino allora sofferti. La principale anzi la sola cagione di sua ruina deè ripetersi dall'aver voluto andare a Mosca, senza pensare a ciò che lasciava alle spalle, e fare a prezzo del nostro sangue ciò che l'imprudentissimo de' monarchi (*Carlo XII. re di Svezia*) non avea riputato prudente di farsi. La brama di saccheggiare questa capitale, l'orgoglio di dettarvi delle leggi (1) gli fecero sacrificar tutto, obbliar l'inverno e i suoi disagi, ardere il Cremelino, e non curare che Vitgenstein mai abbandonato non abbia la Duna, e che Schicagof venuto dalla Moldavia lo assalirebbe al ritorno della sua folle spedizione: Ignaro poi de' progressi che faceva il nemico sulla Duna, determinò che 'l 4.to corpo pas-

sasse il Nieper è corresse a Vitesco per
soccorrere la sua guarnigione comandata dal gen. Touget. Volendo inoltre riconoscere se la strada avesse ricevuto
alcun nocumento da' tempi, vi spedì il
gen. Sanson perchè disaminasse particolarmente le sponde del Vop, e con esso
lui partirono parecchi uffiziali ingegneri
geografi. Ma questi appena passarono il
Nieper caddero ne' Cosacchi, da' quali
erano tutte quelle rive infestate.

Il 4.to corpo dovendosi adunque in-
camminare per Vitesco partì a' 7 novembre di Dorogobo, di fronte alla quale città passò il Boristene sopra una zattera, ma quando fu al salire sull'altra
riva i cavalli aggiogati stentarono assai,
poichè il suolo era sdrucciolevole come
vetro, e quelli già sfiniti non avean forza da trascinare. A un solo cannone se
ne ponevano dodici e talvolta sedici,
contuttociò sovente non bastavano a sor-
montarle. Si volle quel giorno arrivare
a Giasele, ma sì scabrosa era la via che
nemmeno la mattina del giorno vegnente gli equipaggi non riuscirono ad arrivare nel luogo prefisso. Da ciò avvenne
che molti cannoni e molti cavalli furo-

no abbandonati, ed allora si cominciò liberamente a saccheggiare i carri e i calessi. Il pavimento era coperto di valige di casse di carte e di molte altre spoglie di Mosca, fino a que' tempi tenute occulte da giusta vergogna. Il bel castello di Giasele ci rappresentò durante la notte delle scene simili a quelle del giorno. Da' soldati in fuori che accesi erano dal saccheggio de' carri si vedea da ogni canto morir chi di fame e chi di freddo, e i cavalli ardenti di sete battere colle zampe il ghiaccio per trovarvi dell'acqua. Le nostre salmerie erano di tanto rilievo, che poco danno ci arrecavano siffatte perdite. Sempre si proseguiva a viaggiare allegramente (8 novembre), e a buona ragione si andava pensando che sebbene si abbandonasse la strada maestra di Smolenco, ne avremmo avuta un'altra che intatta dalle calamità della guerra potrebbe offrirci delle ville, le cui magioni conservate ci metterebbono al coperto dall'inclemenza dell'aria, ne porgerebbono qualche ristoro e spezialmente de' foraggi a' cavalli estenuati. Questa lusinghiera speranza rimase non meno dell'altre de-

Iusa. La villa di Sloboda nella quale si andò per passare la notte ne procacciò di nuovi timori, chè ogni cosa era saccheggiato, e i Cosacchi raggirandosi a' nostri fianchi presero spogliarono e massacraron coloro, che stretti dall'uopo vollero allontanarsi per ire a tracciar de' foraggi. In tale frangente il gen. Dantouard i cui talenti ci erano stati oltremodo utili, pareva che fosse non più un uomo solo ma cento, ed era una maraviglia il vederlo sempre accorrere or in questo ed ora in quel luogo, dove più soprastava pericolo. Stavasi egli mettendo in opera con assai d'efficacia la sua artiglieria per tutti i punti ch'esser potevano acconci, quando nel trascorrere per le file una palla di cannone lo colse nella coscia destra, dopo avere ucciso l'ordinanza che aveva al suo fianco.

Il vicerè intanto che sapeva doversi per noi trapassare nel dì appresso il fiume Vop, avea sin dalla sera precedente spedito il gen. Poitevin con alcuni ingegneri per far costruire il ponte necessario al passaggio. A questo fiume giugnemmo assai per tempo a' 9 novembre, ma chi potrebbe ora descrivere il dolore del principe e la nostra disperazione, quando tutte arrivate le truppe e i bagagli sul fiume non si potè tragittarlo? Il ponte erasi incominciato, ma sia che non fosse stato per ancora fornito, sia che la piena dell'acque all'improvviso sopraggiunte abbialo rovinato la notte, era in tale stato da non poterne far uso. Questo fatale accidente non essendo sfuggito alla vigilanza de' Cosacchi, subito ce li tirò addosso. E già si udiva il rumore dell'armi de' nostri cacciatori erranti che tentavano di respingerli, ma sempre più questo fragore accostandosi, ne chiarì che l'audacia de' Russi era affrancata alla vista de' nostri perigli. Il viceré la cui anima sempre si rimase costante e imperterrita in mezzo alle disgrazie, mantenne una presenza di spirito assai preziosa in sì disperato frangente. Per rassicurare le anime sbigottite più dall'avvicinamento dell'inimico che dagli ostacoli del fiume, avviò di nuove truppe, le quali agguerrendo i fianchi e le spalle ci lasciassero modo di pensar solamente al tragitto. Conoscendo egli dipoi che uno de' maggiori dar ne doveva esempio di coraggio passandolo il primo, comandò al colon. Delfanti suo uffizial d'ordinanza di mettersi alla testa della guardia reale e di varcare a guado il Vop. Costui da intrepido e valoroso com'era, colse con avida brama il destro di far conoscere il suo zelo, e sotto gli occhi del nostro corpo coll'acqua fino alla cintola si fece strada per mezzo il ghiaccio ivi raccolto, e alla testa de' granatieri superò qualunque difficoltà. Poco dopo il vicerè col suo stato maggiore seguitaron la guardia, e giunto all'altra sponda dava gli ordini per agevolare sì pericoloso passaggio. I carri allora cominciarono a schierarsi; i primi con alcuni pezzi d'artiglieria se ne trassero felicemente, ma scorrendo il Vop per un letto assai profondo, e le sue rive essendo lubriche dal gelo e dirupate, un sol passo vi avea praticabile, dove si formò ad arte un pendio per discendere al fiume. I cannoni col passar tutti sopra un medesimo terreno si erano immersi così profondamente che non ci fu possibile di cavarneli, e 'l solo guado atto al passaggio fu per tal modo otturato che divenne impraticabile all'artiglieria e al rimanente degli equipaggi.

Il fatto nostro in tal circostanza fu per tutti una disperazione, nulla montando gli sforzi di raffrenare il nimico, che pur troppo avanzava. Dall'altra parte la tema ci addoppiava i pericoli, il fiume era mezzo gelato, i carri non lo potevan passare, e chi non aveva un cavallo dovettesi determinare a gettarsi nell'acque. Che direm poi degli equipaggi? Cento pezzi di cannone una moltitudine di cassoni una folla di carri e carrette d'ogni generazione ch'erano un subisso a vedere, e de' druschi (2) dove si conservavano le reliquie delle provigioni portate da Mosca, stavano a così dire per pigliare commiato. E di fatti tutti si posero a rinunziare alle proprie sostanze, paghi di raccogliere le più pregevoli cose per quanto la fretta il permettea, e caricarne i cavalli. Ma i soldati sempre avidi di preda appena vedevano un cocchio già per abbandonarsi si scagliavano in frotta su quello, nè davano più agio al proprietario di scegliere ciò che venivagli a grado. Essi se ne avean fatto padroni, e lo saccheg-

giavano, sempre intenti però a farina o
licori. Gli artiglieri abbandonavano pure i cannoni, e sulla diceria che si avvicinasse il nemico gl'inchiodavano, disperando di travalicare un fiume tutto
ingombro di carri d'uomini e di cavalli
a nuoto. Le strida degli uni che passavano il fiume, la costernazione degli altri che si mettevano al cimento, lo spettacolo di coloro che di tratto in tratto
rotolavano nel letto, tanto sdruscita e
sdrucciolevole era la china, la desolazione delle donne il pianto de' fanciulli
la disperazion finalmente degli stessi soldati, erano una scena che straziava ogni
cuore e che per anco raccapriccia d'orrore tutti que' che ne furono spettatori.

Troppo ardua impresa quella sarebbe di voler tutte a parte a parte le
circostanze di questo passaggio descrivere, pure non posso tenermi dallo sporre
un tratto di materno affetto, sì commovente per sè stesso e sì onorevole per
l'umanità, che valse a sollevare alcun
poco il mio cuore oppresso di tristezza
per tanti sciagurati. Una trecca del nostro corpo che sempre ci aveva accompagnati, ritornava di Mosca recando nel

suo carro cinque figliuoli in tenera età, e tutto il frutto della sua industria. Giunta sul Vop stassi a rimirare con istupore questo fiume che la stringe ad abbandonar sulla sponda le sue fortune e quello che servir doveva al sostenimento della sua famigliuola, della cui sorte pareva ansiosamente sollecita. Corse buona pezza affannata qua e là per cercare miglior guado, nol trova e ritorna dolente al suo sposo: *amico*, gli dice, *conviene abbandonar tutto; cerchiamo solamente di salvare i figliuoli.* Così dicendo tragge dal carro i due più giovincelli e gli ripone tra le braccia del marito. Io io vidi allora questo misero padre stringere quelle innocenti creature e con tremulo piede trapassare il fiume, mentre sua moglie stavasi ginocchione sulla riva e riguardava ora il cielo ed ora la terra. Come scorse lo sposo all'altra sponda, stese le mani in atto di ringraziar Dio, e levatasi con impeto di gioia gridò che parea forsennata: *e' son salvi! e' son salvi!* Ma questi fanciulli deposti sull'argine contrario, credendo di essere abbandonati da' genitori, gli richiamavan piangendo: l'in-

quietudine era uguale d'ambe le parti:
Le lagrime finalmente che spremute erano dal timore, cessarono di scorrer dagli
occhi per abbandonarsi alla contentezza
ed al giubilo, subito che questa famiglia fu tutta raccolta.

Sopraggiunta la notte si lasciò questo campo di desolazione e d'orrore, e
si andò ad accampare in un cattivo villaggio mezza lega all'incirca lontano dal
fiume. Là nel silenzio della notte si udi-
van le strida di chi si sforzava a tra-
ghettarlo. Là 14.ª divisione era stata lasciata al di là dal fiume per tentare di
porr'argine al nemico, e di salvare se
possibil era una parte degl'immensi equipaggi abbandonati. Il dì seguente venni
spedito io per richiamare questa divisione, la quale nel cedere il terreno mi
pose in chiaro la somma de'nostri danni: Per più d'una lega non si vedeva
che cassoni, pezzi d'artiglieria, e confusi tra questi anche degli eleganti calessi tratti da Mosca. Qua e là dispersi eran pel suolo tutto coperto di neve
delle cose da queste carrozze strappate, candelieri di gran pregio figure di
bronzo quadri originali e delle più ma-

gnifiche e stimate porcellane ; ed io stesso m'avvenni in una scodella d'eccellente lavoro dov'era dipinto il sublime componimento di Marco Sesto (3). La presi e attinsi con quella dell'acqua del Vop piena di fanghiglia e di giacciuoli, e dopo bevuto con indifferenza la gettai ivi medesimo dove l'aveva raccolta.

Appena le truppe abbandonarono l'altra sponda, delle nuvole di Cosacchi più non trovando ostacoli si scagliarono su queste lagrimevoli spiagge, e vi trovarono degl'infelici che sfiniti di stento non ebbono vigore di trapassare il fiume. Quantunque poi andassero i nostri nemici carichi di bottino, spogliarono eziandio i loro prigionieri e gli lasciarono ignudi sopra alcune biche di neve, e dalla nostra riva si scorgevano questi Tartari a dividersi le spoglie insanguinate. Se 'l loro coraggio fosse stato uguale all'ardore del sacco, il Vop non sarebbe già stato una barriera da poterli raffrenare, ma questi vagabondi sempre fermandosi al lampeggiare d'una baionetta andarono soddisfi di vibrarci alcune palle di cannone, parecchie delle quali offesero la nostra colonna. La

notte testè trascorsa era stata per noi
soprammodo orribile; pensi chi legge a
un esercito accampato sulla neve in un
asprissimo inverno, inseguito dal nemico e non avendo nè cavalleria da op-
porsegli nè artiglieria. I soldati senza
calzari e quasi senza veste erano esina-
niti di fatiche e di fame, seduti sopra
un sacco appoggiavano il capo alle ginocchia e così dormivano, nè di questo
letargo movevansi se non forse per ar-
rostire de' pezzi di cavallo o per lique-
fare del ghiaccio. Spesso non si avea
legna e per procacciarsi del fuoco di-
struggevansi le case dove alloggiati erano i generali; e così adoperando delle
intere borgate ci sparivan dagli occhi, e
d'esse non più si vedea che una bragia.
In mezzo a sì gravi patimenti il vicerè
sempre alla testa non perdè giammai
la sua costanza e intrepidezza, e al nostro paragone più infelice di noi serbò
nel pericolo tutto illeso il coraggio e la
presenza di spirito, proponendo in tal
guisa un perfetto modello di vita militare.

Avvedutisi i Cosacchi che il nostro
posto era stato da noi sgomberato, var-

carono subito il fiume e ci si tennero alle spalle. La 14.ᵃ divisione che avea seco per ancora una dozzina di cannoni ci servì da retroguardia e rispose a'colpi dell'oste nemica, e gli uffiziali che attendevano il vicerè cercavano intanto di rimetter l'ordine, facendo rientrar ne' loro reggimenti i soldati, che la miseria aveva costretti a lasciare per ire in traccia di che vivere. Ma poco giovò questa cura, che sì grande era il numero de' dispersi da non potersi raffrenarli non che arrestarli, e quando pure ci fossero riusciti, la diserzione non avrebbe guari tardato a ricomparire, poichè la fame l'imperiosa fame gli stringeva ad abbandonare i loro vessilli. Più che andava la nostra miseria crescendo, più si mostravano arditi e intraprendenti i nostri avversarii, di frequente attaccavano la retroguardia e obbligavanci a fermate per recarle soccorso contro a forze che di gran lunga superiori alle nostre cercavano di opprimerla. La coda della nostra colonna venia vigorosamente incalzata, quando la guardia reale che erale capo fu innanzi a Ducochina trattenuta per alcune compagnie di Cosacchi, i quali uscendo di questa città si scagliarono per la pianura quasi per volerne intralciare. Veggendoci poi così stretti da ogni parte non sapevamo che farci, il fatto nostro era una confusione e 'l nostro corpo un'immensa folla, metà della quale era malata od inerme. Il nemico intanto dall'un lato stavasi fermo, vigorosamente ne caricava dall' altro, ma il principe sempre in sua nobile intrepidezza dispose in quadrato la guardia italiana i dragoni e' cavalleggeri bavaresi, i quali movendo a squadre costrinsero i Cosacchi a lasciarne libera entrata in Ducochina. Le nostre truppe venivano sostenute dalla 13.ᵃ divisione che ci riuscì a ridurla in colonna, ad onta di tanti dispersi che raccogliendosi in fretta d'intorno agli squadroni ne impedivano le operazioni. Perchè poi fosse sollecitata la marcia volle il vicerè intervenire presenzialmente al ristauro d'un cattivo ponte che ci chiudeva il passaggio, ed anzi per incoraggiarci non isdegnò d'impiegar egli stesso la mano al lavoro. Il suo sacrifizio per l'esercito ispirava ardore negli animi di tutti, e la non curanza della sua persona a tutti la rendeva più cara e più sacra. La picciola città di Ducochina per cui le truppe non erano mai passate (4) era del tutto illesa, gli abitanti al nostro avvicinarsi fuggirono, e ci lasciarono parecchie provigioni, le quali vennero per noi avidamente raccolte comecchè grossolane. Quello poi che le rendeva vie meglio preziose si fu il poterle apprestare e condire in buone case ed agiate, dove ci si potea riparare dal freddo eccessivo e dall'impetuosissimo vento.

Il viceré spedì frattanto un uffiziale a Smolenco per avvertir Napoleone de' disastri accaduti ci sul Vop, con animo certamente di aspettar la risposta, se malgrado a tutto ciò si dovesse progredire per Vitesco o fermarsi a Ducochina. Ma l'uffiziale non poteva per ancora esser giunto, che già fu stabilito di partire alle due del mattino. Tutto quel giorno fu per noi una tranquillità, ma sulle dieci della sera mentre si godevano le dolcezze del sonno, ecco i Cosacchi innanzi alla città tirando colpi di cannone in mezzo al campo. Alcuni posti furono sorpresi e quelli del 106.º reggimento se ne risentirono assai, e chi

sa quali sarebbono stati i tristi effetti di
così inaspettata sorpresa, se il vicerè non
avesse colla sua presenza posto riparo al
grave disordine? Le truppe furono tosto raccolte e poste dove meglio tornava
in questo conflitto notturno; ma tale
assalto siccome quello che da Cosacchi
venne intrapreso non ebbe alcun esito,
nè coloro ardirono di continuarlo, ac-
cortisi che noi eravamo a sufficienza disposti onde punirli della loro tracotan-
za. L'ora della partenza essendo giunta
(12 novembre), diemmo fuoco alla città, le cui case ci avean recato cotanto
di bene. Benchè avvezzi agl'incendj ed
agli effetti loro, pur quell'orribile ma
superbo spettacolo era una maraviglia.
Bello il vedere nel buio d'una notte tenebrosa una selva coperta di neve e il-
luminata dalle fiamme; tutti gli alberi
ravvolti in una corteccia di ghiaccio ab-
barbagliavan la vista e producevano come per mezzo ad una prisma i più vivaci colori e le più leggere gradazioni
di quelli; i rami delle betulle simili a
que' de' salici piangenti pendevano a terra a foggia di girandole, e' ghiacciuoli
percossi dalla luce sembravano una piog-

gia di diamanti di raggi e di scintille. In mezzo a questo dilettevole orrore (5) le truppe tutte raccolte uscirono della città per avviarsi a Smolenco, e sebbene la notte fosse assai fosca, i fuochi i quali sorgevano da' circonvicini villaggi abbruciati a paro degli altri, formavano delle aurore boreali che fino a giorno diffusero per la strada un terribil chiarore. Dopo Toropovo si lasciò a manca la via di Pologo, già usatasi nell' andare da Smolenco a Dorogobo. Le campagne erano tutte oggimai coperte di neve, i villaggi n'eran sepolti e parevano un punto nero sopra una superfizie bianca. La difficoltà di appressarvisi gli salvò da un generale sterminio, ed io paragonando la tranquillità di que' pacifici asili a' tormenti de' quali eravamo in balia non potei trattenermi dallo sclamare: * Felici abitanti, schivi d'ambizione, voi vivete tranquilli e noi soggiacciamo a' più orribili affanni! L'inverno a voi dà vita, a noi morte. Quando la dolce primavera verrà a liberarvi, contemplerete le nostre ruine e sparsi qua e là troverete i nostri cadaveri smunti e inariditi, doppiamente felici per aver poco sofferto della nostra tirannia, e per non avere i nostri patimenti aggravato. *

Il fiumicello di Comosto era gelato allorchè lo passammo, e 'l ponte che era in ottima condizione ne rese ancor più facile il varco. Giunti a Voldimeroya, il vicerè fu a stabilirsi nel castello situato al dissotto di questa villa, dove pure aveva albergato anche nel primo passarvi, e noi eravam certi che i Cosacchi dopo avere già scorso durante quel giorno su' nostri fianchi si erano fermati forse a paralello di noi. Nè a torto, che respinsero i nostri foraggeri i quali costretti da stremo bisogno andavano per provisioni scorrendo le ville men delle altre guastate. Correva il 13 novembre e un solo giorno mancavaci per giungere a Smolenco, dove l'abbondanza dovea succedere all'inedia e alla stanchezza il riposo. Impazienti di godere di beni tanto desiderati si presero le mosse assai prima del giorno, bruciando secondo l'usanza le capanne che ci avean dato ricovero. Quando si fu sull'eminenza di Stanna dove la strada di Ducochina si unisce a quella di Vitesco, estrema fu la difficoltà di liberarsi da questa montagna. Tutta la costa per cui si tentò di arrampicarci, era per via del ghiaccio labile a par di cristallo; uomini e cavalli sdrucciolavano e rotolavansi uno sull'altro, ed era un gran fatto se dopo tanta fatica si riusciva a spacciarsi di così arduo cammino. Prima di giugnere a Smolenco dove parea che le nostre traversie dovessero mutar faccia, si riproducevano ad ogni piè sospinto delle scene lagrimevoli che via più ne facevano desiderare questa città. Fra 'l giuoco della crudele fortuna erano veramente degne di compassione alcune donne franzesi venute di Mosca, le quali per sottrarsi alle doglianze de' Russi aveano creduto di trovare in mezzo di noi un sicuro rifugio. La maggior parte a piedi, in calzetti di seta, e vestite di qualche straccio di stoffa o d'altro, andavansi coprendo il meglio che potevano di pezzi di pelicce o cappotti de' soldati tolti ai cadaveri. La loro miseria avrebbe tratto le lagrime a' più insensibili cuori, se 'l rigore delle circostanze non avesse soppressi i sentimenti dell'umanità. Di tutte queste vittime della guerra non vi era chi più valesse ad ispirare compassione della giovine e pietosa Fannì; dolce avvenente amabile spiritosa più lingue parlante, con tutte in somma le doti da sedurre ogni uomo inumano e selvaggio, era costretta a mendicare il più lieve servigio, e un tozzo di pane che a stento poteva ottenere spesso la obbligava alla più vile ed abbietta sommessione. A tutti chiedeva soccorso e da tutti era tratta nel laccio, e sempre si stava a' piaceri di colui che il giorno aveasi preso cura di alimentarla. Questa misera la vidi io di là da Smolenco, che più non potendo mutare il passo si facea trarre dietro ad un cocchio, e quando le sue forze le vennero manco cader nella neve, in cui fuor di dubbio rimase sepolta; senza la miserabile ricompensa di aver destato compassione od ottenuto non ch'altro uno sguardo di pietà: tanto le anime erano avvilite e la sensibilità estinta! Le nostre sciagure non avevano per tal maniera più testimonio, e noi tutti n'eravamo deplorabili ostie.

Dietro a noi venivano a immense schiere veltri smisurati con lungo pelo, partitisi dai luoghi per noi bruciati. Or-

ribil cosa à vederli e più orribile ancora sentirli a latrare per fame e come
fossero arrabbiati. Spesso nel loro furore si scagliavano su' cavalli che à quando a quando morivano e cadevan per
via, e ne disputavano a' soldati la preda. I corvi finalmente di che la Russia
è ripiena; tratti al lezzo de' cadaveri
ci venivano innanzi à dense folate, e con
le grida malaugurate colpivano di terrore le anime deboli e 'l colmo ponevano
alla soverchiante miseria. Per buona ventura non eravamo che due leghe da
Smolenco lontani, e 'l campanile del famoso suo tempio che ben da lungi vedeasi, lusingava i nostri cuori per dolce
illusione e porgeva una leggiadrissima
prospettiva. Un'ora prima di giungervi ci
lasciò la 14.ᵃ divisione con que' pochi cavalli bavaresi che pur ancora ci rimanevano, onde spiare ed affrenare i Cosacchi, il cui numero che sempre ingrossava pareva ne volesse accompagnare sino alle frontiere di Smolenco. Ma
chi potrebbe ora immaginarsi le nostre
ambasce, quando ne' sobborghi s'intese
che 'l nono corpo già se n'era partito;
che 'l nostro pure non vi si fermerebbe

e' che tutte le vettovaglie erano consumate? La folgore se ci fosse caduta a' piedi meno ci avrebbe sbigottiti di questa notizia; e' nostri sensi così ne rimasero sopraffatti, che nella disperazione nessuno volea prestarvi credenza: Ma i nostri occhi ne resero pur troppo chiariti del vero; come si vide la guarnigione vivere di cavalli; noi allora più non dubitammo che la fame regnasse; laddove si credeva il soggiorno dell'abbondanza: Nell'entrarvi ci colse profondo pensiero sulla nostra sorte, e per addolcirne l'amarezza ci fu promesso di distribuirne un po' di riso di farina e di biscotto: Questa soave speranza riaccese alquanto gli animi abbattuti, ma poco stante ecco nuova e dolente ventura. Appena si giunse alle mura di Smolenco si videro venire in gran numero soldati dispersi; e che tutti gocciolanti di sangue ne annunziarono esser i Cosacchi dugento passi vicini. Poi sopravvenne il capitano Trezel aiutante di campo del gen. Guilleminot lasciato in addietro per disporre la 14.ta divisione. Questi ci annunziò di averla collocata in un castello di legno, donde si spiava la strada che 'l nimico avea circondata; ma che sendo essa ben trincerata intorno al castello le cui terre erano palificate, si avea disposta in sì robusta attitudine che i Cosacchi disperando del felice riuscimento, eransene ritirati per iscagliarsi contro a' carrettieri, che subito rotti parte ne restarono uccisi e moltissimi feriti. La strada era coperta di quest'infelici, ed era uno spettacolo veramente di compassione dignissimo, particolarmente veggendoli calare dalla montagna di Smolenco. Così ripido era il pendio e così lubrico per lo gelo che tutti questi tapinelli potendosi appena aggrappare si sedevano sulla costa e più precipitosamente sdrucciolavano. Pochi giungevano a salvarsi, la maggior parte perivano nuotando nel loro sangue.

Lasciata finalmente su questo monticello la guardia reale per soccorrere la divisione Broussier, noi ne scendemmo verso il Boristene ponendo opera d'entrare nella città. Vicino al ponte si univano le strade di Dorobogo e Valontina da tutti gli altri corpi seguite, i quali non avendo passato il Vop aveano intatta con seco una gran parte dell'ar-

tiglieria e de' carri . Da ogni parte ac-
correvan bagagli che ad altro non valsero se non a seminar confusione tra i
fanti e i cavalieri, e questi volendo ad
ogni costo entrar a Smolenco per aversi loro ivi promesso del pane, si stroz-
zavano gli uni cogli altri per essere i primi; il qual disordine ne costrinse a re-
starci fuori per più di tre ore. Quel
giorno il vento era impetuoso ed eccessivo il freddo, del quale dicevasi dover
giugnere a 22 gradi sotto del ghiaccio, contuttociò tutti discorrevan le vie
colla speranza di potervi comperar da
mangiare . Smolenco è fabbricato sul
dorso d'una montagna, il pendio della
quale era così sdruccioloso che per sa-
lirvi si dovea arrampicarsi e aggrappare le punte della roccia ch'emergevano
fuor della neve. Ma finalmente dagli
dagli se ne giunse alla vetta, dove si
distende la piazza maggiore e le case
che poco aveano dall'incendio patito;
ma sebbene assai rincrudiva la stagione
pur si amavano meglio de' viveri che
un albergo. Alcuni soldati della guarnigione a' quali era stato distribuito un
po' di pane si videro a forza costretti di

ne lo vendere, poi quelli supplicavano
i comperatori di cederne loro una por-
zione, e così si vedevano alla rinfusa
uffiziali e soldati mangiare insieme in
mezzo alle strade.

In questo mezzo i Cosacchi appariscono, e già si scorgono girare per quelle alture e tirar sulle truppe schierate
al dissotto della città. La nostra divisione (14.ª) era con loro alle strette, e 'l
viceré volle recarvisi da quella, onde
vi andò accompagnato dal gen. Gifflenga e da' suoi aiutanti di campo Tascher
Labedojere e Mejan, nè mancò pure
Corner uffiziale d'ordinanza, tutti istan-
cabili nelle calamità e pronti mai sempre a sfidar i pericoli.

Grande vi avea difficoltà di rico-
vrarsi, chè le case eran poche, innumerabili i concorrenti. Ammucchiati finalmente gli uni sugli altri in certe ampie
pie sale preservate dall'incendio la mercè delle volte, si stava in affannosa aspettazione che si distribuisse del pane. Ma
le formalità d'adempirsi furono sì lunghe che sopravvenne la notte senza niente aver deliberato, e allora ci toccò scorrere di nuovo le strade con l'oro in

mano, e cercar di che vivere presso i soldati della guardia imperiale, i quali essendo prediletti sul resto dell'esercito spesso guazzavano nell'abbondanza, mentre gli altri pativano d'ogni cosa penuria. Questa città pertanto dove trovar si credeva il fine delle nostre sventure, deluse crudelmente le nostre più care speranze e divenne per contrario il testimonio di tutte le nostre calamità e del più profondo nostro abbattimento. I soldati privi d'un tetto accampavano per le vie, e picciola pezza dopo gli si trovavano morti intorno al fuoco che avevano acceso. Gli spedali le chiese e gli altri edifizj più non potevano capire i malati che si producevano a migliaia, il perchè a molti di quest'infelici toccava di restare nell'asprezza d'una gelida notte sopra carrette e dentro d'alcuni cassoni, dove però morivano, cercato inutilmente un altro rifugio. Tutto finalmente si avea promesso per Smolenco e niente si avea preveduto per mantenervisi, o apparecchiato per alleviare un esercito che quivi solamente avea la salute riposto. Da quel tempo la disperazione si cacciò per tutti i cuori, e tut-

ti a sè soli e alla sua vita solamente
pensando, misero in dimenticanza l'onore e 'l dovere, o per meglio dire non
istimarono esser di dovere e d'onore il
sottoporsi ad un capo così imprudente
ed ingrato, che pensato non avea di dar
pane a chi la sua vita gli avea sacrificato (6). Quegli stessi che ilari ed intrepidi esser solevano, abbandonata interamente la loro natura non pensavano che
a disastri e sciagure (*V. il 29 Bullettino*).
Un solo era il nostro pensiero, la patria, ed un solo il nostro aspetto, la
morte. Con sì funesto presentimento tutti solleciti di loro sorte andavano chie-
dendo timorosi e in aria di secretezza
qual fosse la situazion delle truppe dalle quali si aspettava la nostra liberazione. *Dov'è egli il duca di Reggio*, si
domandavan soppiano? *Egli à voluto
guardar la Duna, ma venne costretto ad abbandonare Polosco ed incamminarsi per Lepel*, rispondevano con voce
sommessa. *E 'l duca di Belluno che fa?
— Non à potuto passar Senno. — E che si
dice dell'esercito russo della Volinia? —
À respinto il principe di Svartzemberg
dietro il Bughe, e si avanza per Min-*

co contro di noi. Ah se queste notizie son vere, dicevano molti fra se, che sarà di noi? che altro ci rimane a sperare? Il nemico ci deve al tutto aspettare al Nieper, ed ivi darci una gran battaglia da compire il nostro sterminio.

Mentre si stavan le truppe intorbidate da sì foschi pensieri, una voce sorda e confusa piombò sulla smaniosa nostr'anima a via più lacerarla. Andava questa dicendo che la Francia era tutta sconvolta da un estremo scompiglio, che le città di Nantes e di Caen si erano ammutinate, e che Parigi da cui pendeva per quasi vent'anni la sorte degl' imperj era in sì veemente rivoluzione da farci tremare sulla sorte della diletta nostra patria. Ma poi si seppe che certuni dediti al governo popolare aveano spacciato la morte di Napoleone e la piena distruzion dell'esercito, onde profittare del malincuore e della costernazione che da questa nuova sarebbesi sparsa, per sopraffare i presenti magistrati e crearne di nuovi che da loro dipendessero. Se questa trama fosse stata ordita da gente saggia e ambiziosa d'illustrarsi per la liberazion della patria, nè per altro avessero tentato di ruinar l'imperatore se non per risparmiare a' Franzesi lo smacco di esser debitori della loro salvezza a que' che si chiamavano nostri nemici, affè che 'l disegno sarebbe stato da eroe! ma ben altra mira si seppe aver essi, che questa nobile e grande di sottrarci dalla tirannia; chè volean farci passare agli orrori dell'anarchia. Perciò in luogo di compiangerli, godemmo di veder salva la patria dal furor de' partiti, conciossiachè la perfida politica del nostro oppressore avea con le accorte sue istituzioni congiunta alla sola sua testa la sorte d'un popolo intero. Per li mostruosi suoi macchiavellici dettami ponea la Francia in guerra col genere umano, il perchè la salute della Francia dalla conservazione dipendeva di sè medesimo.

Noi frattanto coricati su della fradicia paglia eravamo il bersaglio di queste dolorose riflessioni, quando all'improvviso fummo da di là mossi per questo grido inaspettato: *alzatevi, alzatevi, saccheggiate i magazzini*. Noi subito in piedi, ognun provvedutosi chi d'un sacco chi d'un paniere ed altri d'un fiasco

andava gridando: *io vo per farina, tu
va per acquavite: i famigliari corrano
per carname, biscotto e legumi.* In un
soffio la camera è sgombra. I nostri
amici ritornarono a buona pezza, e ci
descrissero i soldati che morti di fame
non potendo sostenere la lentezza della
distribuzione, aveano in onta alle guardie penetrato in folla ne' magazzini per
depredarli. Tutti que' che tornavano indietro aveano le vesti bianche di farina,
e molti anche traforate da baionette per
aver voluto strappare di forza alcun sacco che altri si stavano dividendo. Alcuni quasi cadendo al peso deponevano
sulla tavola un gran paniere di biscotto
e un enorme coscia di bue, ed un'ora
dopo ecco i famigliari portarci del riso
de' piselli e dell'acquavite. A tant'abbondanza i nostri cuori si allargavano,
qui si rideva impastando il suo pane,
là si cantava facendo cuocere la carne,
tutto era giolito e festa, molti però dan-
dosi sul bere fecero al giubilo e all'allegrezza succedere una profonda melan-
conia. I tempi andavan superbi, ma l'
aria era sì cruda che nell'attraversare
le strade si gelava, e talor si trovavano

pure i cadaveri di parecchi soldati stesi sulla neve, che sfiniti dagli stenti avean soggiaciuto all'eccesso del freddo, mentre se n'andavano a cercare un albergo.

Tante calamità e particolarmente la dimora di Smolenco mi richiamarono alla memoria la morte del colon. Battaglia, il quale comandava la guardia d'onore italiana. In quel tempo la era bella e distrutta, perciò mi credo in dovere di sporre così alla breve la storia di quella. Essa era composta di giovani scelti tra le prime famiglie del regno d'Italia, i cui genitori assegnavano a ciascheduno miladugento franchi quando entravano in questo corpo, l'essere ammesso al quale gli era un onore come dal titolo a sufficienza si pare. Fra questi giovani rara cosa non era il trovare uniti alle ricchezze i talenti; molti anzi di loro eran l'unico rampollo d'un'illustre famiglia. A queste doti si univano e cultura e disposizione da diventare un giorno eccellenti guerrieri. Quest'era in fine la scuola donde uscivano per l'armata italiana i più istrutti e distinti uffiziali. Si erudivano essi nell'arte per via di sagge istituzioni, si sot-

toponevano a leggi e salivano ad onore-
vol grado, che tuttavia gli obbligava a
prestar servigio da soldato. Questo corpo si diportò valorosamente in tutte occasioni e attirava sopra di sè la comune
ammirazione per lo suo contegno e disciplina; ma più degli altri avea patito
de' disagi di cui fu troppo feconda questa memorabil campagna. Nè meraviglia,
che le guardie d'onore siccome quelli
che inetti erano a ferrare i cavalli a
raccapezzarsi le vesti o i calzari, dovettero essere i primi a sopportar la durezza delle stagioni, quando gli operai
e' famigliari attenenti a' loro reggimenti
usciron di vita. Sprovvisti adunque di
cavalli nè portando che de' grossolani
stivali non poteron durare alle fatiche
di marce continue. Confusi coi carrettieri restavano indietro senza vitto senz'
albergo, e così que' figliuoli d'illustri
famiglie nati a più avventurosa fortuna,
perivano ancora più miseramente del
volgo de' soldati, tanto più che l'educa-
zion loro gli rendea schivi da certe opere abbiette, colle quali avrebbono potuto
riparare la vita. Quali andavano ravviluppati in certi mantelli tutto cenciosi e

mezzo arsi, quali a bardosso di cavalli chiamati cognia (7) cadevano di sfinimento nè più si potevan rialzare. Di forse trecencinquanta ch'essi erano, tutti finalmente trattine soli cinque soggiacquero a lagrimevole morte, ma nello spirare fu l'amarezza del loro destino confortata e raddolcita dalla consolazione di seco recare la stima di quel principe che gli aveva creati, e che degno di compassione a paro di loro gemea sulle calamità che la condizione de' tempi non gli concedeva d'alleggerire.

L'imperatore se ne stava a Smolenco quando noi vi giungemmo (14 novembre), ed ogni giorno riceveva di spietate notizie intorno alle truppe; ma quello che più di tutto il rammaricò si fu il sentire aversi dovuto ritirare il conte Baraguai d'Illiers spedito sulla via di Elnia col gen. Augereau per metter argine al conte Orlof Denisof che si recava innanzi per torre alla grande armata il mezzo di ritirarsi. Questi generali conducevano seco delle truppe non istanche, formate da' differenti battaglioni delle marche, e si stabilirono nelle ville di Giasvino Liacovo e Dolgomosto. Seb-

bene il gen. Augereau fosse trincerato
in sua posizione non riuscì co' suoi tre-
mille d'infanteria a tener fronte che
un'ora a cinquemila di cavalleria. Allora il conte d'Illiers che si trovava tre
leghe in addietro temendo di essere in-
viluppato fu costretto a piegare per Smolenco, seco adducendo i cannoni e convogli, indotto in chiaro conoscimento di
non potere con due o tre migliaia di uomini resistere all'urto dell'esercito russo
che da Caluga tentava di sboccare tra
Smolenco e Crasnoe. Napoleone non più
sapendo come resistere a tante sventure
radunò quel giorno un pieno senato, al
quale intervennero i capi de' corpi e
marescialli dell'impero. Pochi momenti
appresso ordinò che parte de' suoi equipaggi si ardesse, ed egli se ne partì in
un calesse accompagnato da' suoi cacciatori e da' lanceri polacchi della guardia. Intanto si diffuse voce che si dovea
partire il dì vegnente col 1.mo corpo, e
che 'l 3.^{zo} ne uscirebbe ultimo per prima le fortificazioni minar della città e
servire da retroguardia. Il dì medesimo
il vicerè si trattenne lunga pezza col suo
capo dello stato maggiore, e noi eravan-

mo tutto attenzione per curiosità di saperne gli effetti. Di fatti a' 15 novembre fu dato ordine di tosto continuare il viaggio, ma forte avanzata erasi l'ora, a cagione del ritardo prodotto dall'intera distribuzione di tutto ciò che avanzava ne' magazzini. Le più delle donne le quali eransi con noi e i cui patimenti non facevano che aggravare i nostri, furon lasciate a Smolenco, tutte spaventate come ognuno può credere, perciocchè ben sapevano che i rimasugli di questa città stavano per esser saccheggiati, date in preda alle fiamme le case, e le chiese minate. Ma poco dopo ci giunse all'orecchio che l'etman Platof entrato ferocemente in città aveva impedito alla nostra retroguardia di mettere ad effetto il reo comandamento.

Nell'uscir di Smolenco ecco nuova scena d'orrore. Da questa città sino al cattivo contado di Lubna già bruciato, nelle tre leghe di strada che vi son di distanza, il sentiero era tutto coperto di cannoni e di cassoni, e non ebbesi agio d'inchiodar quelli e di minar questi. I cavalli d'ora in ora e di momento in momento cadevano morti a centinaia;

leggasi il 29.° bullettino dove se ne vedranno registrati ben 30m. che in pochi
giorni mancaronci. Tutte le angustie che
i carri non avean potuto passare erano
ingombre d'arme d'elmi di corazze;
bauli fracassati valige semiaperte vesti
d'ogni generazione erano sparpagliate per
la valle. Di tratto in tratto si vedevan
degli alberi al cui ceppo alcuni soldati
si erano ingegnati di appiccar fuoco, ma
quest'infelici morirono nell'atto medesimo che inutilmente si sforzavan di
accenderlo. Erano stesi a dozzine sul
pavimento intorno ad alcuni verdi ra-
moscelli, e tanti cadaveri avrebbono
impedito il passaggio, se non gli si avesse di sovente adoperati a turare i fossati e le rotaie. Tali e tanti orrori
lungi dal risvegliarne pietoso sentimento
non valevano che ad indurare il nostro
cuore, nè più potendo la crudeltà nostra sfogarsi sull'inimico rivolgevasi sopra di noi. I migliori amici non si conoscevano più, e chi provava il menomo disagio se non avea seco un buon
cavallo o de' fedeli famigliari, era certo
di non rivedere mai più la sua patria.
Ciascheduno preferiva le spoglie di Mo-

sca all'amico al compagno; d'ogni lato
gemiti di moribondi e querule voci di
que' che si lasciavan diserti. Tutti alle
lor grida facevano i sordi, e chi loro
si avvicinava sull'atto di esalar lo spirito, era tratto dall'avidità di spogliarli
o di frugare se avevano ancora degli alimenti.

A Lubna non si potè preservare dal
guasto se non due meschine capannucce,
una per lo vicerè, per lo suo stato maggiore quell'altra, ed ivi appena stabili-
ti udissi innanzi di noi un forte cannc-
nare. Ma siccome il fragore parevaci venir dalla destra, si credette essere il nono corpo che non potendo affrenare le
truppe di Vitgenstein fosse stato costretto a muovere indietro il passo. Quelli
poi che si conoscevano di tali affari, sti-
marono più tosto che l'imperatore colla sua guardia fossero stati assaliti prima di arrivare a Crasnoe da Milloradovich e dal conte Orlof i quali comandavano la vanguardia Cutusof; siccome
quelli che venuti d'Elnia avessero guadagnato la strada all'esercito, nel tempo
del nostro soggiorno a Smolenco.

Ma osserviamo un poco la misera

condizion dello stato maggiore. Sotto un meschino tugurio a pena coperto, si stava questo corpo di forse venti aggrumato intorno a un picciolo fuoco e confuso con altrettanti servidori. Dietro di loro erano sfilati in cerchio i cavalli perchè servissero di qualche riparo al vento che furiosamente sbuffava, e 'l fumo era sì denso che a stento si discernevano le sole figure collocatesi presso del fuoco e intese a soffiare ne' tizzoni su' quali cuocevansi quelle poche loro vivande. Gli altri ravvolti in pellicce o in altra sorte di mantelli giacevansi boccone l'uno sull'altro onde meno patir di freddo, nè da di là si moveano se non per oltraggiar coloro che lor camminavano sopra, o estinguere il fuoco che da' tizzoni appigliavasi alle pellicce.

Giunto il nuovo giorno (16 novembre) si continuò a marciare, sempre seminando d'immense ruine la strada. I cavalli più non potendo tirare, si dovea lasciare i cannoni alle falde d'ogni più lieve rialto, nè altro dovere si prescriveva agli artiglieri che di spargere la polve de' cartocci e inchiovare i cannoni perchè non ce li tornassero contra,

A tale stato crudele erano le cose nostre, quando forse due ore prima di arrivare a Crasnoe, il gen. Poitevin e Gouvion videro appresentarsi un uffizial russo seguito da un trombettiere, il quale cornò come per annunziare che un legato dimandava di avanzarsi. Sospesi si fermarono, lasciando che l'uffiziale si avvicinasse. Il gen. Gouvion lo richiese allora della cagion del suo invio, a cui * Io vengo, rispose, da parte del gen. Milloradovich a significarvi che jeri abbiamo sconfitto Napoleone con la guardia imperiale, e che oggi il vicerè è circondato da un'armata di ben 20m. Egli adunque non ci può sfuggire, ma se vuole arrendersi gli si offrono delle orrevóli condizioni. * A queste parole il gen. Gouvion tutto corrucciato rispose: * Ritornate subito donde siete partito, e dite a chi v'à inviato che se voi avete 20m. uomini noi ne abbiamo 80m. * Ciò pronunziato con fermezza di voce stupefece per siffatto modo l'ambasciatore, che ritornò prontamente d'ond'erasi mosso.

Intanto giunse il vicerè il quale non potè udire questa notizia senza raccapri

ciare, e sebbene fosse il suo corpo ridotto
a nulla e sapesse per lo senno quanto
male fossero andate le cose il dì avanti
tra la vanguardia di Cutusof e la guardia
imperiale, pur pensando al modo glorioso onde sempre erasi spacciato da so-
vrastanti perigli, si diede allo sperare di
poterla raggiunger fra poco facendosi
strada a forza; determinato in qualunque ventura di soggiacere ad onorevole
morte, anzi che di accettar condizioni indegne della illustre sua fama. Subito
adunque ordinò alla 14.ª divisione di
far fronte al nemico seco adducendo i
due pezzi di cannone che ci restavano
soli, poi chiamando da parte il gen. Guilleminot capo del suo stato maggiore
s'intertenne lunga pezza con lui, e l'esito de' loro abboccamenti fu di aprirsi
ad ogni costo la strada. Le nostre truppe intanto si recavano innanzi, e i Russi lasciaronle il passo sì arrivarono alle
falde d'un'eminenza sulla quale accampavano. Allora scopersero di botto i loro cannoni su delle carrette disposti perchè fossero al maneggio più pronti, e
fulminarono le nostre file, finattanto che
la cavalleria discesa dalla posizione ter-

minò di sconfiggerle le tolse i due cannoni, di cui pochissimo si aveano potuto valere per difetto di munizioni. Per mezzo al fuoco dell'inimico mosse il gen. Ornano col rimanente della 13.ª divisione per soccorrere la 14.ª crudelmente battuta; ma una palla di cannone le passò sì da vicino che 'l precipitò di sella. Credutolo morto i soldati corrono a spogliarlo, ma non era che stordito dalla violenza del cadere. Il principe allora spedì 'l col. Delfanti per avvivare le truppe, e questo intrepido essendo in mezzo di quelle tra una gragnuola di palle e di mitraglia incoraggiando i suoi col consiglio e più ancor coll'esempio, due pericolose ferite lo costrinsero a dischierarsi. Un cerusico avevagli applicato un empiastro, ed egli si lagnava di doversi allontanare dal campo della battaglia, quando incontrò per via Villeblanche che siccome auditore al consiglio di stato doveva abbandonare Smolenco di cui era l'intendente insieme col gen. Charpentier ch'erahe il governatore; ma tratto da crudel fortuna quegli dimandò ed ottenne dal vicerè l'onore di tenergli compagnia. Questi due giovani generosi scorto il colonn. Delfanti ferito che si appoggiava ad un uffiziale, non ascoltarono che le voci dell'umanità e corsero a dargli braccio. Allontanatisi tutti e tre a poco a poco dal campo di battaglia, ecco una palla di cannone che fracassa la spalla del colonnello e via porta la testa di Villeblanche. Così perirono due giovani che in diversa carriera dieder pruova di talenti e coraggio; vittima fu quello del suo valore, della sua umanità lo fu questo. Tocco il vicerè da sì dolente caso onorò la memoria del colonnello con una beneficenza verso il suo genitore, e avrebbe pur consolato il padre di Villeblanche se le cose accadute in processo non avessero arrestato il corso della sua munificenza. Molti uffiziali per merito distinti perirono in questa sanguinosa giornata, fra quali molto mi duole di non poter menzionare che 'l maggiore Oreille sì noto per lo suo valore, e l'aiutante di campo Fromage, il cui zelo poteva solo eguagliare la prodigiosa sua attività. Il cannone intanto non si ristava e da per tutto portava desolazione e sterminio, il campo era coperto di morti e di mori bondi, i feriti èrano ín tánto numéro da non dire, nè più capir ne potevano i carri. I medesimi colpi che aveano atterrato le prime file, giungevano a penetrare nell'ultime e a percuotere gli uffiziali; ivi appunto perirono i capitani Bordoni e Mastini che ancora avanzavano della guardia d'onore italiana. Il viceré conosciuta la fermezza del nimico nel volerci contendere il passo, finse accortamente di voler prolungare la pugna a sinistra col rianimare e riunire la 14.ta divisione, e finchè i Russi ingrossavano della maggior parte di loro forze quel canto per imbarazzare questa divisione, il principe ordinò a' suoi che ancora restavano di approfittare della fine del giorno per isfilar sulla destra colla guardia reale che non era assalita. In questa marcia il col. Clischi al quale la lingua de' Russi era familiare diede segnalata prova di presenza di spirito. Egli procedeva alla testa della nostra colonna, quando fu trattenuto da una vedetta che 'n Russo gli gridò: *Chi è là?* L'uffiziale intrepido non si scosse in un incontro così molesto, e mosso prontamente verso la sentinella gli rispose nella sua lingua: *Taciti disgraziato, non vedi tu che noi siamo del corpo d'Ou-varov e che andiamo a spedizione se-creta?* Il soldato si tacque, e ne' silen-zj della luna ci lasciò libero il passo senz'altro fiatare.

Tutto aveva fallito la vigilanza de' Russi dalla 15.ta divisione in fuori, che rimasa per retroguardia fu data al gen. Triaire, con l'ordine di farla incammi-nare subito che 'l principe avesse posto i suoi disegni ad effetto. E fin a tanto che questa prendeva riposo, i dispersi erano un fatto angoscioso a vedersi; ri-masi indietro di noi aspettavano anch' essi la notte per mettersi in cammino, molti però spossati dalle fatiche trovan-dosi intorno ad un bel fuoco non volle-ro più viaggiare, allegando doversi aspet-tare la luce. Così le anime deboli pe-riron vittima della loro indifferenza, poi-chè intanto la 15.ta divisione sfilava nell' ombra in un profondo silenzio, e ri-guardando a ciò che lasciava quasi bot-tino riservato a' Cosacchi. Stavasi per passare innanzi al nemico, quando la notte in luogo di porgerci un'oscurità salutare ne profferse tutto ad un tratto un bel chiaro di luna assai funesto in tal circostanza. La neve cosparta sulla superfizie della terra rendeva il nostro cammino vie meglio visibile, come a noi eran visibili pur troppo delle masnade di Cosacchi che assai dappresso ci si accostando quasi in atto di spiare la nostra condotta, tornavan di poi a riunirsi colle squadre ond'eransi dipartiti. Più volte credemmo che ci venissero a caricare, ma il gen. Triaire fattici trattenere, pose in tal riguardo i nemici che non ebbero cuore di assalirci. Finalmente a dispetto de' burroni e delle biche di neve che serravano il varco, giunse la divisione sulla strada maggiore, e mezz'ora dopo essersi unita colla giovine guardia accampava innanzi al fiume mezza lega prima di Crasnoe, ma essendo ivi l'Imperatore, la nostra tema fu per conseguente svanita.

Raccontato a' soldati della guardia il combattimento per noi sostenuto, avemmo in risposta aver essi pure dovuto farsi strada per mezzo al nemico, e in quel conflitto aver corso Napoleone di gran rischj ed essere di sua salvezza debitore alle truppe. Su questo proposito si narra, che i musici della guardia trovandosi con esso lui dopo di esserne stati divisi cantarono al vederlo l'arietta: *Dove si può star meglio Che a sua famiglia in seno?* ma fra que' deserti di ghiaccio potendosi doppiamente spiegarla, egli la prese in mala parte e con viso arcigno rispose: *Fareste meglio a cantare: vegliamo alla salute dell'Impero.*

Lo stato maggior dell'imperatore la sua guardia la sua cavalleria e 'l 4.to corpo erano riuniti in questa picciola città, così che le strade venivano ingombrate per modo da non potervi spaziare. In esse raccolti si stavano tutti i soldati, sdraiati intorno a' lor fuochi che andavano alimentando col distrugger le case di legno, abbruciandone le porte e gli stipiti delle finestre di quelle ch' eran di pietra. Il vicerè sendo ito dall'imperatore vi fu ben accolto, malgrado all' umore ispiratogli da sventure alle quali non era assuefatto, e massime approvò lo stratagemma adoperato per accoccarla al nemico. Tutti e due s' intertennero insieme la notte, e i loro seguaci accamparono intanto per le strade, finchè Napoleone e 'l vicerè postisi

9*

alla testa della guardia marciarono alla
volta della posizione de' Russi, onde sba-
razzare il 1.mo 3.^{zo} e 5.to corpo (8), i quali si trovavano nello stesso frangente in
che eravamo stati già noi il dì precedente. Qui s'accese nuova mischia, la
zuffa fu ostinata e sanguinosa, e solo a
forza di valore e accortezza si giunse a
salvare le truppe che si rifugiaron da
noi. Il 3.^{zo} e 5.to corpo circondati da
ogni canto lottarono contra forze pode-
rosissime, e noi per tre giorni fummo
assai conturbati e solleciti sulla sorte del
duca d'Elchinghe. L'intrepidezza di questo maresciallo superò tutti gli ostacoli,
e sfuggì di mano al nemico passando il
Nieper sul ghiaccio, e ricondusse il resto de' due corpi già credutisi prigioni.

Tante calamità lungi dallo sminui-
re la nostra riputazione non valsero che
ad ingrandirla. Gutusof e Milloradovich
men sorpresi degli innumerabili avanzi
da noi indietro lasciati che dell'enorme
nostro coraggio e perseveranza, confes-
sarono essi medesimi a' nostri soldati
prigionieri, di non essere debitori del
buon esito salvo agli elementi, e altamente l'eroismo commendavano de' no-

stri generali i quali ridotti alle più crudeli angustie, rifiutavano generosamente le proferte che lor vennero fatte. Alcune migliaia di prigioñieri e vencinque cannoni furono il frutto riportato da' Russi in quattro battaglie succedentisi, dove noi non avevamo da opporre contra un esercito perfetto che de' tapini soldati, sfiniti dalle marce non mai interrotte, e che da un mese non avean viveri non munizioni non artiglieria.

Il principe Cutusof volendo frattanto onorare il valore de' granatieri della guardia imperiale che s'era distinta ne' varii combattimenti fece dal campo di battaglia recare nel loro tutti i trofei della vittoria, riguardando come tale il baston da maresciallo del principe d'Emmil (*V. la relazione uffiziale della nostra ritirata pubblicata da' Russi a Vilna il giorno 22 dicembre 1812*); ma questo bastone di cui non si servono i nostri marescialli se non che ne' giorni solenni, non poteva riuscire d'alcuna gloria al nemico il quale senza dubbio trovollo in qualche carro abbandonato. I Russi an diviso la nostra ritirata in tre parti principali, che oltre il continuo progresso delle nostre miserie anno conservato una particolare sembianza. La prima finisce colla pugna di Crasnoe, la seconda risguarda il passaggio della Beresina, e la terza si trattiene sul Niemen. Quanto alla prima che è quella di cui stiamo parlando, ricavasi che ci avean presi oggimai 40m. uomini 27 generali 500 pezzi di cannone 31 bandiera, ed oltre agl'immensi nostri bagagli tutte le spoglie di Mosca che non si aveano bruciate. Se a tanti disastri si aggiungono i 40m. morti di disagio o uccisi ne' varii fatti d'arme accaduti dopo l'uscita di Mosca, si verrà in chiaro che la nostr'armata era ridotta a 30m., fra' quali compresa la guardia imperiale non vi erano più di 8m. atti a pugnare. I vencinque pezzi di cannone che la guardia aveva salvati non potevano esser messi in conto, poichè si conoscea per certo doversi abbandonarli il dì appresso, e quanto alla cavalleria la era un nonnulla. Ecco esatto calcolo di nostre perdite in capo ad un mese, dalle quali si può conghietturar delle future; poichè altrettanto di via ci restava per giugnere al Niemen, ed oltre a questo due montagne da superare e da valicare tre fiumi.

LIBRO NONO
LA BERESINA

Le calamità che sì gravi per noi si sostennero da Mosca a Crasnoe mostravano di avere oggimai pieno il sacco e di volere lasciar luogo a più lieti accidenti. E 'n così dolce speranza via più ne confermava la bella posizione di Orca difesa dal gen. Jomini, per cui si credeva probabile d'aversi a passare senza ostacoli il Nieper, e con ciò unirsi a' corpi del gen. Dembroschi e de' duchi di Reggio e Belluno. Oltre di che si vedevano prossimi i nostri magazzini e de' paesi abitati e tenuti in conto di amici; finalmente il principe Cutusof volendo accordare le sue imprese con l'esercito della Moldavia pronto ad unirsi al suo, cessò di tenerci nelle strette e riserbò per la Beresina di godere degli effetti dalla giornata di Crasnoe promessigli. Tali vantaggi su cui ti si andava dicendo doversi fondare le nostre speranze, non valevano che a lusingare le orecchie del vulgo, ma chi era al fatto del le cose dissipò ben presto queste vane illusioni, spargendo voce che l'ammiraglio Scicagof venuto dal Danubio aveva respinto fin presso a Varsavia le truppe che gli contrastavano il passo, che gli Austriaci pure ritirandosi dietro del Bughe aveano abbandonato alla divisione Lambert il posto vantagiosissimo di Minco, dove tutti erano i depositi nostri ed immense provigioni, che l'ammiraglio finalmente incamminavasi per Borisove onde guadagnarci il passaggio della Beresina ed ivi riunirsi coi corpi di Vitgenstein e di Stengell. E questi generali in fatto dopo la funesta battaglia di Polosco (18 ottobre), più non essendo trattenuti dal 2.do e 6.to corpo, recaronsi l'uno a Scannico onde comunicare con le truppe della Moldavia, e l'altro marciò per Vileca a fin di tramezzare i Bavaresi. Dalla unione di tutti questi corpi la ruina pendeva dell'armata franzese, e Napoleone previsto quale sconfitta orribile e memoranda il minacciava, la prevenne col dirigersi a gran passi verso la Beresina.

Poichè 'l principe d'Emmil unì egli pure con noi le sue truppe (17 novem-

bre) e 'l duca d'Elchinghe si appostò
dall'altra parte del Nieper, noi prendemmo le mosse alle undici del mattino per ire a Liadone. Durante il breve
tempo del nostro riposo a Crasnoe i Cosacchi avean circondato la città, e sfilati in colonne ci venivano seguendo lunghesso la strada. Non osarono già di
assalire gli armati, alcuni di loro piuttosto avvedutisi che 'l rimanente de' nostri equipaggi si era trattenuto e in gran
disordine, per la difficultà de' cavalli a
passare la valle che dal colle dividea la
città, si scagliaron su quelli e se n'ar-
ricchirono senza contrasto. Ecco dove
si perdette il carro del capo dello stato
maggiore, ov'erano i registri di corri-
spondenza e tutti i piani e le carte e le
memorie appartenenti alla nostra spedizione. Entrati a Liadone sopraggiunse
la notte. Dopo il picciolo fiume che si
trapassa prima di giungervi avvi un cavaliere ben alto, e 'l cui pendio era sì
sdruccioloso che per discendere convenne rotolarvisi. Liadone era un luogo che
ci veniva in aria di novità, perciocchè
aveva degli abitanti, i quali sebben fossero tutti Giudei, si pose in dimentican-

za la sordidezza di questa razza venale.
A forza di preghiere o per meglio dire
di danari femmo scaturire di che ristorarci in questo borgo, che di prima giunta ne pareva una rovina. Così quella
medesima cupidigia oggetto del nostro
più intimo e cordiale disprezzo per sì
abbominevole stirpe ci riuscì salutare,
poichè lor faceva trascurar tutti i pericoli onde, soddisfare alle nostre richieste. Liadone poi siccome borgo che è
parte della Lituania pareva dover essere
rispettato, poichè apparteneva all'antica
Polonia. Ma il dì vegnente (19 novembre) partitici innanzi del giorno ci riuscì di sommo stupore il vederci rischiarato il cammino secondo l'usanza dal
fuoco delle case che cominciavano ad
ardere. Questo incendio fu cagione delle più orribili scene della nostra ritirata, e la mia penna ricuserebbe il descriverla, se 'l racconto di tante sciagure non avesse per iscopo di rendere odiosa quella fatale ambizione, che ridusse i
popoli civilizzati a far la guerra da barbari. Fra le case che ardevano tre vaste capanne vi avea piene tutte di meschinelli la maggior parte feriti, nè si

poteva uscire dell'ultime due senza passare la prima ch'era tutta in fiamme. I più snelli si salvarono balzando dalle finestre, ma que' che malati erano o storpj non potendo muoversi vedevano a poco a poco avanzare le fiamme a divorargli. Alle grida di quest'infelici alcune anime men delle altre crudeli tentarono di salvarli, ma come? Per mezzo a densi globi di fumo quelli supplicavano i loro compagni d'abbreviare il supplizio togliendo loro la vita; mossi dall'umanità si credette d'esserne in dovere (1), e siccome alcuni viveano ancora gli si udiva con una voce moribonda gridare: *Sparateci contro, ma mirate alla testa alla testa, deh! ci esaudite.* Nè queste grida pietose intralasciarono sì quelle vittime non furono consumate.

La cavalleria era del tutto senza cavalli e Napoleone abbisognava di scorta. Si unirono pertanto a Liadone tutti gli uffiziali che avevano ancora un cavallo per formarne quattro compagnie di cencinquanta per alcuna. Ivi i generali la facevano da capitani, da sotto uffiziali i colonnelli e tale squadra ch'eb-

be il nome di *sacra* era comandata dal
gen. Grouchi sotto il re di Napoli. Dopo la sua istituzione non dovea perder
di veduta Napoleone, ma questi cavalli
che sino allora avevano resistito per essere stati tenuti con maggior cura di
que' de' soldati, periron di botto come
gli si volle riunire a quelli de' generali.
Per tal modo la squadra sacra in breve
giorni fu ita.

Entrati in un tempo medesimo tutti quanti a Dubronna trovammo un borgo meglio conservato di quanti s'incontraron dalla nostra partenza di Mosca;
vi avea un viceprefetto polacco, le case
poi erano abitate da Giudei, ma pazienza, che almen ci procurarono, buona
gente! un po' di farina dell'acquavite e
dell'idromele. A' nostri soldati davano
doppie di carta e ricevevan danaro contante, e' soldati pagavano tutto ciò che
prendevano, il qual fatto era una maraviglia, e già pareva che pure una volta venisse un po' d'abbondanza e le nostre sciagure finissero. Ma invece eravamo in sul salire all'apice della miseria, e *pane pane* eran le voci de' deboli
avanzi del più poderoso tra gli eserciti.

Gl'impiegati di tutte sorti eran tapini, massime i commissarj e custodi de' magazzini, gente poco avvezza a patimenti; ma particolarmente erano da compiangersi i medici, e' chirurghi ancor più, siccome quelli che senza speranza di progressi espongono la vita egualmente che' militari nell'atto di medicarli sul campo della battaglia. Ma l'aver qui nominato i chirurghi mi dà buona presa per narrarvi alcuna cosa ad uno di loro appunto intervenuta. Il fatto sta così. Essendomi io a Dubroæna presso ad una casa dove i soldati accorrevano in frotta perchè si dicea che ivi si vendevano grasce, scorsi in mezzo alla folla un giovine chirurgo immerso in profonda tristezza. L'aria del suo viso era smarrita, cercava di penetrare in mezzo alla calca, ma questa sempre più ingrossandone lo respingeva, e tratto tratto e' dava sul disperare. Mosso da non so quale curiosità m'attentai di ricercarlo della cagione. « Ah! capitano mi diss' egli, voi vedete un uomo perduto. Son due giorni che non ò da mangiare, e giunto qui uno de' primi, seppi che in questa casa si vendeva del pane. Ratto vi accorsi, giunsi ad entrarvi mercè sei franchi dati alla sentinella, ma siccome il pane era ancora nel forno, quel maladetto di Giudeo non me ne volle promettere se non gli dessi un luigi di caparra. Do il luigi e parto. Ritornato ora per lo pane, la sentinella è cambiata ed io respinto spietatamente. Ah signore, continuò piangendo, son io pure il malarrivato! O' perduto que' pochi danari che avea, senza potermi procacciare del pane, che è ben un mese dacchè non ne mangio.

Fino a questi tempi Napoleone avea corso la strada in un buon calesse da ogni parte ben chiuso e foderato di pellicce. Pellicce avea pure indosso e in capo portava una berretta di martora zibellina che 'l riparava dal più rigido freddo. Nel giorno medesimo che per noi si giunse a Dubronna andò per buona pezza a piedi, nel che fare potè agevolmente chiarirsi della misera condizione a cui ridotto era l'esercito, e del come fu ingannato da certi capi di corpo, i quali sapendo quanto pericoloso si fosse il denudargli la verità, non ebbero cuore di gliele far conoscere temendo di attirarsi qualche disgrazia.

Diessi allora in sul parlare, stimando
che i suoi discorsi fossero come la man-
na nel deserto. Andava oltraggiando gli
uffiziali e piacevolmente trattenevasi co'
soldati, quasi per ispirar negli uni timore, coraggio negli altri. Ma passato
era quel tempo d'entusiasmo, in che
sola una di sue parole partoriva un mi-
racolo; la sua tirannia aveva esaurito
ogni cosa, ed egli stesso spegnendo in
noi quelle idee generose si privò dell'
unica speranza di poter iscuotere le nostr'anime. La cosa per lui di maggior rammarico fu il vedere l'antica sua
guardia egualmente degli altri scorata,
ed egli coll'animo tutto veleno volle prima di lasciar Dubronna raccorne una
parte, e postosi in mezzo di quella raccomandò agli uffiziali l'osservanza della
disciplina, ricordando loro aver questa
formato la gloria de' suoi eserciti e doversi da questa riconoscere tante illustri
vittorie. Ma così belli sentimenti erano
oggimai intempestivi, ed egli medesimo
che scostumato com'era aspirava all'e-
roismo, ebbe in tal circostanza a tocca-
re con mano che' più vasti progetti mai
non tornano a gloria, se non v'è lode-

vole il fine e se l'eseguimento non s'accorda alle forze della debole umanità.

Mezz'ora dopo aver lasciato Dubronna (19 novembre) si passò un burrato assai largo e profondo, per mezzo al quale scorreva un fiumicello. Il lato opposto era ben superiore a quello dov'eravamo arrivati, e noi veduta così vantaggiosa posizione rendemmo grazie al Signore, che' Russi non se ne fossero impadroniti per chiuderci il passo, da che si entrò in cognizione che la città di Orca non sarebbe occupata da quelli. Nè mal ci apponemmo, chè degli scelti gendarmi venuti di Francia vi si erano mantenuti. Alle due dopo il mezzogiorno vi si giunse tranquillamente senza pur essere disturbati nemmen da' Cosacchi. E in ciò gran fortuna per noi, che in tanto disordine non ci sarebbe stato possibile di superare queste due terribili posizioni.

Due ponti frattanto si costruirono sul Nieper, de' gendarmi ne facevan la guardia, ma siccome tutti volevan passare, il concorso fu immenso; contuttociò non sopravvenne alcun funesto accidente. Napoleone giunse ad Orca pochi momenti dopo di noi, e in un attimo le case di legno ond'è piena quella città furono occupate da' varii stati maggiori e da una folla di soldati che vi si stabilirono. I Giudei ci procacciarono da principio secondo l'usanza qualche meschino ristoro, ma tanti e tanti erano i comperatori che in breve tutto fu consumato. Intanto io me n'andava esaminando la posizione d'Orca, e sempre più maravigliava che 'l nemico non avesse tentato d'impadronirsene. Questa città edificata alla destra del Nieper signoreggia di molto la sinistra ed à delle punte sporte in fuori, che paiono naturali bastioni; al dissotto è 'l fiume, largo in quel luogo forse 200 tese, e quasi immenso fossato che la più formidabile armata non avrebbe giammai potuto passare senza esporsi a totale rovina. Mentre per noi si dimorava su quelle alture si udirono alcuni colpi di fucile, e poco dopo vidersi fuggire a precipizio tutti coloro che erano rimasi sulla riva opposta e che venendo alla volta nostra gridavano a tutto potere: *i Cosacchi! i Cosacchi!* E di fatti non andò guari che sopraggiunsero, ma in sì lieve

numero da farci stizzare, se coloro che
dinanzi ad essi fuggivano altri fossero
stati che infelici carrettieri senz' armi e
la maggior parte feriti.

Il dì vegnente (20 novembre) fu per
noi una tranquillità, nè si udì che qualche tiro di fucile di tratto in tratto contro
a' Cosacchi; ma assuefatti a vedergli avanzare poi fuggire alla vista dell' armi,
niente eravamo solleciti di loro presenza. Per tal modo in perfettissima calma
si godè delle dolcezze d' un giorno di
riposo. Per colmo di fortuna il gen. Jomini governatore di Orca avea riservato
all' esercito delle vettovaglie, le quali ci
riuscirono quanto ognun può credere gra-
dite; tanto più che dopo Smolenco non
ci fu mai distribuito un tozzo di pane
neppure a Crasnoe, sendo stati i magazzini di questa città saccheggiati da' Cosacchi innanzi alla nostra venuta (2). Ma
se 'l giorno durò tranquillo, fu assai tor-
bida la notte. Il duca d' Elchinghe che
siccome è noto dopo le fatali giornate
di Crasnoe era stato costretto ad abbandonare la strada per noi seguita, onde
tracciare più sicura ritirata per l' altra
sponda del Nieper, non si rimase du-

rante i tre giorni di pugnar col nimico.
Questa marcia in cui pose in opera tutto ciò che l'ingegno e 'l valore possono
suggerire di più maraviglioso non che
straordinario, rassodò e ingrandì l'antica
sua gloria. La sua bravura fu secondata
da magnanima azione del viceré, che
mosse egli stesso a trarlo di pericolo e
con provvido soccorso comperò la sua
liberazione.

Nell' uscir d'Orca (21 novembre)
si cominciò ad appiccare il fuoco, e nel
salir la montagna per riuscire sulla strada maggiore s'intese tirare qualche colpo di fucile, il che veniva da' soldati
del 1.mo corpo, rimasi in città per formare la retroguardia e che già erano
alle prese coi Cosacchi. Durante il soggiorno d'Orca, Napoleone prevedendo
di doversi trovare a malacconcia posizione, s'adoperava a tutto potere di ra-
gunare le truppe. Fece pubblicare al
suono del tamburo per mezzo di tre colonnelli che si punirebbon di morte que'
carrettieri i quali non raggiungessero i
loro reggimenti, e che gli uffiziali e
generali i quali abbandonassero i loro
posti sarebbono dimessi. Ma noi giunti

sulla strada ci avvedemmo del poco effetto di questo partito, tutto era nella più orribile confusione, e' soldati senz'armi e mal vestiti a dispetto di questo severo comando continuavano a marciare con lo stesso disordine. Un'ora prima di arrivare a Cocanovo accampammo in un cattivo villaggio situato alla destra, della quale non restavano che due o forse tre case, e la villa di Cocanovo in cui si visse il dì appresso era del tutto guastata, nè sussisteva che la sola casa della posta de' cavalli da' gendarmi occupata. Si continuò pertanto passando per una strada che lo scioglimento del ghiaccio avea resa soprammodo fangosa, da di là si ebbe ordine di non andare fino a Tolossino dov'erasi stabilito Napoleone, ma di fermarci a un castello mezza lega distante. La strada che da Orca conduce a Tolossino è fuor di dubbio una delle più belle che abbia l'Europa. Primieramente la è tutta diritta, ed oltracciò dall'una parte e dall' altra schierasi una fila di betulle, i cui rami carichi di neve e di diacciuoli chinavansi a terra sulla foggia de' salici piangenti. Ma questi viali così maestosi erano per noi una valle di disperazione e di pianto, chè d'ogni lato si udivano quando un lamentarsi e quando un gemere, altri dicendo non poter più mutare il passo si sdraiavano per terra e con le lagrime agli occhi ci porgevano le loro carte e 'l loro danaro, pregandoci di farli capitare alla loro famiglia. * Ah! se più fortunati di noi, dicevano quest'infelici, voi rivedete la cara nostra patria, nel mandare a' nostri genitori quest'ultimo pegno del nostro amore, dite loro che 'l solo pensiero di poterli rivedere un giorno, ci sostenne fino a questi momenti, ma privi di forza rinunziamo a sì bella speranza e muoiamo pensando ad essi. Addio, siate felici, e ritornando nella nostra bella Francia, godendo della vostra prosperità, risovvenetevi qualche fiata delle nostre miserie. * Più innanzi s'incontravano degli altri che stringendo fra le braccia i fanciulli o la moglie svenuta, imploravano a calde lagrime da tutti i passaggeri un pezzo di pane per richiamarli alla vita.

Venne all'orecchio dell'imperatore che le truppe della Volinnia unite all'altre della Moldavia si erano a' 16 di novembre impadronite di Minco, e che s'incamminavano per Borisove onde prevenirci nel passaggio della Beresina. Si narra che nell'udire questa fatale notizia, siasi posto a dire con aria tranquilla: *dunque la è bella e decisa che noi non abbiam da fare se non corbellerie!* (3) parole straordinarie in tanto frangente. Sapeva egli eziandio che gli eserciti di Vitgenstein e di Stengel vittoriosi sulla Duna incalzavano con gran calore il 2.do corpo ed il 6.to, per andarsene alla volta di Borisove a riunirsi con l'ammiraglio Schicagof e 'l principe Cutusof. Era uopo d'opporsi a un disegno che dovea dare il pieno alla nostra ruina; il perchè Napoleone ordinò al gen. Dembroschi di levar l'assedio a Bobrisco onde recarsi a Minco, che meritava tutte le nostre cure di conservarlo, ma la sconsigliata condotta del governatore di questa città furon cagione che la piazza si arrese prima che venisse soccorsa. Il gen. Dembroschi si portò allora verso Borisove, e vi trovò gli avanzi della guarnigione di Minco; egli era stabilito al capo d'un ponte, ma ne' 21 novembre per una pugna sanguinosa contra le divisioni Langerons e Lambert fu costretto di sgomberare il suo posto e ritirarsi verso Nemonissa. Il nemico allora passata la Beresina ci venne dinanzi, e 'l duca di Reggio che trovavasi a Scheréia, saputo per mezzo del gen. Pampelone la perdita di Borisoye e del ponte, si recò col suo corpo in soccorso del gen. Dembroschi, per difendere il passaggio della Beresina.

Questo maresciallo incontrò nel giorno appresso (24 novembre) la divisione Lambert allor comandata dal gen. Palen (4). Alle quattro del mattino l'attacca e la sconfigge, e nel tempo medesimo il gen. Bercheim fece investire il 4.to de' corazzieri, e costrinse il nemico a ripassare sull'altra sponda, dopo aver perduti 2m. uomini 6 cannoni e molti bagagli. L'esercito della Volinnia avendo in sua fuga rotto il ponte di Borisove, sovrastava a tutta la riva destra della Beresina, e con le quattro divisioni comandate da' generali Langeron Lambert Voinof e Scapliz occupavano i punti principali, per dove noi potevamo tentar di sboccare. Durante la giornata del 25 Napoleone studiò di fallir la vigilanza dell'inimico, e con accorti stratagemmi giunse a stabilirsi nel villaggio di Stuzianca, collocato sopra un'eminenza che spiava il fiume il quale per noi si voleva passare. Là fece in sua presenza costruire a fronte delle opposizioni de' Russi, due ponti di cui profittò il duca di Reggio per traghettar la Beresina; e combattendo le truppe che sotto il gen. Scapliz gli contenevano il passaggio le sbaragliò ed inseguì senza sosta, sì non giunsero al lor capo di ponte a Borisove. In questo fatto i generali Legrand e Dembroschi uffiziali di alto merito furono gravemente feriti. Con ciò Napoleone s'avvide l'ammiraglio sulla riva destra esser solo, nè l'esercito di Vitgenstein punto unito con lui. Il duca di Belluno che dopo le cospicue sue imprese di Smoliano dove fece tremila prigioni, teneva a freno il corpo di Vitgenstein, ebbe ordine di seguire il duca di Reggio, e fu nel suo ritirarsi incalzato dall'esercito russo della Duna, e in questo corso retrogrado si diresse per Schereia e Colpenisco. Nell'arrivare a Ratulisco si unì con l'armata che ritornava di Mosca, ma Vitgenstein in luogo di con-

tinuare ad inseguirlo da Colpenisco si
diresse per Barau, finchè 'l principe Cutusof lungi dall'avvicinarsi a noi si fermò alcuni giorni a Lannico nè giunse
che nel 25 a Copis sul Nieper. Il gen.
Milloradovich che gli comandava la vanguardia non aveva ancor passato Cocanovo, lontano da noi forse 5 giornate.

Nel tempo che si facevano tutte queste operazioni cioè tra 23 sino a 27 novembre noi marciammo quasi senza intervallo in mezzo trapassando parecchi
villaggi, potendone a pena conoscere i
nomi di quelli di Bobre di Nasca e di
Nemonissa, dove la stanchezza ne obbligò a prender riposo. Sì brevi erano i
giorni che poco viaggiar si potea, anzi
conveniva impiegar una parte della notte; dal che ne avvenne che molti e molti infelici smarriron la via e fuor di dubbio perirono. Assai tardi giugnevasi al
campo dove tutti i corpi erano alla rinfusa, nè persona vi avea che indicar sapesse il reggimento a cui si apparteneva-
va, per la qual cosa dopo aver camminato per ben un giorno, dovevasi errar
la notte per trovare i capi, il qual be-
nè assai di raro ci venia fatto di conse-

guire. L'ora della partenza era per conseguente ignota, intanto si dormiva, e nello svegliarsi sovente intervenne di trovarci in mezzo a' nemici. Nell'andare a Borisove videsi la divisione Partonneaux, retroguardia del 9.° corpo, la quale mise in azione così ardente la sua artiglieria da far credere a' Russi di volere ad ogni costo passare in quel punto. Giunti sulla piazza, si lasciò la strada maggiore che menava al capo di ponte occupato da' Russi, per piegare alla destra ed ire a Stuzianca dov'era Napoleone. Ivi convenivano pure per la medesima strada le altre truppe del 9.° corpo sotto il comando del duca di Belluno.

Il 2.do corpo ed il 9.° non essendo stato punto a Mosca come nè anche i Polacchi del gen. Dembroschi, avevano tanti bagagli che la strada era tutta da Borisove a Stuzianca coperta di carri e cassoni, e' rinforzi che ne conduceano ben erano un poderoso soccorso, ma tra una calca sì innumerevole tutta raccolta in un vasto deserto, non potevano valere che ad accrescere le nostre miserie. Si presero finalmente le mosse tra la confusione e 'l tumulto con le divi-

sioni del corpo del duca di Belluno, e
due ore dopo ci trovammo in mezzo a
tal folla che non si sapeva in qual parte rivolgere il piede. Sulla sommità di
una collinetta si scopersero intanto alcune meschine capanne, e veduti de' cacciatori della guardia imperiale che accampavano ne' contorni di quelle, si giudicò dover ivi essere Napoleone, e non
molto distanti le sponde della Beresina.
Quello era il luogo medesimo in che a'
25 di Giugno del 1708 Carlo XII passò
questo fiume nell'incamminarsi per Mosca. Qual doloroso spettacolo non fu allora siffatta moltitudine oppressa da tutte le traversie e trattenuta da una palu-
de? quella moltitudine che due mesi innanzi trionfatrice, metà copriva della
superfizie del più vasto impero?

I nostri soldati pallidi scarni morti
di fame e di freddo non avendo di che
ripararsi dalla crudele stagione se non
forse delle cenciose pellicce o delle pelli
di montone tutto arse, si calcavano mettendo pietosi gemiti intorno alle sponde
di questo fiume d'infelice memoria. Ale-
manni Polacchi Spagnuoli Croati Porto-
ghesi e Franzesi insieme confusi gridan-

do e chiamandosi tra loro e forse anche bestemmiando in loro latino, uffiziali finalmente e generali ben bene ravvolti in certe sozze pellicce e stomachevoli, misti co' soldati e corrucciandosi contra coloro che gli premevano o la loro autorità disprezzavano, erano una confusione e un tumulto da non descriversi. Que' poi che la stanchezza o l'ignoranza del pericolo meno sollecitava degli altri al tragitto del fiume, consigliavansi più tosto ad accender del fuoco e prender di loro fatiche riposo. In tale stato essendo le cose, potevasi a grand'agio osservare a qual apice di brutalità possa condurci il soperchio della miseria. Qua si cozzava per un pezzo di pane, là si voleva appressarsi ad un fuoco e se n'era spietatamente respinto, e se ardentissima sete vi moveva a chieder gocciola d'acqua a chi piena ne aveva una secchia, pronto era il rifiuto accompagnato dalle più dure parole. Spesso si vedevano di coloro che fino allora vissuti erano in amicizia, avvegnachè d'animo gentile ed umano, venir ad agra batosta per un pugno di paglia o per un pezzo di cavallo; condizione tanto più terribile in quanto che ci snaturava ricolmandone di vizj fino ad allora per noi sconosciuti. Que' medesimi che poco prima eran dabbene pietosi e magnanimi divennero di sè soli curanti avari usurai e malvagi.

Gli apparecchi a bella posta fatti fare a Borisove, onde fingere che per noi si volesse riedificare il gran ponte, aveano notabilmente il numero sminuito delle truppe nimiche, le quali trovavansi di rimpetto a Stuzianca. A ciò s'arrogea che Cutusof male informato del punto prefissoci a passare la Beresina, avea partecipato a Schicagof esser nostra intenzione di sboccare al di sotto di Borisove. Del che volendo Napoleone approfittarsi, e in ispezial modo per essere il duca di Belluno arrivato a Stuzianca due ore dopo il meriggio nel giorno 27 novembre, si pose alla testa della guardia, onde penetrare di mezzo alla folla che si calcava per passare la Beresina. L'esercito intanto vi tragittava, molto però a rilento, a cagione de' continui restauri necessarj a que' ponti. Il viceré che sempre si era trattenuto quel giorno coll'imperatore, annunziò al suo

stato maggiore che quanto spettava al
4.to corpo passerebbe il ponte alle otto
della sera, e sebbene il momento fosse
di qualunque altro il più acconcio a
varcare un passo di tanto pericolo, molti
non sapendo come scostarsi dal fuoco
presso il quale si stavan seduti, dicevano esser meglio accampare su quella
sponda che sull'altra non era, perchè
tutta paludi; l'ingombro essere ancora
il medesimo, e attendendo fino al venturo giorno la calca poter essere più ra-
da e perciò più agevole il transito. Sì
folle avviso prevalse per lo maggior numero de' suoi fautori, il perchè soli i
famigli del principe ed alcuni uffiziali
dello stato maggiore rivalicarono il fiume nell'ora ordinata; ma per vero dire
onde risolversi a passare sull'opposita
sponda, era necessario di tutta conoscere la gravezza del pericolo. Il vicerè co'
suoi seguaci trovandosi in questa accampavano in un suolo paludoso, e cercavano per la notte un sito de' più gelati
ond'evitare i pantani. Il buio orribile,
spaventevole erasi il vento, il quale sbuffando con molta veemenza ne portava
sul volto la neve, e la maggior parte

degli uffiziali per non rimanersi di gelo, intirizziti ed attratti correvano a tutto potere battendo i piedi sul pavimento. Di legna vi avea molta e molta penuria; e se vollesi procacciare qualche tizzone, si dovè ricordare a' soldati bavaresi che 'l principe Eugenio era il marito della figliuola del loro re.

Napoleone ito a Zembino (28 novembre) lasciò dietro di sé questa innumerabile turba, la quale accampata dall'altra parte della Beresina rassomigliava a quell'ombre infelici che secondo le favole errano per le rive di Stige, e tumultuariamente si calcano per appressarsi alla barca fatale. La neve fioccava a ciel rotto, le colline ed i boschi non erano che una cosa bianca, nè si discerneva che 'l fiume funesto in parte gelato, le cui acque torbide e nericce serpeggiando per la pianura si facevano strada per mezzo a' ghiacciuoli da esse portati. Sebbene due soli fossero i ponti, uno pe' carri e pe' fanti l'altro, la folla era sì grande e sì pericoloso l'approccio, che giunti sul fiume gli uomini raccolti in frotta più non si potevan muovere. Contuttociò quelli ch'erano a piede riuscirono colla costanza a salvarsi, ma verso le otto del mattino essendosi rotto il ponte prescritto a' carri e a' cavalli, i bagagli e l'artiglieria s'incamminarono alla volta dell'altro e vollero tentare di farsi strada. Allora si venne ad atrocissima mischia tra' cavalieri ed i fanti, molti perirono strozzatisi fra loro, ma i più chiusi tra 'l capo del ponte e i cadaveri d'uomini e cavalli, otturarono sì fattamente ogni adito che per accostarsi al fiume abbisognava superar montagne di cadaveri. Tra questi alcuni respiravano ancora, e lottavano contro le ambasce di morte; onde sollevarsi si apprendevano a quelli che salivano sopra di loro, ma questi per ispacciarsene li respingevano a tutta forza e li pigiavano sotto de' piedi; e intanto la turba seguace come un'ondata furiosa sempre inghiottiva di novelle vittime.

Il duca di Belluno lasciato alla sinistra si appostò sopra l'eminenze di Stuzianca con le due divisioni Girard e Daendels, per proteggere e difendere il passaggio in mezzo a tanto scompiglio contro al corpo di Vitgenstein, la cui van-

guardia avevasi fino dal giorno innanzi
veduto. La divisione Partonneaux che
partita si era da Borisove la sera per
raggiunger l'esercito non era per ancor
pervenuta; del che ci assalse forte inquietudine, la quale accrebbesi vie più
come si seppe che 'l suo generale essendo giunto a Starborisove con un grosso
distaccamento, invece d'incamminarsi a
mano manca avevasi appigliato alla destra. Questo errore il condusse in mezzo delle truppe di Platof e Vitgenstein
dove restò prigione in uno col capo del
suo stato maggiore; e 'l rimanente della divisione sotto il comando de' generali Blamont e Lecamus avendo per disavventura seguito la medesima via si
smarrì ed aggirossi per più di tre leghe
tra falsi sentieri. La notte che sopravvenne era orribile, i soldati morti di
freddo, e veduti i fuochi dell'inimico li
presero per li nostri e corsero per essi.
Come si scorsero da ogni banda attor-
niati e senza speranza di fuggire, furono
costretti ad arrendersi; ed eran forse in
3m. e due squadroni di cavalleria.

Sgomberato Borisove, i tre eserciti
russi si unirono, e 'l dì medesimo (28

novembre) verso le 8 del mattino il duca di Belluno fu attaccato alla sinistra
da Vitgenstein, mentre il duca di Reggio eralo sulla riva destra da Schicagof,
il quale avvedutosi di essere stato non
bene informato, tutte riunì le sue truppe e piombò sopra di noi non molto
lontano da' ponti di Stuzianca. Ognuno
allora de' nostri ch'eran atti alle armi
le presero, e 'l fatto assumeva molta
vigore quando il duca di Reggio che mai
non potè ottener vittoria se a prezzo
non la comperò del suo sangue, rimase
ferito sin dal cominciamento e costretto
a lasciare il suo corpo. Sottentrò nelle
sue veci il duca d'Elchinge, il quale poi
le cedette al duca di Treviso. Malgrado
però della bravura de' nostri soldati e
degli sforzi de' loro capi, gli eserciti
russi essendo uniti premevano strettamente il 9.ª corpo il quale servia da retroguardia, e già si udiva il fragor del
cannone, il quale agghiacciava ogni anima d'altissimo terrore. A poco a poco
si andò accostando, e in breve il fuoco
si vide delle nimiche batterie risplendere sulla vetta de' colli, nè più rimase
dubbio che là dove si trovavano migliaia

d'inermi di malati di feriti di donne e
di fanciulli non istesse per diventare un
campo di battaglia. Il duca d'Elchinghe
ravvivò i combattenti, e l'azione si ri-
cominciò con nuovo e più vigoroso calore. La divisione de' corazzieri del gen.
Doumere si diportò con indicibil valore nel momento in che la legione della
Vistola si cacciava per entro ad un bosco, onde sbaragliare il centro dell'inimico. Questi intrepidi corazzieri sfiniti
dalle fatiche e dall'inedia diedero segni
di prodigioso coraggio, sconfissero qua-
drati presero cannoni e 3 a 4m. prigionieri che la nostra situazione infelice non
ne diede agio da mantenere, poichè allora non si trattava per noi di conse-
guir vittoria, paghi solamente di serbar
noi e l'onore delle nostr'armi.

Dall'altra parte il duca di Belluno
era alle mani con l'esercito di Vitgenstein, nè la posizione di quello era già
vantaggiosa benchè a destra avesse l'op-
portunità del fiume, ma la sinistra non
si poteva stendere fino ad un bosco assai
grande che avrebbe potuto difenderla.
Per congiungersi adunque con esso si
sfilò una brigata di cavalleria comanda-

ta dal barone Fournier, il qual intrepido generale adoperata per due volte l'artiglieria riuscì a trattenere il corpo di
Vitgenstein, mentre una batteria della
guardia proteggeva la destra del duca
di Belluno. L'eroico valor delle truppe
e la destrezza de'generali Girard Damas
e Fournier che sebbene feriti non abbandonarono il campo, resero accorto
il nemico che la vittoria non ci fallisce
giammai, se prima non sia stata quasi
per avvertircene lungo tempo sospesa.
Il coraggio finalmente fu costretto di cedere al numero, e 'l nono corpo da tante forze congiunte abbattuto ed oppresso, dovette abbandonare la sua posizione.
   Nel calor della mischia molte palle
del cannone inimico radevano le teste
di quella infelice moltitudine che da tre
giorni accorreva in calca sul ponte della
Beresina, e in mezzo pure di loro andarono a scoppiare de' mortai. Il terrore e la disperazione si cacciarono allora per ogni cuore, l'istinto della conservazione turbò gli spiriti; quelle donne que' fanciulli che avean durato a tanti disastri parevano di non esser per altro tenuti in vita che per soggiacere a

più deplorabile morte. Balzavano questi dal loro carro ad abbracciar le ginocchia del primo che sorgiugnea, e con le lagrime sugli occhi il supplicavano di farli passare sull'altra proda. I malati e' feriti seduti sopra il ceppo d'un albero o sostenuti da grucce cercavano con occhio smarrito ed inquieto un amico il qual movesse a soccorrerli, ma la lor voce si perdeva per l'aria chè tutti a sè soli e a sua salute pensavano. Tra questi si può contare Labarriere ispettore alle rassegne del 4.to corpo, personaggio rispettabile e di soave amenità di spirito. La canuta età sua e il debole temperamento lo avevano da lunga fiata reso inetto al cammino, ed era a paro di mill'altri e mille coricato sopra d'un carro. Scorto per avventura un uffiziale suo amico trasse a lui come potea, e gettatosi tra le sue braccia si raccomandò alla umanità del suo cuore. Questo uffiziale era ferito, ma troppo generoso da negare il suo debol soccorso, gli promise di non istaccarsi giammai dal suo fianco. Tutti e due abbracciatisi strettamente mossero verso del ponte con quella franchezza e coraggio

che provano due amici quando ànno tuttavia la consolazione di soggiacere a una
morte comune; si sostennero scambievolmente e si perdettero nella folla, dopo il quale momento gli perdetti di vista nè mai più li rividi. In questa confusione eravi pure una donna cogli equipaggi di Napoleone, lasciata indietro dal
marito finchè andava egli stesso ad esaminare dove tentar si poteva il passaggio. Un mortaio intanto cade a scoppiare presso di questa sposa infelice, la
folla che stavale intorno prende la fuga,
rimane ella sola, il nemico s'avanza i
soldati corrono indietro verso del ponte,
e in tanta confusione traggono seco quella meschina che voleva ritornare laddove il suo sposo l'aveva lasciata. Agitata,
qua e là si vede smarrita indi perduta,
chiama quanto può più forte il marito,
ma la commovente sua voce si perde
tra 'l fragore dell'armi e gli schiamazzi
delle truppe; pallida senza voce percuo-
tesi il petto cade svenuta tra soldati che
nè lei veduta nè la sua voce avevano
intesa.

I Russi finalmente sempre rafforr-
zati da nuove truppe giunsero in calca

cacciando dinanzi la divisione polacca del gen. Girard che fino allora gli aveva frenati. Alla veduta dell'inimico que' che non avevano ancor passato la Beresina mischiaronsi co' Polacchi e con essi accorsero al ponte; artiglieria bagagli cavalieri fanti, tutti a passarlo esser volevano i primi. Il più forte gettava in acqua il più debole che gl'impediva la strada, o sotto i piedi premeva i malati che in suo passaggio incontrava; centinaia d'uomini restarono schiacciati sotto le ruote de' carri, altri sperando di salvarsi a nuoto si gelarono in mezzo del fiume, o perirono se affidavansi al ghiaccio che poi si spezzava. Mille e mille ogni sorta di speranza perduta, si gettarono alla rinfusa nella Beresina in onta al funesto esempio degli altri, dove tutti perirono tra le convulsioni del dolore e della disperazione; tra gli altri una madre colta in mezzo del ghiaccio più non potendo andare innanzi nè indietro, teneva il figliuolo sopra dell'acqua e mandava delle strida che laceravan l'anima perchè si movesse in suo soccorso.

La divisione Girard riuscì con la

forza dell'arme a farsi strada contro a tutti gli ostacoli che il suo cammino attraversavano, e salendo su questa montagna di cadaveri che le chiudeva il sentiero guadagnò l'altra riva dove i Russi l'avrebbono forse inseguita, se pronti non fossero stati ad abbruciare il ponte. Allora gl'infelici rimasi dall'altra parte della Beresina non avevano intorno se non l'immagine della più orribile morte. Alcuni per sottrarsene si attentarono di passare il ponte allor pure che ardeva, ma in mezzo del loro corso si annegavano per non morire abbruciati. Finalmente i nemici resi padroni del campo, le truppe si ritirarono cessò il passaggio ed al più spaventoso tumulto successe il più profondo silenzio.

Incamminatici per Zembino si ripassò l'argine destro della Beresina, dal quale si discerneva perfettamente tutto ciò che dall'altra parte accadeva. Indicibile era il freddo, e 'l vento facea da lontano risonar i suoi sibili, nè l'oscurità della notte era diradata se non da' numerosi fuochi dell'inimico, il quale occupava le circostanti colline. Alle falde di queste gemevano i miseri nostri compagni sacrificati alla morte, altro momento non ebbero ad aver provato di più crudele di quella orribile notte, nè l'umana immaginazione potrebbe arrivare giammai a rappresentarsi un somigliante spettacolo. Gli elementi scatenati parevano d'essersi uniti per affliggere la natura, e gli uomini punire, i vincitori a paro de vinti erano oppressi dalle pene. Presso i Russi e non altrove si vedevano enormi cataste di legna ad ardere, e per l'opposito i nostri non avevano nè luce nè capanne; i soli gemiti ne indicavano dove giaceano tanti meschini. Più di 20m. soldati o famigli quai malati e quai feriti caddero in poter del nemico, 200 furono i cannoni abbandonati, tutti i bagagli de' due corpi che a noi si congiunsero rimasero egualmente preda de' vincitori; ma in tanto frangente la perdita delle ricchezze era un nonnulla, nè d'altro prendevasi cura se non della propria conservazione. Così ciascheduno avea di continuo sotto gli occhi la sorte lagrimevole degl'infelici lasciati sulla Beresina, i quali perduta per sempre la speranza di rivedere la patria si vedevano condanna-

ti a passare il rimanente della vita tra
le nevi della Siberia, dove un nero pane bagnato di lagrime esser doveva l'unica mercede degli abbietti loro travagli.

Partiti a' 29 novembre di Zembino e cercando di riunirci agli avanzi del
4.to corpo, pagammo novamente il doloroso tributo alla sorte infelice di tanti amici che più non eran con noi, e tratti da
un impulso spontaneo si abbracciava tutti
que' che ci venia d'incontrare o che stimato si avea di non rivedere mai più;
ciascheduno rallegravasi scambievolmente di essere sfuggiti a un cimento per
noi più terribile, che non fu mai in alcuna più sanguinosa battaglia. Da ogni
lato si udia raccontarsi i pericoli corsi
e le difficoltà dovute superare per sottrarsi alla morte. — Io tutto ò perduto,
diceva uno, famigli cavalli e bagagli,
ma ciò che monta, se posso campar la
vita da' rigori del freddo da' patimenti
della fame e dall'arme dell'inimico ? —
Tutto il mio voi me lo vedete indosso,
soggiungeva il secondo, nè d'altro io
mi sono curato se non di scarpe per
camminare e di farina per vivere. Ecco
mie vere ricchezze! — Io non ò altro al-

lato, ripigliava tal altro, ma felice me! che almeno ò potuto col sacrifizio delle mie sostanze far passare mio fratello ferito. — Tali erano i discorsi che si andarono per molti dì ripetendo, e coloro che nulla parlavano, per ciò solo taceano onde meglio raccogliere i loro pensieri, e render grazie all'Altissimo di averli sì prodigiosamente serbati.

LIBRO DECIMO

IL NIEMEN.

Il funesto passaggio della Beresina avendo ridotto i corpi di riserva alla medesima condizione di quelli ch'erano stati fino a Mosca, avverò le predizioni fatali che da lunga pezza ci furono annunziate. E dove si eccettui la sorte del nostro capo, al quale Iddio sembra di non aver lasciato per altro la vita, che per darnelo in preda a' più atroci rimordimenti, tutto era perfettamente adempiuto. Ma quale non fu egli il supplizio di questo conquistatore, quello dico di perdere le province occupate con più di rapidità che non avevale invase, di non aver per allori che de' lugubri cipressi, nè per incensi che delle città fumanti! La pompa del suo trionfo era un 20m. soldati inermi che non avevano camicia o scarpa, e che per si calzare facevansi degli stivali di vecchi cappelli, e si coprivan le spalle a pezzi di sacco di pellicce od altro ciarpame, e perfin a cuoi di cavalli scorticati di fresco. Tali erano le miserande reliquie di ben 5oom. guerrieri, che salvo l'ambizione d'un solo sarebbono stati l'onor della Francia e 'l terror de' nemici.

A' 29 novembre ci vide il villaggio di Camen ma non ci avrebbe trattenuto, che' nostri ordini eran quelli d'irsene a Plescencovisco, se 'l comandante Colaud che ne precedeva non fosse indietro tornato ad annunziarci che 2m. Cosacchi erano entrati 'n città col grido *urra! urra!* sul labbro, e tutti que' massacrando che incontravan per via. *Il duca di Reggio, ci diss'egli, ch'era stato ferito il giorno innanzi appena eravi giunto, e come volle la buona ventura parecchi uffiziali andaron da lui per offerirgli il loro soccorso e morire al suo fianco, di che i nemici entrarono in timore non vi fosse teso qualche lacciuolo. Salirono questi allora sopra un' eminenza vicina e là diedero mano al cannone contro alla casa del duca quasi perchè si arrendesse; ma la fatalità che sempre di questo generale era costante nemica diresse una palla in una trave, la quale spezzatasi, ne volaron le schegge sino al suo letto e lui novellamente ferirono .* A ciò ne aggiunse che 'l gen. Pino trovavasi eziandio egli nella casa medesima, e che 'l gen. Dantouard nell' entrare in Plescencovisco appena l'agio avuto avea di fuggire non che di fare indietro ritornare il suo cocchio. Ecco il perchè ci siamo fermati a Gamen.

Il giorno avvenire per altro (30 novembre) si partì prima che 'l sole nascesse. Nell'entrare a Plescencovisco ci venne confermato il ragguaglio del comandante, e veduta la casa del duca ci riuscì di stupore che 2m. Cosacchi non avessero avuto cuore di prendervi colla forza un maresciallo non difeso che da forse venti uffiziali feriti. Qui si fermò Napoleone, e 'l viceré continuando la strada se n'andò ad attendere in un villaggio abbandonato presso di Zavichino, il quale secondo la carta si doveva chiamare Niestanovisco. Al 1.mo dicembre sulle sette del mattino il viceré seguito da pochi uffiziali misesi alla testa di alcuni granatieri della guardia reale rimasi tuttavia fedeli ai loro stendardi. Dopo una marcia, lunghissima per uomini estenuati, si arrivò finalmente al borgo d'Ilia. I più di quella cittadinanza son

Giudei che non avevano punto abbandonato siccome gli altri le lor case, e
tratti all'esca del guadagno dissotterra-
rono le vettovaglie che quei sozzi cani
vituperati ne volevan celare. Le si pagò
a caro mercato, poichè nella misera nostra condizione il più vil cibo era dell'
oro via più prezioso. Senza di tale sovvenimento avremmo perduto il valoroso
e spettabile col. Durieu sotto capo del
nostro stato maggiore la cui salute era
fortemente in periglio, forse meno per
li comuni patimenti che per lo ardentissimo zelo onde avea fino ad allora i
suoi travagliosi uffizj adempiuto.

Il viaggio che s'intraprese da questo luogo (2 dicembre) verso Molodeschino fu e più lungo e più penoso. Per
dodici ore senza punto di sosta a cagione dell'asprissimo freddo convenne di
continuo marciare per mezzo a un'immensa foresta, non senza però un conforto, quello cioè della sicurezza che i
Cosacchi non ci verrebbono a premere
dalla destra. Il cap. Jouaud spedito a
Vileca presso il gen. di Vrede ne assicurava che' Bavaresi benchè respinti dal
corpo di Stengel occupavano ancora quel

posto considerevole . Noi intanto eccoci
a Molodeschino, ma in uno stato da
muovere a pietà le anime più dure e
feroci, e guai se non si fossero ivi tro-
vate delle buone case, e degli umani
padroni di quelle, che non solo ne diedero rifugio ma eziandio di che vivere .
Il dì vegnente si misero in via gli equipaggi di Napoleone, ed erano a mala
pena usciti della villa che una masnada
di Cosacchi si affacciarono ad assalirli,
nè vi si sarebbono inutilmente avventa-
ti, se i condottieri non fossero stati solleciti a farli rientrare in città ; sotto la
difesa delle truppe ch'erano per ancora
sull'armi. Il vicerè si allestiva alla partenza, quando gli fu annunziato che il
suo corpo vi si dovea fermare, ma gli
abbisognò nullostante di abbandonar il
castello per cederlo a Napoleone già già
per venire . E di questo riposo ebbesi
grammercè, che si potè non senza profitto impiegare l'industria a procacciar
vitto ; contuttociò parecchi soldati spira-
vano per via, nè minore era la desola-
zion delle case dove alloggiavano gli uffiziali. Chi era malato per lo soverchio
viaggiare e giurava di non più vi si met-

tere, chi tutti i piedi di gelo e mancante di cavalli benchè pien di coraggio si vedea stretto di cadere nelle mani de' Russi. Nè i generali erano meno esposti alle medesime calamità, perciocchè avendo molti i lor famigliari perduto o il loro calesse, non trovavano come più sustituirne; e se in tal situazione sopraggiungeva la menoma malattia era ben uopo rinunziare alla vita. Ecco qual era la condizion nostra, quando Napoleone scrisse d'una penna intrisa nel sangue quel fatal bullettino (29.mo) che mise in doglia la Francia e i suoi alleati.

Da di qua si dovea progredire alla volta di Smorgoni, ma invece di prendere la via maggiore che mena direttamente per Zachevisco, si piegò a sinistra per esser quella poco sicura, onde per isviati sentieri si giugnesse da Lebioda a Marcovo. In questo villaggio si accampò con alcuni del 1.mo corpo; e intanto l'imperatore con la sua guardia furono a Bienissa mezza lega all'incirca lontana da noi. Indi si mosse per ire a Smorgoni (5 dicembre) sempre passando delle praterie paludose e impraticabili, ancorchè diversa fosse stata la stagione;

dal che si venne in chiarissima cognizione che questi paesi erano dalla natura guardati, e che toltone anche l'inverno, le paludi della Lituania sarebbono
state anche nel sollione il nostro sepolcro. In questo borgo non si trovarono
le belle cose che ci furon promesse, quando non si voglia mettere in quel conto
i Giudei che ne formano la popolazione, quantunque eziandio questi siccome
gli altri fuggiti ne privarono del loro
sovvenimento. Solo si ritrovarono in alcuni magazzini delle botti di biscotto che
ad un vedere e non vedere furono in-
goiate. Napoleone frattanto tutto sbigottito
per cotanti disastri, ma vieppiù per timore di perdere l'autorità sua nella
Francia, concepì l'empio disegno di abbandonare il misero avanzo d'un esercito abbattuto per correre dal suo senato e gliene chiedere un altro. E per
quel giusto terrore che sempre il despotismo perseguita, vedevasi ognora dinanzi dagli occhi gli alleati tutti ardore di
frangere la grave confederazione che gli
aveva gravati sotto un giogo di ferro.
Pieno la mente di sua risoluzione si reca a Smorgoni, ivi intende essere la stra-

da sino al Niemen senza pericoli, e tutti
a se d'intorno i capi de' corpi raccoglie.
Quindi si trattiene con solo il vicerè,
dopo di che se n'esce e dietro lo seguo-
no il grande scudiero il maresciallo di
palazzo e 'l gen. Lefebre Desnouettes.
Nel trapassare per una sala avvennesi
nel re di Napoli cui disse in aria festi-
va e gaia: *A voi signor lo re di Napoli*.
Così dicendo seguitò co' tre che dovevano partire con esso lui, e salito in
calesse fece a sinistra sedersi il gen. Desnouettes; gli altri due se n'entrarono
in un altro cocchio il quale si diresse
difilato per Vilna. Così partissi colui senza nulla parlare all'armata nulla promettere a' Lituanj, per calmare la sollecitudine degli animi, a quelli per non
avere più capo, a questi per vedersi diserti da chi era stato così liberal di promesse.

Il re di Napoli impugnò le briglie
dell'esercito, ma tale era de' viaggi il
disordine e cotanto il precipizio che solo a Vilna i soldati furon saputi di sì
fatale partenza. *E che? si dicevan tra
loro, così adunque abbandona coloro di
cui si spacciava per padre? Dove dov'è

quel Grande che nell'apice di sua prosperità ci esortava a tollerar con rassegnazione le nostre sventure, e i patimenti nostri? E colui che delle nostre vite
è prodigo, à egli timore di morire con
noi? O ci tratterà come le truppe già
trattò dell'Egitto, le quali dopo averlo
fedelmente servito non furono da lui punto curate, subito che nel lasciarle si sot-
trasse al sovrastante pericolo? * Questi
erano i ragionamenti scambievoli della
soldatesca cui accompagnavano di quelle
energiche parole con le quali sanno accrescere ed arricchire la lingua (1), mi
vaglia il vero unqua non v'ebbe indi-
gnazione più giusta, poichè una moltitudine di gente unqua non fuvvi che più
di questa meritasse pietà. A ciò s'arro-
se un altro disordine, che i capi non
ritenuti più dalla vergogna e senza pu-
dore, abbandonavano a sua imitazione
gli avanzi de' reggimenti a loro abbandonati. Fino allora si trovavano a quando a quando alcuni soldati con l'arme
in mano, i quali condotti da' loro uffiziali viaggiavano intorno a' loro stendardi che avean giurato di non perdere
giammai di veduta; ma come si videro

senza duce e che inudite calamità avrebbono il loro numero sminuito, questi valorosi carichi d'un sì prezioso fardello nascondevano col pianto sugli occhi e la tristezza nel cuore dentro alle sacca l'imperiale augello. Talaltri sentendosi venir manco e sapendo essere del soldato franzese il serbare le sue bandiere, con una debole mano scavavano la terra per sottrarne a' Russi quelle insegne, sotto le quali sonosi le nostr'armi al fior della gloria innalzate.

La divisione Loison che da Conisberga eravi venuta dinanzi a quelle de' Napolitani che partite erano da Vilna onde guardare il passaggio di Napoleone, si trovarono ridotte ad accampare con un freddo di 22 gradi al dissotto del ghiaccio e perciò in breve rimasero interamente distrutte. Di seimila non se ne travedea per una densissima nebbia se non alcuni deboli battaglioni, che correvano per la via quai mentecatti, battevan co' piedi la terra per non essere assaliti da sì crudele stagione, che gl'infelici malati dovendo alle bisogne soddisfar di natura, perduto l'uso delle mani cadevano morti distesi sul canto della strada, senz'aversi potuto racconciare. Que' pure che resistevano al cammino tiravano in lungo lor pene, ma se stanchi di vivere desideravan la morte l'aveano in pronto col solo fermarsi. Per tutta la strada s'incontravano de' valorosi uffiziali ravviluppati in cenci, sostenuti da bastoni di pino, co' capelli e la barba aspri di ghiacciuoli. Que' dessi che non à guari erano il terror de' nemici e' vincitori di quasi intera l'Europa, avean perduto il magnanimo ardire e traendo a passo lento ottener non potevano uno sguardo di pietà da que' soldati, ond'erano testè sommessamente ubbiditi. Chi non avea lena da marciare era abbandonato, ed ogn'uomo abbandonato un'ora dopo era morto, il perchè la strada sempre pareva un campo di battaglia. Ogni fiata che alcuno soggiacendo alle fatiche si cadeva sul suolo, colui che vicino gli stava subito avventavasi a quello, e prima eziandio che avesse esalato lo spirito lo spogliava per coprirsi delle sue vestimenta. Qua e là se ne udivano alcuni che ad alta voce ne supplicavano di stendere una mano caritatevole. Miei compagni, diceva uno, aiutatemi a sollevarmi, degnatevi di porgermi la destra affin che possa continuare la strada. Ma ognuno gli passava dinanzi senza pure guatargli in faccia. Deh! ve ne scongiuro per quanto avete di più caro, non mi lasciate in mano al nemico, in nome dell'umanità non mi negate il lieve soccorso di che vi richieggo, aiutatemi a sollevarmi. E chi passavano nonch'esser tocchi da sì commovente preghiera gli riguardavano siccome fosser già morti, e intanto scagliavansi sopra di lui per ispogliarlo. Allora s'udiva questo soldato a gridare: accorr'uomo! accorr'uomo! sono assassinato, perchè mi pigiate voi le piante? perchè strapparmi 'l denaro ed il pane che mi rimangono? che più? mi togliete per fino le vesti? Così gridavano questi cattivelli, e se qualche uffiziale di cuore magnanimo non traeva a liberarneli, oh quanti sarebbono stati assassinati da' loro stessi compagni!

In così misero stato si giunse a Giuprano (7 dicembre) un poco prima della notte. Spossati ci convenne fermarsi, le case da ogni canto aperte non ci difendevano dai rigori del tempo, coricati

uno sull'altro patendo la fame e intirizziti di freddo si gemeva dell'inclemenza
dell'aria. Il giorno seguente (8 dicembre) si partì di buon mattino e alle undici fummo ad Ommiana, alle cui case
subito si accese fuoco da' soldati onde
non morire di gelo. Morirono questi però di morte contraria, chè impazienti
di cacciare il freddo penetrato in lor
ossa si accostavano troppo dappresso all'
incendio; nè più avendo forza di levarsi da colà rimanevano pasto del fuoco.
Altri erano tutto neri del fumo o intri-
si di sangue del cavallo testè divorato,
si raggiravano intorno alle case che ardevano, e mentre stavan guatando i cadaveri de' loro compagni si morivano
eziandio quelli alla medesima foggia.
Si sperava dovervisi trattenere a fin di
ricevere un po' di cibo che dicevasi esser da distribuire, ma si seppe aver i
Cosacchi saccheggiato i magazzini nel
giorno davanti, e due ore dopo esservi
passato Napoleone. Si continuò pertanto
co' tempi che sempre andavano eguali,
e si pervenne a Ronnopoli cattivo castello di pietra, dove 'l principe e 'l suo
stato maggiore passarono la penosissima

delle notti. Le sciagure avevano posti ad ugual condizione tutti quanti, di che ciascheduno ostentava inutilmente l'autorità sua. Il colonnello che non avea da vivere andava mendicando un tozzo di pane dal suo soldato il quale ne avea, e chi possedeva qualche rimasuglio era circondato da famigli era riverito da cortigiani, i quali tutti per cagion di mangiare mettevano da parte il loro grado e decoro; si addomesticavano con lui, con lui godevano d'intertenersi, e perfino s'abbassavano a carezzarlo. Ma per dare una piena idea dell'orribil disordine in cui la fame ed il freddo avevan tutti cacciato, s'immagini chi legge una moltitudine insieme raccolta di 40m. uomini differenti di grado e che in calca viaggiavano senza osservare non disciplina non ordine, e che non sapendosi per dove avesser d'andare si fermavano secondo che gli riconsigliava la stanchezza o 'l capriccio. I capi medesimi avvezzi a comandare e privi d'industria erano i più infelici. Gli si evitava per non avere a prestar loro servigio, poichè in tal circostanza il porgere un bicchier d'acqua, l'aiutare a levarsi era no cose che meritavano eterna gratitudine. La via era coperta di soldati che più non serbavano umana figura, e che l'inimico aveva sdegnato di far prigionieri. Ogni giorno accadeva un nuovo fatto a raccontarsi pietoso. Chi la facoltà perduto avea dell'udito e chi della parola, molti per eccesso di freddo erano ridotti ad uno stato di stupidezza frenetica sicchè alcuni arrostivano umane carni e se le trangugiavano, ed altri si rodevan le braccia o le mani (*Notizia uffiziale pubblicata da' Russi a Vilna 2 dicembre 1812*). Ve n'ebbero di coloro deboli per sì fatta guisa che non potendo portar legna o rotolare una pietra, si sedevano sopra i carcami de' loro fratelli, e tutti sfigurati in viso riguardavano con occhi fissi e istupiditi alcuni carboni accesi, ma ben presto i carboni estinguevansi, e questi lividi spettri più non potendo sollevarsi cadevano sopra di quelli su' quali già eran seduti. Se ne vedevan degli altri che forsennati venivano a riscaldarsi co' piedi ignudi presso a' nostri fuochi, e parecchi con un riso di convulsione si gettavano in mezzo alle fiamme e perivano mettendo spaventevoli strida e movendosi con istorcimenti orrendi a vedersi, e molti e molti tra tanto egualmente mentecatti seguivano il loro esempio e trovavano la stessa morte.

Così erano le cose nostre quando si giunse a Rucono, della qual villa non sopravanzavano che alcune cattive capanne tutte zeppe di cadaveri. Tre leghe ancora mancavano per giugnere a Vilna, il perchè la maggior parte si affrettarono per questa città ond'essere i primi ad entrarvi, sperando non solo d'ivi ritrovare delle vettovaglie, ma di potervisi fermare alcun giorno e godere dopo tanto di travaglio le dolcezze d'un riposo onde avevano sì grande bisogno. Contuttociò il 4.to corpo che non avea se non 200 uomini presenti alle rassegne si fermò in quella villa infelice, nè da di là si partì se non sullo spuntare del giorno (9 dicembre), costretto dal freddo e in particolare dal fumo che non gli lasciava girare lo sguardo. Sul partire ecco i Bavaresi nostra retroguardia accorrere tutto sbigottiti gridando che i nemici gl'inseguivano. Il giorno innanzi erasi divulgata la voce che aveano commesso non senza buon esito battaglia, ma il disordine col quale arrivarono ne smentì quella nuova. Contuttociò deve si dire a loro encomio che ancora serbavano qualche cannone, ma sì sfiniti erano i loro cavalli che non potevano più durare a strascicarli. Ogni giorno di marcia era un'altra scena d'orrore, di cui dar non saprei che leggero uno schizzo, perocchè così erano indurati i nostri cuori a quadri tanto lugubri ch'aveano perduto il natural sentimento, e quel solo della propria conservazione regnava nel vacuo animo, pieno solamente di brutale affezione a cui ne aveva la sorte nostra ridotti. Non si pensava che a Vilna, Vilna empiva di giubilo tutti que' che vi potevano arrivare, quasi mostrando a costoro il suo seno dove pigliare dopo tante pene e travagli conforto e riposo. Ma per quegl'infelici che sul suo limitare combattean colla morte era un nonnulla, ed era infatto un nonnulla per quelli non meno, che in essa avean le più care speranze riposto e che con ansietà vi si affrettavano, poichè il fatto suo stava per diventare a nostro rispetto un altro Smolenco. Pur finalmente si

giunse al sobborgo tanto bramato, ma
di qual amaro veleno non fu mai questa felicità attoscata, come si vide che
in tutta sua immensa lunghezza gli era
otturato da innumerabile torma di carri d'uomini e di cavalli! Questa confusione mi richiamò la Beresina. Le nostre facoltà così erano istupidite che ciascheduno uso a seguir sua colonna si
avrebbe creduto smarrito dove se ne
fosse allontanato un solo passo, e ciò
bastava a chiaramente mostrare il voler
tutti entrare per una porta medesima,
mentre e a destra e a manca dell'altre
ve n'erano da poter con tutto agio andare e venire. Arrivati in questa città
la si trovò in estremo disordine e scompiglio; i soldati dispersi correvano per ogni
dove, onde conoscere le contrade al loro corpo assegnate. Que' del 4.to iti alla
municipalità videro scritto a lettere d'ap-
pigionasi di doversi recare al convento
di S. Rafaello situato al di là dalla Vilia. Ma prima di acconciarsi in quello
correvasi come affamati e andavasi di
casa in casa per domandar da mangiare, chè i fondachi le locande i caffè più
non potendo satisfare a cotanta turba di

comperatori ne obbligava ad abbatter le
porte, o pur col denaro in mano inseguire i figliuoli di Giacobbe, i quali
malgrado alla nostra generosità non sapevano come adempire a' nostri bisogni.

A Vilna si seppe che Napoleone era
per di là passato incognito, difeso solamente da una debole parte di tre inte-
ri reggimenti di cavalleria napoletana,
spedita innanzi da lui per guardar la sua
strada. Questi poveri abitanti del mezzogiorno erano quasi morti come se ne
fece la rassegna; e appena usciti di Vilna ne ritornò un terzo co' piedi le mani ed il naso di ghiaccio. La partenza
di Napoleone avea messo in costernazione i Lituanj che gli eran devoti, e
immerso in un profondo scoramento i
Franzesi. Gemevano i primi per vedersi
abbandonati al risentimento d'un padrone alla cui autorità aveano già tentato di
ribellarsi, tremavano gli altri per la propria salvezza, tutti conoscevano che la
sua lontananza compiva l'eccidio comune. Ma quelli che a pieno vedeano i pericoli della nostra situazione, solleciti di
veder rifiorire la gloria delle nostr'armi
appassita, si argomentarono che questa

partenza era un bel fatto. Napoleone a
Parigi, dicean essi, rassicurerà la Francia inquieta, riordinerà di subito un bello esercito e lo manterrà per tema degli alleati, la cui ribellione ci riuscireb-
be funesta.

Alle nove della sera la coda della
nostra colonna a mala pena erasi entrata nel sobborgo, che si sparse la voce
dell'essersi i Cosacchi impadroniti delle
alture che la città signoreggiano. Nè andò guari che diedero mano al cannone,
al qual fragore le truppe fresche di Vilna percuotono il tamburo dan fiato alle
trombe, la città è una piazza d'armi.
Per uno di quegli accidenti che la Provvidenza mostra talvolta di far nascere
per confonder l'orgoglio e 'l superbo
punire, abbisognò che l'enorme possanza di Napoleone fosse ridotta a non aver
altro sostegno sotto a un clima di ferro,
che gli avanzi d'una divisione napoletana composta delle guarnigioni di Taranto e di Capua. Queste essendo state su-
bitamente sconfitte, il terrore si sparse
per la città, e alla sola parola *Cosacchi*
tutt'i soldati usciron di casa e preser la
fuga. Nel quale frangente il re di Na-

poli dimentico di sua regal dignità abbandona incontanente il palazzo, e a piedi seguito da' suoi uffiziali esce della città rompendo la calca e va sulla strada di Covno. Il suo esempio valse ad animare alcuni uffiziali che subito corsero per l'armi, altri veduto approssimarsi la notte colsero il bell'acconcio che tutti se ne fossero iti, per avventarsi a' magazzini e via recarne le masserizie e le spoglie ivi raccolte, ma i più solo bramosi di vitto picchiavano ad ogni porta, e que' colpi replicati esser parevano il funesto presagio dell'usato saccheggio. Gli abitanti tremavano in lor case, ne paventavan gli orrori, e udivano d'ogni lato il fragor del cannone. Si disperò allora d'ogni sorta di riposo per noi, siccome per quelli che ridotti a deboli avanzi più non potevano contenere gli sforzi del nemico, e fu mestieri di approfittare del buio della notte, per mutarsi di sì pericolosa posizione. Fu adunque determinato che si partirebbe alle 11 della sera, la qual ora essendo giunta ce ne siamo andati cheti cheti e taciturni, lasciando le vie della città coperte di soldati ubbriachi morti e addormentati. Le corti le logge le scale degli edifizj, tutto era pieno di quelli, ed un solo non avea che volesse levarsi non che partirsi per ubbidire a' voleri del suo capo il quale lo chiamava. Usciti finalmente di Vilna con una difficoltà eguale a quella dell'entrarvi, il principe e lo stato maggiore se ne andarono dal rè di Napoli, dove tutti gli uffiziali stettero raccolti fino al vegnente mattino. La notte andava assai tenebrosa (10 dicembre), si camminò lungo la strada di Covno, ma la neve che copria la campagna sviar ne facea ad ogni passo, e ci lasciava lunga pezza nel dubbio di essere smarriti, perocchè i Polacchi andando a Neutrochi calcavano un nuovo sentiero, il quale potea facilmente tirare in errore. Due ore dopo si toccarono le falde d'un monticello inaccessibile per li suoi dirupi e per lo ghiaccio ond'era tutto coperto. All'interno si vedevano i rimasugli degli equipaggi di Napoleone, le salmerie lasciate a Vilna l'erario dell'esercito i cassoni con entrovi i funesti trofei portati di Mosca. Ma non si temè più di avere o no la strada seguito di Covno.

Si stava gemendo a' piedi di questo colle senza poterlo sormontare, e intanto si udia chiaramente il fucilar de' Cosacchi e de' nostri cacciatori erranti. Pieni tutti di quel mal talento che sogliono inspirar le disavventure gridavano essere meglio d'andare a Neutrochi onde schifare quell'altura fatale, dove in più che un giorno non avea potuto passare un sol carro non ch'altro. Tutti quelli che ivi trovavansi per la maggior parte malati o feriti erano altrettante vittime abbandonate al furor del nemico, e in lor dolore non si poteano dar pace per dover naufragare essendo così al porto vicini, e in ispezieltà dopo essersi salvati dalle stragi di Crasnoe e della Beresina. Ma questo dolore mutava natura e diveniva disperazione, come pensavasi che' Cosacchi avendo già oltrepassato Vilna la nostra retroguardia inseguivano e si dirigevano alla volta nostra. La necessità intanto ne strinse ad aspettare il nuovo giorno, per tentare di girar la collina cui non potevano i nostri cavalli superare. In tale aspettazione si accese il fuoco e si passò la notte, finita la quale si andò cercando

alcun varco, ma inutilmente che da per
tutto era il pendio così liscio e lubrico,
e i cavalli così stanchi che si disperò di
potersene spacciare. Fu allora pensato
che que' della scorta portassero sulle
spalle il denaro appartenente all'erario
imperiale, e siccome questo montava a
ben cinque milioni e la moneta per la
maggior parte era scudi, abbisognò ricorrere a tanti e tanti, che ciascheduno
de' nostri soldati approfittando del caso,
il quale non dava agio da por loro gli
occhi addosso, fece suo quello che gli era
era stato affidato. Gli stendardi tolti al
nemico di cui quest'anime venali non
sapevano più curare, furono vilmente
alle falde abbandonati, e con essi rima-
sevi pure la famosa croce di S. Giovanni che la sarebbe veramente stata una
gloria di aggiungere a' nostri trofei, se
in appresso que' Russi che da noi son
chiamati barbari non ci avessero profer-
to il nobile esempio d'una moderazione,
la qual di rado suol essere compagna
della vittoria. Que' che sopraggiunsero
accrebbero il numero de' rubatori, e la
era una scena veramente d'osservazione
dignissima, poichè si vedevano degli uo-

mini morirsi di fame, benchè curvi le spalle a più di ricchezza che non aveano forza da portare. Il perchè se le distribuivano con indifferenza tra loro, me che danaro cercando grasce, laonde era pieno ogni canto di bauli spezzati di aperte valige, e magnifiche vesti e ricche pellicce stavano indosso a rozzi soldati, i quali partendosi dal saccheggiare offerivano sessanta franchi d'un luigi, ed altri pagarono dieci scudi un bicchiere d'acquavite. Un certo finalmente sotto gli occhi miei per alcune monete d'oro esibì un barile pieno d'argento, e 'l comperò un uffiziale che lo ripose sopra il suo carro.

E qui non saprei come ritrar la ruina dell'esercito nostro, il quale in vece d'essersi animato alla vista d'alcuni battaglioni venutici dalla Prussia, infuse anzi alle nuove truppe quel terrore ond'era compreso e abbattuto, e queste non sapendo cui dovessero ubbidire gettaron l'armi per terra e vennero la folla ad accrescere de' carrettieri. Tutti i nostri soldati finalmente divenuti barattatori non avevano altra cura che vender le cose rubate, e quelli per l'oppo-

sito che non avean dell'erario alcuna
parte potuto rubare, miravano a comperare per poi ritrarne con questo alcun
benefizio. Le voci erano solamente di
verghe d'oro o d'argento e di gioie;
ogni soldato era carico di danaro nessun
di fucile, per la qual cosa ben era agevole l'agghiacciar di spavento all'udir
nominare i Cosacchi. In tale stato si
camminò per ben quindici ore, dopo le
quali fummo ad Evè dieci leghe all'incirca distante da Vilna, dove a pena
giunti vedemmo che pur giungeva il conte Mejan (2) sostenuto dal figlio e da un
cameriere del principe. Questo padre
infelice di cui forte mi duole non aver
potuto a parte il magnanimo sacrifizio
descrivere, era stato costretto dopo il
fatal colle di Vilna di continuar a piedi
il cammino per campagne tutte coperte
di neve. Il costui coraggio ne avea spes-
se volte stordito, siccome di colui il
quale avvegna che militare non fosse,
pure avea con tanta sopportazione i patimenti sofferto che da tali casi mai scompagnati non vanno, ed era animato da
un affetto per lo vicerè a tal che tutti
dimenticò di questa giornata le indici-

bili sciagure, fin a tanto che potè ritrovarsi a fianco del principe.

Non era però egli solo a tante disavventure soggetto; il principe d'Emmil abbattuto dalla febbre non potea
viaggiare se non in carro. L'ordinatore
Joubert che da lunga pezza era privo di
domestici fu lasciato in questa villa per
morto, e in sì miserabile stato che trasse le lagrime a tutti quei che lo videro. Nè eravam meno timorosi della sorte di parecchi uffiziali rimasi cogli equipaggi del principe, ma la sera si seppe
che mercè la destrezza dell'aiutante di
palazzo Boutarel aveano que' carri onde
schifare l'altura di Vilna passato per
Neutrochi, e la sola lunghezza del cammino avergli obbligati a fermarsi dietro
d'Evè. Del quale villaggio partitici (11 dicembre) avemmo notizia da quelli che
si eran salvati da Vilna, che i Russi vi
erano entrati sul nascer del giorno. Ivi
e generali e colonnelli e uffiziali in buon
dato e più di 20m. soldati rimasi per
eccesso di spossatezza caddero in loro
potere. Agli uffiziali ci fu detto essere stato fatto buon viso, ma i soldati e' domestici dovevano immantinente

partirsi per Mosca dove si voleva impiegarli, così almeno spacciavasi, a riedificar la città. Questi tapini stesi per le vie o per le pubbliche piazze, senza fuoco e senza vitto, e i più o malati o feriti erano un'afflizione a vedersi, sì che i nemici procurarono di addolcire la funesta lor sorte, e quelli erano meno degli altri da piangere, che spogliati e maltrattati da' Cosacchi perirono picciola ora dopo la nostra partenza. Tristo effetto della debolezza umana! Que' dessi che si erano trascinati da Mosca a Vilna mancarono di coraggio quando fu loro mestieri qualche lega di più per salvare la vita. I Giudei frattanto aveano sonato il vespero siciliano su molti e molti de' nostri soldati e su que' particolarmente della guardia imperiale, per vendicarsi de' mali trattamenti da noi ricevuti; ma i Russi per quel loro spirito di giustizia fecero spenzolare da un paio di forche parecchi di questa malandrina nazione, onde insegnare a' popoli non dover essi giammai le private loro passioni alle discordie mescolar de' sovrani.

L'estremità della lunga nostra co-

lonna andava per così dire seminando
la strada talor di cadaveri tal' altra di
moribondi, sempre inseguita da un nembo di Cosacchi i quali spogliavano i nostri soldati e poi gli davano da custodi-
re ad alcuni paesani che gli conducevano indietro, dopo averli caricati d'ogni
maniera di villanie ed ignominie. Ma
finalmente stancatisi di far prigionieri
concedettero la libertà a tutti que' della
confederazione del Reno, paghi di seco
ritenere gli uffiziali di qualche grado.
Se poi coglievano un Franzese, vi so
ben dir io come ve lo acconciavano pel
dì delle feste, nè per meschino ch'egli
si fusse tralasciavano di spogliarlo e di
oltraggiarlo co' più amari sarcasmi. Ch'
anzi, dove questi marciasse con esso loro in sulla sera, gli ordinavano
di andare per acqua o per legna, poi
lo respingevano inumanamente dal fuoco che aveano fatto accendere da lui
stesso. Dura condizion de' soldati che
stretti alla guerra, sono essi sempre la
vittima delle calamità ingenerate dalle
discordie de' re (5)! Un uffizial de' Cosacchi il quale leggiadramente il fran-
cesco idioma favellava avea colto uno

de' nostri commissarj, e questi per salvare la vita implorò suo perdono, allegando non esser egli combattente, e nell' atto medesimo gli presentò la sua borsa per soddisfare i Cosacchi. Poco contenti costoro di sì leggera presura si misero a rugumar le sue tasche, e gli trovarono delle scatole d'oro de' diamanti parecchie anella di pietre preziose, le quali avea fuor di dubbio portate dal sacco di Mosca. A questa veduta non potè l' uffiziale trattenere il suo sdegno e disse a costui: * Ecco a che ti ridusse la tua cupidigia; nella speranza di procurar tua fortuna ai voluto seguire le truppe, e approfittare del loro bottino senza dividere i loro pericoli. Nell' ottenere queste ricchezze tanto sospirate, t'ai da te medesimo oppresso sotto il lor peso, nè potuto involarti al mio perseguimento. Nella giusta mia ira potrei ben io farti ritornare cattivo in quella capitale che tu ai saccheggiato, ma tu se' troppo un vigliacco da poter riedificare ciò che ai distrutto. Torna se 'l puoi in Francia, e pubblicando la clemenza nostra mostra a' tuoi concittadini il deplorabile stato a cui ogni volta

si espone, quando si tratta la pace turbare del mondo, chi segue le insegne
d'un ingiusto oppressore. Così dicendo il lasciò in mano de' Cosacchi, i quali sdegnando un cotal prigioniero sel
levaron dinanzi percotendolo e respin-
gendolo col manico delle lance.

Prima di giugnere a Zismori udimmo alle spalle il cannone anzi vicino
che no, perciò sospettossi non fossero
per avventura vigorosamente inseguiti i
pochi soldati i quali erano avanzati per
nostra retroguardia. Nulla di meno sì
grande era l'abbattimento che i più pre-
ferendo il riposo alla sicurezza, si fermarono a Zismori, ma il vicerè continuò fino a Runnico. Da di là (12 dicembre) sfiniti da una marcia delle più
lunghe e faticose, morti di stanchezza si
proseguì per Covno, dov'erano uniti gli
avanzi di ciascun corpo. Secondo l'uso
accampavano per le strade, e siccome
sapeasi che la deplorabile nostra situazione non ci dava agio di conservare alcun posto, si concedette libero sacchseg-
gio a' magazzini che pur erano a dovizia forniti. Ecco in un soffio vestimenta suppellettili farina e rum scaturir

d'ogni parte; le principali contrade erano piene di botti fracassate, e 'l licore
sparso formava una spezie di stagno in
mezzo della piazza pubblica. I soldati
privi da gran tempo di questa bevanda
vi si abbandonarono con tanto abuso che
più di due mila fra loro ne rimasero
ebbri e s'addormentarono sulla neve;
assaliti poi dal freddo passarono tosto
dal sonno alla morte.

La sera ne fu annunziato che 'l 4.to
corpo piglierebbe la strada di Tilsit, e
siccome parecchi di noi avevan per uso
onde schivar la confusione di andar sempre a dormire una o forse due leghe
più in là del quartier generale, avvenne che molti s'incamminarono per questa città. In mezzo alla notte venne il
capo dello stato maggiore a trovar tutto
il 4.to corpo *rinchiuso in una camera*,
con la novella che l'ordine era rivocato,
nè più si trattava d'ire a Tilsit bensi a
Gumbinnen, e così questi *ordini e contr'ordini* consumarono la nostra rovina.
Da ciò che ò detto sufficientemente si
pare a cosa era il 4.to corpo ridotto, e
per dirne più particolarmente aggiugne-
rò, consister esso ne' famigli del prin-

cipe e in otto a dieci uffiziali dello stato maggiore.

Lo stesso tumulto dell'uscire di Vilna accadde eziandio nell'uscire di Covno (13 dicembre). La calca ingrossava sul ponte, e 'l Niemen era divenuto così sodo ghiaccio che avrebbe leggermente sostenuto il peso dell'artiglieria se ne avessimo avuto. Dentro in Covno e nelle sue vicinanze vedemmo in buon dato degl'infelici distesi sopra la neve, i quali avean soggiaciuto sul finire della fatale nostra spedizione. Quello che in ispezial modo ci addolorò fu la morte del col. Vidman, il quale era un de' pochi della guardia d'onore italiana che fino a questo momento avessero durato alle pene. Non potendo egli più trarre il passo cadde nell'uscire per andare al ponte, e spirò senz'aver potuto non ch' altro aver il contento di morire fuori del territorio della Russia. Le calamità comuni a tutto l'esercito aveano pur desolato la guardia imperiale, ed ogni giorno ne perivan parecchi di fame o di freddo o di stento. Fra queste vittime ne vid'io una meritevole d'ammirazione. Erasi questi un vecchio granatiere steso sul ponte di Covno non era stato tocco dalla folla che gli passava davanti, forse rispettando il suo carattere le sue insegne e particolarmente i tre suoi scaglioni o cavalletti d'arme che dire vogliamo. Questo valoroso mostrava di aspettare a fermo petto e ad occhi asciutti la morte, e sdegnava a simiglianza di tanti di far a vane preghiere ricorso. Per avventura gli passano davvicino alcuni de' suoi compagni, fa uno sforzo per sollevarsi, non vi riesce, e sentendosi venir manco tutte raccoglie sue forze e dice ad uno de' suoi compagni che accorreva per aiutarlo. * Cessa o amico dalle superflue tue cure, io muoio col dolore d'essere stato vinto da un nemico che noi non possiamo combattere, la fame ed il verno m'anno ridotto a ciò che tu vedi. Questo corpo medesimo che à resistito a più che dieci ferite, oggi miseramente soggiace alla morte per difetto d'un tozzo di pane. Deh! poichè i nostri nemici trionfano col patrocinio del clima, togli almeno donde profanare delle insegne onorevoli che nel combattere contro a loro acquistate mi sono. Già mi furono date sul campo di battaglia d'Austerlizza, e tu le riporta al mio capitano, a lui riporta la mia sciabla di cui feci uso a Friedland, e che sarebbe tuttavia fatale a' Russi così come lo fu a quel tempo, se 'l ritorno della primavera ne avesse conceduto di andare a Pietroburgo, come a Mosca andati pur siamo.*

La mattina del 13 dicembre tutto ciò che sopravanzava di 400m. guerrieri i quali aveano trapassato il Niemen sull'incominciar della guerra, ripassò questo fiume nè forse giungeva a un 20m., due terzi almeno de' quali non aveano punto il Cremelino veduto. Giunti sulla riva opposta quali ombre ritornate dal regno di Dite, riguardavano pieni d'orrore alle nostre spalle quelle selvagge contrade, dov'erasi per noi tanto sofferto. Nessuno allor potea credere che testè le si avesse con voglioso occhio mirate, e si fosse stimato un infame e disonorato l'essere stato in varcarle uno degli ultimi. Nello sbrigarci del ponte noi prendemmo la sinistra per Gumbinnen, molti vollero piegare a destra, incaponitisi che secondo l'ordine del dì antecedente andar si dovesse a Tilsit. Io fui

tra' primi, e poco stante ci convenne sormontare un'altra montagna mirabilmen-
te sdruscita, e che sarebbe stata a' nostri equipaggi fatale, se da lungo tempo
non se ne fossimo sbarazzati. Alcuni carri e vetture ch'erano in deposito a Covno
avevamo per altro con noi, e 'n particolare un magnifico parco d'artiglieria
novamente da Conisberga venutoci, le
quali cose si lasciarono alle falde del
monte. Appena entrati nel ducato di
Varsavia, tutti i nostri rimasugli presero diversi sentieri, e camminarono da
semplici viaggiatori per que' medesimi
paesi, che dieci mesi innanzi erano pieni zeppi delle innumerevoli nostre truppe. Il re di Napoli e 'l vicerè si fermarono la sera a Scrauda, dal qual villaggio si partì la mattina del 14, tempo
in cui i Cosacchi entrarono in Covno
passarono il Niemen che per ogni dove
era gelato, e si sparsero per le immense
pianure della Polonia. Ivi massacrarono
o catturarono molti soldati dispersi i
quali si credevano al sicuro, persuasi che
i Russi non pensassero punto a tragittare quel fiume. Da Scrauda molti si diressero per Torno ma 'l vicerè per Gum-

binnen, dove arrivò a'17. Di là inviò il suo aiutante di campo il gen. Gifflenga per méttere sulla strada di Marienverde tutti que' del 4.to corpo, i quali aveansi pigliato a quella di Tilsit.

La prima città che s'incontra tenendo quella strada è Conisberga, la quale fu ad un tratto da coloro ingombrata, che sfuggiti dalla Russia speravano di rimettersi da' mali sofferti. I caffè le locande e simili altre botteghe non potevano a qualsisia prezzo soddisfare l'immensità delle nostre bisogne. Orribile era il freddo, ma il delizioso conforto di potèrsene guardare e in ispezial maniera il diletto di trovar tutto ciò che a desiderar si giugnea, tanto più ne ricolmavan di gioia in quanto che erano ben sei mesi dacchè privi continuàmente d'ogni cosa, credevamo di aver perduto la facoltà di tutti gli agi i quali fòrmano le dolcezze della vita. Il re di Napoli venuto a Conisberga fu assai freddamente ricevuto da' principali magistrati, ed intanto i capi di ciascun corpo andarono lunghesso la Vistola, e stabilirono le città di Ploche Torno Mariemburgo Marienverde e d'Elbinga per loro quartieri generali. Il vicerè d'altra parte lasciato Gumbinnen passò per Insterburgo e Velau (18 e 19 dicembre), onde religiosamente visitare i campi di battaglia di Frielland d'Eilau e d'Eisberga, trovando per cotal modo in sì amara circostanza oggetto di meditazione e vantaggio. La rimembranza del nostro valore avea per tutte quelle contrade impresso negli abitanti così profonda ammirazione, che nel passare per la Prussia i nostri nemici medesimi rispettarono le nostre sciagure, e soffocando il lor odio non osarono di far villania alle venerande reliquie di tanto naufragio.

Sua Altezza arrivò finalmente a' 27 dicembre a Marienverde, dove s'impiegò nel riunir tutto quello che apparteneva al 4.to corpo, e per molto e molto cercare riuscì a raccogliere un miladugento sciancati, misero avanzo di ben 52m. guerrieri, tutti venuti dall'Italia per essere in Russia ostia non de' nimici ma della funesta imprudenza d'un capo, il quale poco soddisfo di aver soggiogato la più bella metà dell'Europa volle ancora provarsi cogli elementi per non invadere che dei deserti. Quindi 'l vicerè rivolse alla Francia e all'Italia gli uffiziali e' soldati, a cui le infermità non permettevano d'intraprendere una nuova campagna. Rimunerò i militari che aveano con fedeltà e valore il lor dovere compiuto, e punì con la sensibilissima delle ignominie que' pochi i quali si erano disonorati con una condotta vile e codarda. Tali furono le indegne calamità che debellarono un poderossimo esercito, per aver temerariamente intrapreso la più orgogliosa ed inutile di tutte spedizioni. Apransi gli annali dell'antichità, ma vaglia il vero dopo Cambise non troverassi punto sinò a' dì nostri, che una riunion d'uomini formidabil cotanto abbia siccome noi provato così orrendo disastro. Per siffatta guisa si adempirono le fastose profezie che Napoleone avea spacciato sul principiar della guerra, con questa differenza però, che non la Russia ma egli strascinato dalla fatalità fu percosso dall'inevitabile mano della Provvidenza, il cui fortunato riuscimento mettendo termine a un empio dispotismo, partorirà libertade all'Europa e felicitade alla Francia.

NOTE
LIBRO SESTO

(1) *Su questo proposito giova ricordare il dialogo di Cinea col re Pirro. Il fatto passò così. Apparecchiatosi questi per andare in Italia contro a' Romani, Cinea filosofo e molto suo famigliare, il ricercò, Cosa farebbe egli, se i Romani superasse? — Noi, rispose, ci faremo signore di tutta l'Italia. — E acquistata l'Italia che si farà dipoi? — Soggiogheremo la Sicilia, provincia assai feconda e ad essa vicina. — E con ciò darai tu fine alla guerra? — Perchè dovrò io ristarmi ed interrompere il corso delle mie vittorie? Non ci rimarrà forse la Libia dove sorge la famosa Cartagine? Qui Cinea stette un poco sopra di sé, indi ripigliò: E conquistato tutto il mondo, a che penserai tu allora? — Allora? allora ci godremo la vita tra gli ozj la pace, e 'n cotidiana festa ed allegrezza. — E chi ti proibisce al presente, soggiunse il filosofo, la pace e l'alle*

14*

grezza, se non forse la tua ambizione? Sopraffatto quel magnanimo dalla verità di tanta sentenza, più non pensò alla guerra e se ne stette in pace negli stati suoi. Deh vivano sempre de' cortigiani così schietti e leali, o de' principi tanto generosi da conoscere la verità e prontamente abbracciarla!

(2) Quest' influssi delle comete si dovrebbon lasciare agli antichi, ed ora a' poeti, ai quali è concesso di seguire gli error popolari. Tra le virtù loro la principale era quella di mutar i regni, di che si lasciò persuadere anche Gio. Fiorentino che nel suo Pecorone giorn. 20 n. 2 scrisse: La detta cometa significò diverse cose e novità nel secolo; e molti dissero ch'ella significava la venuta di Carlo di Francia, e la mutazione che seguì l'anno appresso del regno di Sicilia e di Puglia. Che queste comete significhino mutamenti de' regni, per gli autori antichi si mostra, e massimamente per Stazio nel primo libro della Tebaide dove dice:

Bella quibus populis quæ mutent sceptra cometæ

E Lucano nel primo libro delle guerre civili disse:

Ignota obscuræ viderunt sidera noctes
Ardentemque polum flammis, cœloque volantes
Obliquas per inane faces, crinemque timendi
Sideris, et terris mutantem regna cometen.

Noi aggiungeremo eziandio il Tasso. Gerus. lib. c. 7. st. 52.

Qual con le chiome sanguinose orrende
Splender cometa suol per l'aria adusta,
Che i regni muta, e i fieri morbi adduce,
A' purpurei tiranni infausta luce.

Se mal non m'appongo, e' son forse già tre anni, dacchè una ne apparve sul nostro orizzonte.

(3) * *Il quarto corpo allorchè partì di Glogau era di 48m., e non avea che 20m. fanti e 2m. cavalieri nell'uscire di Mosca. La 15.ª divisione che sull' aprirsi della guerra giungeva a 13m., erasi allora ridotta a 4m.*

(4) Questo creduto fu che 'l miser suole

Dar facile credenza a quel che vuole.

Direbbe l'Ariosto. V. il Furioso c. 1 st. 56

(5) Se Napoleone non fu da tanto di rinnovare il prodigio di Giosuè, ci riuscì a capello un certo nostro poeta, di que' che se l'affibbiano, il quale gli sollevò dappresso co' versi suoi il rigeneratore del mondo mitologico. Bel vedere in teatral scena il sole che alla metà del cammino si ferma, per dar agio a Minerva di cianciar con Prometeo! Benchè, non sarebbesi egli per avventura trattenuto in suo corso, in virtù delle parole di questa diva? Per mia fè che il murmure profondo e il torrido fiato che insuffla e romba e il cor squagliato e l'ischeggioso troncon, ma odi di meglio, l'accostare il polveroso anfratto puntuto al fiammante margo degl'ignei flutti avrebbono possanza di arrestare non che 'l sole, tutto intero il firmamento. Che inestimabile tesoro per un negromante!

(6) * Fra i due eserciti non v'ebbe mai tregua, solamente i posti avanzati

di Milloradovich palesarono a quelli del re di Napoli il loro desiderio e speranza che si conchiudesse la pace. Tutte queste false dimostrazioni c'ingannarono, e diedero a credere a' nostri generali che si stesse aspettando il corriere spedito a Pietroburgo, e il quale doveva essere di ritorno a' 20 d'ottobre. I Russi ci sorpresero a' 18, dal che si andò spacciando aver essi ripreso le armi tre giorni prima che l'armistizio giugnesse al suo fine.

(7) * Detto di Napoleone di cui si servì nel bullettino della campagna del 1809 parlando degli eserciti dell'Austria.

(8) * Questi due uffiziali vennero ripresi nella ritirata su' contorni di Mincio dal col. Czernichef, il quale con un numeroso distaccamento di Cosacchi givasi a Scannico ad annunziare al principe Vitgenstein la condotta dell'ammiraglio Schicagof, affin d'unirsi con lui sulle sponde della Beresina.

(9) * Il gen. Delzons non ischierando che due battaglioni erasi diportato egre-

giamente e secondo gli ordini avuti. Il ponte della Luia la qual passa al di sotto di Geroslavia era stato attaccato, il perchè non 'era troppo dicevole il farvi tragittare una intera divisione. A ciò s'arroge che incerti del dove sboccherebbe il nemico, si avea commesso al gen. Delzons di raggirarsi intorno di noi, supponendo ch'egli udisse romor di cannone dalla parte di Borosco.

(10) *Negli ultimi tempi (dopo la campagna) essendo io a Mantova, intesi dire al Sig. Roberto Vilson testimonio oculare della battaglia di Geroslavia, che 'l princ. Eugenio avea in quel giorno con 20m. sostenuto l'impeto di 9 divisioni russe, ciascheduna delle quali ne avea ben 10m.

LIBRO OTTAVO

(1) * Non ne dettò per altro se non a' commedianti franzesi. Veggasi il suo regolamento su' teatri, dato da Mosca a' 15 ottobre, ed inserito nel monitore a' 15 gennaio 1815.

(2) * *Picciolo calesse scoperto e molto elegante, di cui fan uso tutte le città della Russia.*

(3) *Di costui fa menzione il Zanetti,
siccome di autore di medaglie. (Dell'
orig. di alcune arti principali app. i Vi-
niz.)*

(4) * *Trattone il corpo di cavalleria
del gen. Grouchi e la divisione Pino al
tempo del nostro viaggio per Mosca. Quello veniva da Smolenco, questa da Poriesco.*

(5) *E sentenza del Tasso nella Ger. lib.*

E di mezzo all'orrore esce il diletto.

(6) * *Si parlò a lungo di 20m. carri
destinati a biscotto ed a farina, tratti
da 40m. buoi, ma per mia fe' che non
giunsero sino a Smolenco. I buoi che
arrivarono sin là, a cagione delle fatiche e de' cattivi alimenti acquistarono
malattie, le quali resero la loro carne
così nociva che i medici dell'armata ci
vietarono di mangiarne.*

(7) * Cognia *in Polacco val quanto cavallo, e siccome i cavalli della Russia sono assai piccioli, così si distinguevano per questo nome da' nostri.*

(8) * *Il corpo de' Polacchi era col 3.° dappoi che 'l pr. Poniatoschi, ferito per caduta da cavallo ne aveva deposto il comando.*

LIBRO NONO

(1) *Se a questo dovere avessero mancato, io mi credo che di leggeri avrebbono da Domeneddio ottenuto perdono.*

(2) * *Qui si noti che nelle distribuzioni non erano compresi se non que' soli che rispondevano alle chiamate, il cui numero non giugneva alla quinta parte degli avanzi delle truppe. Senza che, in due mesi non si distribuì da mangiare che tre volte, cioè a Smolenco ad Orca e a Covno.*

(3) * *Le più delle correzioni e accrescimenti di questo libro son dovuti ad un'operetta: narrazione imparziale del*

passaggio della Beresina *d'anonimo autore*. *Diffonde questa un bel meriggio su tutte le operazioni de' tre grandi eserciti russi che fino al presente ci erano inconosciute. A questa io mi chiamo debitore di molto, e pubblicamente ne rendo le grazie maggiori ch' io posso a chi l' à composta.*

(4) * *Il gen. Lambert gliene avea ceduto il comando, essendo egli stato ferito nel combattimento, in che la sua divisione s'impossessò del capo di ponte di Borisove.*

LIBRO DECIMO

(1) *Che le parole del vulgo sieno energiche lo conferma il gran Longino maestro del bel parlare (Tratt. del Subl. Sez. xxxi.) È talvolta dic'egli l'Idiotismo, (che è lo stesso che proprietà di dire) molto espressivo e fa veder l'eleganza; perocchè per se medesimo egli è divenuto notissimo dall'uso comune: e ciò che è più usato è anche più creduto, facendo prova ed impressione maggiore. Ed il cel. Parini nel Mattino minaccia*

il parrucchiere del suo alunno, che se nell'acconciargli la chioma non prendesse legge da colui che giunse pur jeri di Francia, tra l'altre cose lo vedrebbe

scender fino
Ad usurpar le infami voci al volgo
Per fargli onta maggiore.

(2) * *Questi era consigliere di stato del regno d'Italia, secretario degli ordini del vicerè, seguì le truppe franzesi per tutta la guerra della Russia, accompagnato da' due figliuoli che avea, e seppe sulla Beresina la morte del minore, ucciso nella battaglia di Polosco.*

(3) *La è sentenza notissima di Orazio nella Pistola 2 del l. 1.*

Quicquid delirant reges plectuntur Achivi.

PROSPETTO I.

Viaggi del 4.to Corpo.

1 Luglio	Da Piloni a Croni	. . . .	Leghe	1.	—
2	Melangani	. . . . . .	,,	7.	—
3	Ruiconto	. . . . . .	,,	6.	—
4	Neutrochi e Soggiorno	. . . .	,,	3.	—
7	Runnico	. . . . . .	,,	7.	—
8	Paradomino e Soggiorno	. . .	,,	3.	—
10	Paulovo	. . . . . .	,,	4.	—
11	Ommiana	. . . . . .	,,	6.	¼
12	Smorgani e Soggiorno	. . .	,,	8.	¼
14	Zachevisco	. . . . .	,,	3.	¼
15	Vileca	. . . . . .	,,	8.	—
16	Costenevisco	. . . .	,,	6.	—
17	Dolghinove	. . . .	,,	4.	½
18	Dozzice e Soggiorno	. . .	,,	7.	—
20	Beresino	. . . . .	,,	6.	—
21	Puicna o Globoco	. . .	,,	6.	—
22	Camen	. . . . .	,,	6.	—
23	Boschicovo	. . . .	,,	3.	½
24	Bezencovisco	. . . .	,,	4.	—
25	Sorizza (3 leghe da Ostrovno)		,,	4.	½
26	Battaglia e Scolta a Debrisca		,,	5.	—
27	Scolta innanzi a Vitesco	. .	,,	2.	½
28	Agaponochina	. .	,,	5.	½

Napoleone giunto a Vilcovisco a' 22 giugno dichiarò la guerra alla Russia. A' 24 passò il Niemen a Covno, e il 4.to corpo il passò a Piloni, a' 29 la sua vanguardia; ma il vicerè e la 15. divisione al 1. luglio in cui si recarono a Covno. V. sopra. Dopo il 28 Napoleone erasi a Vilna.

P. II.   15

29	Surai e Soggiorno	»	5.—
9 Agosto	Gianovisco e Soggiorno	»	4.—
11	Velecovisco	»	3.—
12	Liosna	»	2.—
13	Liovavisco	»	5.—
14	Rasasna	»	4.—
15	Siniaco	»	7. $\frac{1}{2}$
16	Catova	»	3.—
17	Scolta 1 lega da Curinnia	»	5.—
18	presso Novidore	»	3.—
19	Sobborgo di Smolenco	»	11. $\frac{1}{2}$
20	Passaggio del Nieper e Scolta di là da Smolenco	»	— $\frac{1}{2}$
23	Voldimerova	»	5.—
24	Pologo	»	7. $\frac{3}{4}$
25	Giasele	»	5. $\frac{1}{2}$
26	Micalosco	»	7. $\frac{1}{2}$
27	Agopochina, e passaggio del Nieper a Blagovo	»	4. $\frac{1}{2}$
28	Scolta una lega da Beresco	»	4.—
29	Novoe e Soggiorno	»	9.—
31	Pacrovo	»	6. $\frac{3}{4}$
1 Sett.	Paulovo	»	6. $\frac{1}{2}$
2	Voremievo e Soggiorno	»	2.—
4	Luzo	»	5. $\frac{1}{2}$
5	Accampamento sulle alture di Borodino	»	4.—
7	Battaglia	»	—
8	Uspescoe o Crasnoe	»	3.—
9	Rusa e Soggiorno	»	6.—
11	Apalchina	»	4.—
12	Svenigoro	»	3.—
13	Buzajevo	»	6.—
14	Corechevo	»	4.—
15	Mosca	»	2.—

Da Piloni a Mosca Leghe 261. $\frac{3}{4}$

18 Ottobre	Scolta in un villaggio sulla via di Caluga	„	1.—
19	presso Batutinca	„	5.—
20	Inatovo	„	7. $\frac{1}{2}$
21	Fomisco e Soggiorno	„	3.—
23	Scolta in una villa dopo Borosco	„	7. $\frac{1}{2}$
24	Battaglia di Geroslavia Scolta e Soggiorno	„	4. $\frac{1}{2}$
26	Scolta ad Uvarosco	„	4.—
27	Alfereva	„	4. $\frac{1}{2}$
28	Villa una lega prima di Borisove, forse Mitreva	„	2. $\frac{1}{4}$
29	Upescoe o Crasnoe, Scolta	„	5. $\frac{1}{2}$
30	Scolta alla destra tra Polosco e Procofevo	„	6.—
31	a Ghiatte	„	8. $\frac{1}{2}$
1 Nov:	presso Velischevo	„	5.—
2	a Federosco	„	6. $\frac{1}{2}$
3	Battaglia di Viasma, e scolta mezza lega dopo	„	3. $\frac{2}{2}$
4	Runnico una lega dopo Semlevo	„	7.—
5	Gialoove Postoia Divore	„	3. $\frac{1}{2}$
6	Scolta a Dorogobo	„	6.—
7	Giasele	„	7.—
8	Sloboda	„	4.—
9	Passaggio del Vop, e Scolta $\frac{1}{2}$ lega dopo	„	1.—
10	Ducochina e Soggiorno	„	4. $\frac{1}{2}$
12	Scolta a Voldimerova	„	6. $\frac{1}{2}$
13	Smolenco e Soggiorno	„	5. $\frac{1}{2}$
15	Scolta 3 leghe dopo Smolenco in un casale, forse Lubna	„	3. $\frac{1}{2}$
16	Crasnoo	„	7.—
17	Liadone	„	4. $\frac{1}{2}$
18	Dubronna	„	8.—
19	Orca e Soggiorno	„	4.—
21	Scolta $\frac{1}{2}$ lega da Cocanovo	„	5.—
22	Tolossino	„	5.—
23	3 leghe dopo Tolossino presso Giablonca	„	3. $\frac{4}{2}$

24	Bobre	»	4.—
25	Scolta a Nasca dove si trova una chie-		
	sa isolata	»	5.—
26	Nemanissa leghe 2.$\frac{1}{2}$ di qua		
	da Borisove	»	5. $\frac{1}{2}$
27	Stuzianca , passaggio della Beresina		
	e Scolta	»	4. $\frac{1}{2}$
28	Scolta a Zembino	»	3. $\frac{3}{4}$
29	Camen	»	3. $\frac{3}{4}$
30	Niestanovisco presso a Zavichino .	»	5.—
1 Dic.	Ilia	»	4.—
2	Molodeschino e soggiorno . . .	»	6.—
4	Scolta in una villa forse Marcovo	»	7.—
5	Smorgoni	»	4. $\frac{1}{2}$
6	Giuprano	»	5.—
7	Scolta a Ronnopoli . . .	»	5.—
8	Rucono	»	5. $\frac{1}{2}$
9	Vilna	»	5.—
10	Scolta ad Eve	»	10.—
11	Zismori	»	6.—
12	Covno	»	10.—

Leghe 258.—

Dal Niemen a Mosca » 261. $\frac{3}{4}$

Leghe 519. $\frac{3}{4}$

PROSPETTO II.

*Corpi della grande armata francese contro alla Russia;
dal 1. Marzo fino al 1. Settembre 1812.*

		Uomini	Cavalli
Stato maggiore generale — Il Principe di Neussatel Maggior general.	Badesi Assiani Sassoni Neussatelani, 28. de'cacciatori ec. - - - - -	4 000	1150
	1. Divisione, generale il conte Moränd 13. leggero 17. 30. di linea, Badesi ec. - -	14400	1050
	2. Divisione, generale il comand. Friant 15. leggero 33. 43. di linea , Spagnuoli ec. -	15900	1100
1. Corpo — Principe d' Emmil	3. Divisione, generale il co. Gudin 7. leggero 12. 21. 127. di linea, Strelizziani ec.	15500	1050
	4. Divisione, generale il conte Dessaix 33. leggero 85. 108. di linea, Assiani ec. -	13700	1100
	5. Divisione, generale il conte Compans 25. 57. 61. 111. di linea ec. -	17500	1200
	Cavalleria, gener. il bar. Girardin 1. 2. 3. de'cacciatori , 9. Polacchi ec.	3800	3800
	Artiglieria , comand. il bar. Pernetti gen. di divis. , Ingegneri ec. - - - -	2300	2200
	6. Divis., gener. il co. Legrand 26. leggero 56. 19. 128. di linea , Portoghesi ec. - -	14000	800
2. Corpo — Duca di Reggio	8. Divis. gener. il co. Verdier, 11. leggero, 2. 37. 124 di linea, ec.	13200	900
	9 Divis., gener. il bar. Merlo, 123. di linea, Svizzeri Croati ec. -	12200	800
	Cavalleria, gener. Castex 7. 20. 24 28. de'cacciatori 8. cavalleggeri ec. -	3200	3200
	Artiglieri il bar. Aubri, Ingegneri ec. -	1500	1300
	10. Divis. gen. il bar. Ledru 24. leggero 46. 72. 129 di linea, Portoghesi ec. -	13000	800
3. Corpo — Duca d' Elchinghe	11. Divis. gen. Razout, 4. 18. 93. di linea, Illirici Portoghesi ec. -	14000	800
	25. Divis. gener. Marchand, Virtemberghesi ec. -	10000	500
	Cavalleria, gener. di Voelvart 4. 28. cacciatori, 6. cavalleggeri 11. Ussari Virtemberghesi ec. -	4000	4000
	Artiglieri ec. comand. il bar. Fouchè gen. di divis., Ingegneri ec. -	2800	2600
	13. Divis. gener. il bar. Delzons 8. leggero 84. 92. 106. di linea, Croati. -	13700	800
4. Corpo — Principe Vicerè	14. Divis. gen. il co. Broussier 18. leggero 9 35. 53. di linea, Spagnuoli	13000	800
	15. Divis. gen. il co. Pino, Ital. Dalm. ec.	14000	900
	Cavalleria, gen: Gujon 9. 19. de'cacciatori, Italiani	2900	2700
	Guardia r. ital., gen. Lecchi. -	6200	2800
	Artiglieri comand. il co. Dantouard, Ingegneri gen. Poitevin bar. di Maureillan,	2500	2500

5. *Corpo* — Principe Poniatoschi	16. Divis. gen. Zajonsacchi, Polacchi ec.	18000	8 00
	17. Divis. gen. Dombroschi, *idem*	12000	800
	18. Divis. gen. Camieniechi *idem*	9300	700
	Cavalleria, gener. Caminachi *idem*	4000	4200
	Artiglieri Ingegneri ec.	2200	2600
6. *Corpo* — Maresciallo Gouvion-Saint-Cir	19. Divis. gen. il bar. De Roi, Bavaresi ec.	11200	400
	20. Divis. gen. il bar. De Vrede, *idem*	12700	500
	Cavalleria gen. De Seidevitz, *idem*	2000	2100
	Artiglieri Ingegneri ec.	5 00	800
7. *Corpo* — Generale Reinier	21. Divis. gen. Lecoq, Sassoni ec.	7800	8 00
	22. Divis. gen. D' Funch. *idem* ec.	7600	700
	Cavall. gen. De Gablentz, *idem* ec.	2300	2600
	Artiglieri Ingegneri ec.	1200	1400
8. *Corpo* — Duca D'Abrantes	23. Div. gen. Tarreau, Vesfalj.	10600	400
	24 Div. gen. D'Ochs.	5200	400
	Cavall. gen. Chabert	1900	2000
	Artiglieri Ingegneri ec.	10 00	1500
9. *Corpo* — Duca di Belluno	12. Divis. gen. il co. Parthonneaux, 10. 29 leggero, 36. 44 51. 55. 125. 126. di linea	15000	600
	26 Divis. gener. Daendels, Bergesi Badesi Assiani.	8000	700
	28. Divis. gen. il bar. Girard, Polacchi.	7500	200
	Cavaller. gen. Delaitre e Fournier, Bergesi Assiani Badesi ec.	2000	2100
10. *Corpo* — Duca di Taranto	7. Divis. gen. il bar. Grandjean, Polacchi Vesfalj ec.	13000	900
	27. Divis. gen. d'Jorch, Prussiani.	14000	—
	Cavaller. gen. Massembrach, *idem*.	2700	2700
	Artiglieri, maggiore.	1700	1700
11. *Corpo* — Duca di Castiglione	30. Divis. gen Leudelet, 2. 4. 6. 8. 16. 17. 18. 21. 28. leggero 14. 28 di linea, Vesfalj ec.	18000	400
	31 Divis. gen. Lagrange, 27. leggero 27. 63. di linea ec.	9900	—
	32. Divis. gener. Durutte, reggimenti del Reno Valchereno Bellisola e del Mediterraneo.	12700	—
	34 Divis. gen. Morand, 3. 29. di linea Assiani Sassoni ec.	12900	600
	Cavaller. gener. Cavaignac, dragoni, cacciatori.	1500	1500
Corpi Austriaci — Principe di Svartzemberg	Austriaci.	30000	6000
Cavalleria 1. *Corpo* — Generale Nansouti	1. Div. di cavall. leggera gen. il co. Brujeres, 16. de'cacciatori 7. 8. ussari Polacchi Prussiani ec.	6500	6700
	1. Divis. di cavall. greve gen. il bar. Saint-Germain, 2. 3. 9. corazzieri, 1. cavalleggeri.	3700	3800
	5. Divis. *idem*, gener. Valence, 6. 11. 12. *idem*, 5. *idem*.	3200	3300

2. Corpo — Generale Monbrun	2. Divis. di cavall. leggera gen. Pajol, 11. 12. cacciatori, 5. 9. ussari, Prussiani Polacchi ec.	4800	4900
	2. Div. di cavall. greve, gen. il bar. Vathier, 5. 8. 10. corazzieri 2. cavalleggeri.	2700	2800
	4 Divis. *idem* gen. il co. Defrance 1. 2. carabinieri 1. corazzieri 4. *idem*.	2900	2900
3. Corpo — Generale Grouchi	3. Div. di cavall. leggera gen. il bar. Chastel 6. 8. 25. cacciatori 6. ussari, Bavaresi Sassoni.	4500	4700
	3. Div. di cav. greve gen. il bar. Doumerc, 4. 7. 14. corazzieri, 3. cavalleggeri.	3300	3300
	6. Div. *idem* gen. il bar. Lahoussaje 7. 23. 28. 30. dragoni.	2800	3000
4. Corpo — Latour-Maubourg	4. Divis. di cavall. leggera gen. Rosniechi, Polacchi.	4600	5000
	7. Div. *idem* gen. Lorge, Sassoni, Vesfalj, ec.	3200	3500
Guardia imper.	Guardia imperiale, infanteria cavalleria artiglieria ec.	43000	16000
	Divisione della Vistola gener. Clarapede, Polacchi.	8300	500
Gran parco	Gran parco d'artiglieria gen. Lariboissiere.	9500	4800
	del genio gen. Chasseloup, Laubat	5100	900
	Equipaggi militari gen. Picard.	7800	9300
Guarnigioni	Stralsunda — Morand.	900	—
	Conisberga co. — Loison.	3000	1000
	Maddeburgo, gen. Michaud. Danzica — Lagrange. Stettino — Liobert. Custrino — Fornier d'Albe. Glogau — Laplane. Berlino — Durutte. *(Queste guarnig. furono tratte da'cor.)*	5000	200
Divisione de' principi — Generale Carra-Saint-Cir	Truppe de' principi della confederazione.	7300	300
33. Divis d'infant. — Generale Destrees	Truppe napoletane.	8000	1000
Guarnigione d'Amburgo — Generale Carra-Saint-Cir	Coorti della guardia nazionale del primo *bando* ec.	5700	—
Divisione dan. — Generale Esvald	Truppe danesi.	9800	2000

			Uomini	Cavalli
Truppe in cam.	Infanteria		25000	—
	Cavalleria		14000	14000
	Artiglieri Ingegneri ec.		4000	2500
Deposili gener. di cavalleria	Distaccamenti di tutti i reggimenti di cavalleria			
Generale Bourcier			1500	600

E P I L O G O

	Uomini	Cavalli
Stato maggior generale	4000	1150
Corpo 1.	83000	11500
2.	44100	7000
3.	43800	8700
4.	52000	10500
5.	39500	9100
6.	27400	3870
7.	18900	5500
8.	18700	4300
9.	32500	4500
10.	31400	5300
11.	55100	2500
Corpo ausiliario astriaco	30000	6000
Guardia imperiale	51300	16500
Gran parco	22400	15000
Guarnigioni { Danzica Maddeburgo Conisberga Amburgo }	14600	1200
Divisione de' principi	7300	300
Napoletani	8000	1000
Truppe danesi	9800	2000
Truppe in cammino	43000	16500
Deposito generale della cavalleria	1500	600
1. corpo di cavalleria	13400	13800
2.	10400	10600
3.	10600	11000
4.	7800	8500
	680500	176850

PROSPETTO III.

Personaggi citati nell'Opera. (*)

NAPOLEONE
Il re di Vesfalia, comand. dell'8. corpo.
Il re di Napoli, comand. di tutta la cavalleria.
Il duca di Treviso, comand. la giovine guardia.
    Istria, comand. la cavall. della guardia.
    Vicenza, gen. di divis. grande scudiere.
    Friuli   id.   gran marese. di pal.
I conti Rapp Lauriston e De Lobau gen. di divisione aiutanti di campo dell'imper.
Il conte Lefebure Desnouettes gen. di divis. colon. de' cacciatori a cavallo della guardia imper.
Il gen. Dessoles e'l bar. Guilleminot capi dello stato maggiore del 4. corpo.
Il co. Eblè gen. di divis. d'artigl. comand. degli equipaggi del ponte.
Il gen. Damas, di div. del 9. corpo.
Il gen. Gravert e Cleist gen. prass. del 10. corpo.
Il bar. Rouget gen. di divis. comand. de' fucilieri della guardia imper.
Il co. Charpentier gen. di divis. govern. di Smolenco.
    Baraguai d'Illiers, gen. di divis.
Il gen. Frederic comand. della 4. divis. del 1. corpo.
Il co. Samson, gen. di divis. capo dell'uffizio topografico.
Il bar. Axo gen. di div. del genio.
I co. Sebastiani, Ormano, e Fournier gen. di divis. di cavall.
Il co. Preissing comand. una divis. di cavall. leggera bavarese.
Il princ. Czartoriscki gran maresciallo della dieta di Varsavia.
Il co. Mejan consigl. di stato del regno d'Italia, e secret. de' comandi del Vicerè.
I bar. Ricard Rachefu Roussel Uard Plausaune Lababere Bonname Nagle Augerrau Marion Compere Villata Fontane Levie Delaitre Le Camus Blamont Pampelone Paultre Crouard Pajor Bercheim Colbert Castex 8. Genins Caulaincourt Gujon Strigliera generali di brigata.
Fouget govern. di Vitesco. Litre aiut. di campo del re di Vesfalia, Drak aiut. di campo del re di Napoli, Clencel al servizio della Sassonia, Jomini govern. d'Orca, altri gen. di brigata.
I bar. Triark e Gifflenga gen. di brigata, Lacroix colonn., e i conti Lapagerie Labruojere Mejan e Desève capi di squadrone, aiutanti di campo del Vicerè.
Il col. Delfanti offiziale d'ordinanza del Vicerè.
Andrea Corner luogotenente del medesimo.
Limnot colon. del genio.

(*) In questo prospetto si sono tralasciati i nomi di que' personaggi, che si leggono nell'antecedente.

MARREUF colon. de' lanceri.

CLISCHI colon. polacco presso il Vicerè.

RADZIVIL colonn. dell' 8. degli ulani polacchi.

DURIEU aiut. comand. sotto capo dello stato maggiore del 4. corpo.

DE BOURMONT ASSELIN e FORESTIER aiut. comand. addetti allo stato maggiore del sud.

I colon. GROSSON del reggim. 53.

    BATTAGLIA comand. delle guardie d'onore d'Italia.

    VIDMAN comand. della compagnia delle guardie d'onore di Venezia.

    DEMAI comand. dell'artigl. della 13. divis.

    BANCO del 2. de' cacciatori a cavallo.

    RAMBOURG del 3. id.

D'ORRILLE Maggiore del reggim. spagnuolo Giuseppe Napoleone.

VIVES maggiore d'artiglieria.

COLAUD capo di battagl. e comandante in capo de' bagagli del 4. corpo.

SEVELINGE capo di battagl. addetto allo stato maggiore.

BOUTAREL cap. de' cacciatori a cavallo, aiut. del palazzo reale di Monza.

TREEL capit. aiut. di campo del gen. Guilleminot.

MAISONNEUVE JOUAUD e EVRARD capit. uniti allo stato maggiore del 4. corpo.

FROMAGE aiut. di campo del gen. Broussier.

BONARDELLE capit. d'artigl.

OTTAVIO DE SEGUR e FERRARI uffiz. degli Ussari.

GUJARD e SAVARI capit. del 9. di linea.

BORDONI e MASTINI luogot. della guardia d'onore d'Ital.

ST. MARCELIN DE FONTANES addetto allo stato maggiore del 4. corpo.

JOUBERT ordinatore in capo } del 4. corpo.
LABARRIERE ispettore alle rassegne }

LESSEPS console franzese a Mosca.

VILLEBLANCHE auditore al consiglio di Stato, Intend. di Smolenco.

ALESSANDRO I. Imperatore delle Russie.

IL GRAN DUCA COSTANTINO.

Il princ. CUTUSOFF comand. in capo dell'esercito russo.

BARCLAI DI TOLLI id. prima dell'arrivo del suddetto.

Il conte di VITTENSTEIN comand. del 1. corpo russo.

I generali { BAGAVOUT id. 2.
SCOMOALON id. 3.
TUSCOF id. 4.
princ. BRAGATION id. 5.
DOCTOROV id. 6.
TORMASOV id. 7. } corpi formanti la second'armata dell'Ov.

Il princ. CARLO DI MECLEMBOURG.

L'Ammiraglio SCHIGAGOF comand. dell'esercito russo del Danubio.

I gen. LANGERON LAMBERT VOINOV SCAPLITZ e PALEN comandanti delle divisioni dell'esercito del Danubio.

PLATOF etman de' Cosacchi.

PLATOF suo figlio.

ORLOF DENISOF generale di vanguardia.

CAMENSCHI ERTEL SACHEN MARCOF, generali comandanti in Volinia.

REPNIN e STENGEL, gen. comand. del corpo del princ. Vitgenstein.

SICHEWSKI gen. della 2. armata dell'Ovest.

VORONSOV OSTERMANN BENNIGSEN OSCAGOF SCALON CANOVIRIZIN CRETOF RAJESCHI CRAPOVISCHI STROGONOF BOSEMETIEF 1. e 2. OUVAROF e BALLA, gener. del centro dell'esercito russo.

Culniev gen, di cavall, leggera.
Cof gen. di cavalleria.
Milloradovich
Vinzingerod } gen. comandanti della vanguardia del princ. Cutusof.
Czernichef
Narischin aiut. di campo di Vinzingerode.
L'archimandrita Platone.
Il vescovo Agostino vicario di Mosca.
Rastochin Momonof Orlof Salticof Scheremetovo nobili di Mosca.

AVVERTIMENTO

Quantunque abbiasi detto altrove che l'unica mira di questo Dizionario è di dar a conoscere i luoghi che per avventura esser possono ignoti, contuttociò ci crediamo in dovere di avvisare il leggitore del modo per noi nel compilarlo tenuto. Primieramente sonosi ommesse le provincie, 2. le città a sufficienza note p. e. Mosca Pietroburgo ecc. 3. i luoghi spiegati nel testo, 4. que'descritti nel primo Prospetto dove le distanze son pure notate, 5. quelli sol nominati di rimbalzo; tratti a questo partito per non formare troppo ampio volume, nè riempire il Dizionario di cose superflue. Quegli adunque vi occuperan posto che servono a meglio intendere i fatti della storia, e di questi sarà la situazione indicata, acciò agevolmente riscontrarli si possa nelle Carte Geografiche.

DIZIONARIO
GEOGRAFICO.

A̲NGERBURGO, pic. cit. della Pr. Orient. con un castello sul fi. Angerape che nasce dal vicino lago detto Maur. La linea indicata nella p. 20. P. I. viene ad essere paralella ad Olesco.

A̲STUINO, vill. al S. di Mogiasco.

B̲ARINOVISCO, cit. al N. O. di Rasasna.

B̲ARAU, vill. sulla strada di Corpenisco, e al N. O. di questa cit.

B̲ERESINA, fi. della Pol. che sorge nel palat. di Minco e si scarica nel Nie̲. per un po' al di sopra di Rizezica.

B̲ERESINO, bor. sulla Beresina al N. di Borisove.

B̲ICOVE, V. Novobicove.

B̲LAGOVO, Presso a questa villa scaturiscono i fi. Nieper Volga e Duna.

B̲OBRISCO, o Bobruisco, cit. nel distr. di Rechizza nel palat. di Minco.

B̲OBSOLENSICO, vill. al S. di Vilna e al N. O. d'Ommiana, 26 leghe di là dal Niemen, vicino al fi. Meresso.

B̲ORISOVE, cit. della Pol. nella Lit. sulla Beres. E' lontana da Minco 70 miglia di cui giace al N. E.

B̲RESLAU. o Breslavia, era capit. di tutta la Slesia. E' sit. sull'Oder.

B̲UGGE o Ipani. fi. di Pol. che sorge nella picc. Pol. presso a Lamberga, e si perde nella Vistola tra Ploche e Varsavia.

C̲ALVARI, bor. della Pol. vicino a Mariempol sulla strada di Conisberga.

C̲ALUGA, cit. gr. e pop. sull'Occa. V. Prosp. I.

C̲ARAPOVO, pic. vill. sulla strada di Borosco, lont. 6 l. all'incirca da Mosca.

C̲ASPLIA, fi. che presso a Surai si perde nella Duna.

C̲REIDANO, pic. cit. vicino a Rossiena nel palat. di Smudze.

C̲LAVUI, vill. al di là dalla Vilia, verso la Samogizia.

C̲OLOCA, fi. che scorre presso Borodino.

C̲OLOMNA, cit. sulla Moscua cinta d'un muro di mattoni e soggiorno d'un Archierei o sia Arciprete, 13 verste distante la Moscua si getta nell'Occa.

C̲OLTENISCO, cit. al S. di Caereia, all'O. di Tolossino e al N. E. di Borisove.

C̲ONISBERGA, ant. cap. della Pr. e cit. tra le principali dell'Eur. nel traffico. E' sit. sul fi. Pregel che si passa per 7 ponti.

C̲ORMELOVE, vill. vicino a Runchico.

C̲OSTENEVISCO, è al di là del fi. Vilia al N. di Vilcea. Secondo l'autore la è una villa, secondo una carta topogr. disegnata dopo la camp. della Russia gli è un borgo. V. Prosp. I.

C̲OVNO o Caven, cit. mediocre di traffico; è sit. dove la Vilia shocca nel Niemen.

C̲RESBURGO, cit. picc. della Pr. dove si vede un picc. cast. eretto nel 1252 da caval. Teutonici.

C̲ZAREVOSAMICO, vill. vic. a Ghiatte.

D̲ANZICA, cit. della Pol. nella Pr. reale sul Baltico. Era capit. del palat. di

Pomerania. Al S. e all'O. è circondata d'alte montagne: i fiumicelli Rodono e Molavio le scorrono per mezzo, e lontano una lega si scarica la Vistola nel Baltico. Si divide in due città, vecchia e nuova.

DEVELTOVE, borgo al di là della Vilia verso la Samogizia.

DIMITAOVE, cit. sul fi. Giacroma, dove crescono le migliori mele di quella spezie trasparente che vien chiamata *Nalivi Iabloc*.

DINABURGO, cit. ben fortif. nella Livonia. E' sit. sopra una picc. montagna, e circondata di paludi sul fi. Duna da cui ebbe il suo nome.

DOROGOBO, cit. picc. lontana 20 leghe da Smolenco.

DRISSA, vill. al di là dalla Duna, diviso da Druja per questo fiume.

DAUXA, vill. al di qua dalla Duna. V. Drissa.

DUNA o Duina, fi. della Russia eur. A' la sorg. presso a quella del Volga. Si scarica nel golfo di Riga presso al forte di Dunamunda.

ELBINGA, cit. consid. di Pol. nella Pr. reale nel palat. di Mariemburgo, di florido commercio. Giace in vicinanza del Baltico, 12 leghe da Danzica al S. E., e al N. per l'O. 40 da Varsavia.

GALLIZIA, quella di cui si parla alla p. 52 P. I. è la orient. la quale comprende i regni di Gall. e Ludom., parte consid. della picc. Pol. ceduta nel 1772 alla Casa d'Austria. Questo paese à per confini al N. la Vistola, all' E. la Moldavia, e 'l distr. di Bucovina ced. dalla Turchia all'Imper., all'O. la Slesia Austriaca, al S. i Monti Carpazj che la separano dall'Ungh. L'altra Gall. è detta occid. perchè è all'O. dell'orient. o più tosto al S. O.

GEROSLAVIA, cit sul fi. Luja che si unisce col fi. Protova, cit. in una contr. feconda di ferro. Al S. mettevi capo la strada di Caluga al N. quella di Lettacova e al S. E. quella di Medino. Il fi. Luja le scorre al S. Questa minuta descriz. forse valerà per meglio intendere le operazioni delle truppe nella batt. commessa innanzi a questa città.

GIACUBOVO, vill. presso a Sebei.

GRACUNO, vill. tra Runnico e Paradomino, 25 l. al di là dal Niemen.

GIANNISBURGO, pic. cit. della Pr. orient. nel circ. di Natangen al mezzogiorno d'Olesco. V. Angerburgo.

GIANOVE, vill. al di là dalla Vilia verso la Samogizia.

GLOGAU, o Glogavia, cit. al N. O. della Slesia, 18 l. lont. da Breslau.

GORGO, vill. sulla Pacra al N. di Mosca, poco distante da questa città.

GORODO BORISOVE, cit. picc. sul fi. Protova, sottoposta alla cit. di Vereia.

GOROMNIA, vill. vicino a Colonna presso al fi. Occa.

GRODNO, cit. della Pol. nella Lit. sul Niemen nel palat. di Trochi. Parte è monte parte pianura; vien poi circondata d'altre montagne. E' discosta da Trochi al S. O. 30 l. e 50 al N. E. da Varsavia.

GUMBINNEN, cit. della Pr. all' E. di Conisberga sul fi. Pisse.

ILEA, borgo dopo Plescencoviseo per andare a Vileca.

INCOVO, vill. all'O. di Smolenco.

INSTERBURGO, cit. mediocre sul fi. Angerap presso a Gumbinnen.

IVACOVA, all'O. di Federosco, dove il fi. Ugra si unisce all'Istra.

LANNICO, vill. al N. di Dabronna, da cui non è molto distante.

LETTACOVA, oltre a quello che ne dice l' aut. V. Geroslavia.

LIDA, picc. cit. della Lit. nel palat. di Trochi da cui è lont. 18 l. al S. E.

LIMBAD, pic. cit. della Pr. con un cast. fondato nel 1379, danneggiato da molti incendj.

LOZEN, picc. cit. della Pr. presso il can. che unisce il lago di Leventino con quello che si chiama Maur.

LUCCHESA, pice. fi. che scorre al N. di Vitesco.

LUJA, fi. che scorre al S. di Geroslavia.

MALSOLENICO, vill. che s'incontra nell'andare a Bolsolenico.

MARIENBURG, ant. cit. della Pol. nella Pr. reale. È sit. sul Nagot, 12 l. al S. O. da Elbinga, 12 al S. E. da Danzica.

MARIEMPOL, borgo della Pol. vic. a Calvari sulla strada di Conisberga.

MARIENWERDER, cit. della Pr. nella Pomer. con castello, ed una chiesa magnifica. È sit. sul Nagot.

MADINO. V. Geroslavia.

MINSCO, sit. forte della Lit. Il palat. di cui era capit. e che porta il med. nome, confina al N. con quello di Vitesco, all'E. con quello di Miscislavia, al S. col territ. di Coasovia, all'O. col Palat. di Vilna.

MOGIASCO, cit. sulla Moscua con un cast.

MOILOVE, cit. gr. e forte della Lit. sul Nieper, dist. 40 m. al S. d'Orsa, e 60 al S. O. da Miscislavia.

MOSCUA, pic. fi. dell'Imp. russo, che sorge ne' confini della Prov. di Mosca e di Tivero non molto lungi dalla sorgente del Volga. Si unisce poi col fi. Occa e con esso si getta nel Volga.

NARUVA, fi. della Pol. che sorge nel Brzescio in Lit., trascorre d'or. in occid., passa per la cit. di Nareva ed alcune altre, e finalmente attraversata la Polacchia e la Mazovia si scarica nel Bughe.

NAROSCA, pic. fi. che si getta nella Vilia all'O. di Vileez.

NEUTROCHI, V. Trochi.

NIEMEN, gran fi. della Pol. sorge nella Lit. verso il S. del palat. di Minsco, riceve molti altri fi. e gettasi per parecchie foci nel Curiscaf, il quale è un lago o piuttosto un golfo della Pr. lungo il Balt. diviso dal pre mont. Curisnarunghe.

NIEPER, o Niper o Boristene, fi. che scaturisce nella Russia moscov. presso Blagovo, scorre per la Pol. e sbocca nel mar nero a Chinburne presso ad Ozzacovo. Il suo corso è di 560 m.

NOVOSICOVE o Bicove cit. al S. di Moilove.

ODER o Viadro secondo gli ant. fi. che sorge a Griebe nella Moravia, irriga la Slesia il Brandeb. e la Pomer., e dopo un corso di 300 m. si perde per tre foci nel Baltico.

OLESCO, cit. della Pol. nella Vol.

ORGA, cit. all'O. di Rasasna.

OSISCOVO, vill. sulla strada di Borosco alla volta di Fomisco, vicino a Casrapovo.

OSTERODE, cit. pic. della Pr. sul lago e fi. Dibrenza.

PACHA, fi. che sotto Mosca si unisce alla Moscua.

PETESCO, cast. dist. un miglio all'inc. di Mosca.

PILLAU, cit. ben piantata sulla punta d'una lingua di terra, antemurale e porta della Pr. per entrarvi dalla parte del mare. Quivi si scaricano in parte o si fermano i vascelli più grossi, non essendo tanto profondo il seno Venidico per sostenerli fino a Conisberga.

PLESCENCOVISCO, citt. sulla strada di Borisova al N. di questa città.

PLOCHE o Plosco, cit. della Pol. maggiore. È piant. sopra un'eminenza presso la Vist. 22 l. verso il N. O. da Varsavia.

POLLANOVO, vill. sul fi. Osma 41 l. dopo Viasma.

POLOSCO, cit. della Lit. cap. del Palat. dello stesso nome. Giace sulla Duna 20 l. dist. al S. O. da Vitesco.

POSEN, cit. consid. della Pol. magg. sul fi. Varta, cap. della Posnania, all'O. della Pol.

PREGEL, fi. della Pr. che nasce presso Georgenburgo dall'unione del fiume Inster col fi. Angerap presso Angerburgo. 4 m. dopo Conisberga sbocca con due foci nel seno Venidico. Comincia ad esser navigabile presso la cit. d'Insterburgo.

PROTOVA, fi. del gov. di Mosca, il quale scorre per mezzo a Borosco Vereia Gorodoborisove e si unisce col fi. Luja.

RASASNA, cit. sul Nieper al N. di Dubronna al S. di Babisovisco, e all'E.
d'Orsa.

RASTEMBURGO, bella cit. della Pr. sul fi. Guber con un cast. nel circ. di
Natangen.

RATULISCO, vill. vicino al fi. Nassa e alla villa di questo nome. E' sit. al
N. E. di Borisove e al S. di Colpenisco.

RIGA, cit. ricca grande e popol. dell'Imp. russo capit. della Livonia. Vi si
esercita prodigioso traffico. Siede sulla Duna la quale due leghe lontano
mette foce nel Baltico.

ROSSIENA, pic. cit. ma delle princip. della Samog. sit. sul fium. Dubissa al
N. E. di Varsavia da cui è lont. 45. l.

RUNCHICO, vill. che al N. à Covno, da cui è lont. 4. l. al S. Trochi che n'è
dist. 3., all'E. la Vilia, all'O. il Niemen.

RUNNIA, vill. all'O. di Smolenco.

RYNNICO, pic. cit. della Lit. nel palat. di Vilna, 22. m. lont. da questa cit.

SAMOGIZIA, prov. di Pol. che al N. à la Curlandia all'E. la Lit., all'O. il
Baltico e verso il S. la Pr. Diocesi che le zitelle le quali vanno attorno di
notte sieno obbligate à portare una torcia in mano e due sonagli alla
cintola, acciocchè i genitori sieno avvisati de'loro andamenti.

SENEI, vill. all'O. di Boschicovo.

SENNO, cit. nel distr. di tal nome all'O. di Bezencovisco e all'E. di Lepel
da cui è lontano 70. verste.

SCERRIA o Czereia, cit. sulla strada che dal fi. Ula conduce a Borisove.
Al S. O. di Senno e al N. O. di Tolosino.

SCHERZPOVA, vill. dopo Bużajevo alla volta di Corechevo.

SMOLENCO, cit. gr. della Russia sul Nieper. Appartenne ora alla Pol. ora
alla Russia che se la tolsero e ritolsero a vicenda. E' al S. O. di Mosca
e lontano 75. l.

SMOLIANO, borgo al N. di Cocanovo all'O. di Orsa e al N. E. di Senno.

SOLDAV, cit. pic. aperta con un cast. accanto ad un lago ne'conf. della Pol.

SPASCO, vill. sul fi. Istra al S. di Mogiasco.

STARBORISOVE, vill. poco lont. da Borisove è al N. E. di questa città. La
strada sinistra conduce a Velesovo, a cui il 29. bullettino diede a torto il
nome di Stuzianca; e alla destra trovasi Nassa. Forse il detto errore nacque dalla vicinanza di questi luoghi.

STETTINO, cit. ricca e forte nell'A. Sass., era cap. della Pomer. orient.
E' sit. alla riva sin. dell'Oder.

STRASUNO, vill. nelle vicinanze di Croni. V. Prosp. I.

SUBONICO, vill. verso Ommiana. V. Prosp. I.

SVESCA, riv. tra Boschicovo e Bezencovisco. V. Prosp. I.

TARUTINA, vill. sull'Occa presso Vincovo.

TILSIT o Tilsa, piec. città della Pr. al N. del Niemen, fabbric. nel 1558,
ora cel. pel trattato di pace tra la Francia e la Russia. Vi si fa gran
traffico di nocciuole.

TIVERO, cit. consid. di comm. sul confl. de'fi. Tivero e Volga. Si divide in
città vecchia e nuova.

TORNO, cit. della Pol. nella Pr. reale nel palat. di Culm. Dividesi in città
vecchia e nuova. E' sopra la Vistola, ed à un ponte mirabile per la sua
lunghezza. Ivi a' 19 genn. 1472 nacque N. Copernico famoso per lo sue
sistema del mondo.

TOROPOVO, vill. presso alla cit. di Ducochina.

TROCHI, città della Pol. nella Lit. E' sit. sul ruscello Bresala 7. l. all'O. di
Vilna. Dicesi anche Neutrochi per distinguerla da Altrochi ch'è una vill.
circa due miglia distante.

TULA, cit. consid. sul fi. Upa.

VALONTINA, vill. al di là da Smolenco.

VARSAVIA, cit. una volta cap. della Pol. E' sit. in fondo d' una vasta campagna sulla Vist.

UCASCO, vill. presso Camen all'O., e al N. di Dozzice.

VELICHILUCO, cit. al N. di Vitesco.

VEREJA, cit. vaga sul fi. Protova.

VILCOMIRO, cit. della Pol. nella Lit. dist. da Vilna 14 l. al N. O.

VILCOVISCO, borgo al N. E. di Gumbinnen verso Trochi sulla strada di Covno. Quivi Napol. dichiarò a' 22 giugno 1812 la guerra alla Russia.

VILSCA, cit. consid. sulla Vilia al N. O. di Minco.

VILIA, fi. della Lit. E' formato di varj picc. fi. che sorgono nel palatin. di Minco, e si radunano nella parte orient. del palat. di Vilna cui attraversa da or. ad occid. Finisce col gettarsi nel Niemen sopra di Covno.

VILLEMBERGA, città picc. su' confini della Pol., dotata de' privilegi di città nel 1723.

VILNA Vilno o Vilda, cap. della Lit. sulla Vilia, dove a questo fiume si unisce il Vilica.

VITESCO, cit. della Lit. cap. del palat. del suo nome. E' sulla Duna e Visba, dist. 66 l. al N. E. da Vilna, 32 al N. O. da Smolenco. V. descriz. geogr. P. I. p. 82.

VLADIMIRO o Volodimero, cit. princ. della prov. di questo nome sul fiume Chiasma, fabbric. da Vladimir il Grande nel sec. X, o secondo altri da Vladimir Monomaco nel sec. XII. Era la resid. de' Czar prima che si trasferissero a Mosca.

USVIATTE, borgo all'O. di Velichiluco.

4767

eta con-

trada di
Russia.

latia di
Pra ver.

i città

vae ci

a Dante
. Avera

sal fino
) sin ti
a de ti

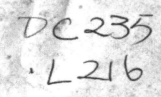

DC 235
· L216

A000021993466

Lightning Source UK Ltd.
Milton Keynes UK
UKHW020801221122
412637UK00011B/465